사마천 《사기》
100문 100답

사마천의 초상화는 다른 사람들의 초상화와는 달리
수염이 없다. 왜일까?

사마천 《사기》
100문 100답

독자 눈높이에 맞춘 알기 쉬운
사마천의 《사기》 100문 100답!

한국사마천학회 김영수 지음

100문 100답 사연

모든 일과 사람의 관계에는 사연과 인연이 있게 마련이다. 이 책 또한 인연과 사연이 적지 않다. 책을 쓰던 중 책 쓰기를 권했던 분의 공간 이동 때문에 중단되었고 다시 쓰다가 개인적인 일로 또 중단되었다. 한참 동안 한구석에 따로 모셔두었다. 쓰기를 권한 분과 나의 생각이 달랐던 모양이다. 나는 좀 더 깊이 있게 써도 될 줄 알고 시작했는데 그분은 더 쉽게 써달라는 것이었다.

그러다 바로 그분, 창해출판사 황인원 대표의 또 한 번의 강력한 권유 — 이를 줄여서 강권(?)이라 한다 — 에 힘을 받아 사마천(司馬遷)과 《사기(史記)》에 관한 '백문백답'을 전면 새로 쓰기로 했다. 대중에게 사마천과 《사기》를 알린 지가 20년이 넘었지만 인지도에 비해 실제로 사마천과 《사기》를 제대로 알고 이해하는 분들은 그 시간만큼, 들인 노력만큼 늘었는지 알 수가 없다. 물론 글 쓰고 강연했지만 모자란 점이 많았을 것이다. 내 탓이다. 그래서 나의 눈높이를 더 낮추기로 했다. 책을 읽는 독자, 강연을 듣는 수강자의 입장으로 돌아가서 그 목소리에 귀를 기울이고자 했다. 사마천과 《사기》라는 이름부터 시작해서 하나하나 알아보고 성심껏 알려드리려 했다.

사마천은 역사가이다. 중국 사람들은 그를 역사학의 성인이란 뜻의 '사성(史聖)'이라 부른다. 그는 2023년 현재를 기점으로 2,168년 전인 기원전 145년에 태어났다. '역사학의 아버지'로 불리는 헤로도토스(기원전 484~기원전 425)보다 340년가량 늦게 태어났고 로마의 정치가 카이사르(기원전 100~기원전 44)보다는 45년쯤 먼저, 예수님보다는 145년 먼저 태어났다. 태어난 지역은 지금의 중국 섬서성(陝西省) 한성시(韓城市)란 곳이다. 중국을 대표하는 역사 문화의 도시 서안(西安)에서 동북쪽으로 약 200킬로미터 떨어진 곳으로, 황하를 사이에 두고 산서성(山西省)과 경계를 이루고 있다. 사마천이 태어난 공간은 따로 지도를 통해 보여드린다.

사마천이 살았던 나라는 5천 년 중국 역사 속에서 명멸해간 80여 개 왕조들 중 가장 번영을 누렸던 한(漢)이었다. 역사서에는 대개 서한(西漢)이라 부른다. 이 왕조가 기원전 202년 유방(劉邦)에 의해 건국되어 200년 가까이 나라를 지속되었으나 기원후 8년 왕망(王莽)에게 잠깐 망했다가 25년 유수(劉秀)가 다시 회복하여 220년까지 역시 약 200년 동안 유지되었다. 광무제 유수가 회복한 한을 동한(東漢)이라 부르는데 그 도읍지를 가지고 서한과 동한, 이렇게 나눈다. 서한의 도읍지 장안(長安, 지금의 서안)이 동한의 도읍지 낙양(洛陽, 지금의 낙양)의 서쪽에 있기 때문이다.

한은 그 이름에서부터 오늘날 중국인의 정체성을 가장 잘 반영

하는 왕조다. 중국의 글자와 말을 한자(漢字)나 한어(漢語)로 일컫는
것을 비롯하여 중국 민족 스스로를 한족(漢族)으로 부르는 것만 보
아도 넉넉히 알 수 있다. 한은 오늘날 중국을 있게 만든 가장 중요
한 왕조였고 또 그만큼 많은 것을 남겼다.

　사마천은 기원전 145년에 태어나 국가 기록 등을 담당하는 태사
령(太史令)이란 벼슬에 있으면서 중국 역사상 최초의 '본격적인' 역
사서《사기》를 완성하고 기원전 90년, 그의 나이 56세 무렵에 세상
을 떠났다. 가족은 아버지 사마담(司馬談)에 대한 언급은 있지만 어
머니에 대해서는 전혀 없고 아들과 딸을 두었다고 알려졌다. 고향
에 전해오는 이야기에는 이보다 더 많은 내용들이 있지만 다 믿을
수 없어 이쯤에서 그친다.
　이 정도 기본 지식을 바탕으로 이제부터 사마천과 그가 남긴《사
기》라는 역사책에 대해 알아보고 이 역사가와 역사서가 중국에 어
떤 영향을 남겼는지, 우리에게는 어떤 의미가 있는지 등을 질문과
답변 형식으로 풀어나간다.

　이 책은《사기》, 사마천, 한성시의 3부로 이루어져 있다. 각각의
분량은 6:2.5:1.5 정도가 된다. 3부의 각 이야기들은 중복되는 부
분이 곳곳에 있을 것이다. 힘닿는 대로 중복을 피하려 애를 썼다.

더 알고 싶은 분들을 위해 부록으로 읽기 수월하고 참고할 만한 책들의 목록을 붙여두었다.

끝으로 한 가지 더 말씀드리고 싶은 것은 이 책의 내용을 좀 더 심화시킨 시리즈로 '중국 100문 100답'(가제)이 계속 출간된다는 사실이다. 직간접으로 관련 있는 내용과 주제를 서로 비교하여 참고할 수 있고, 이 책에서 다루지 못한 관련 내용에 대한 상세한 정보도 수록할 예정이다. 함께 읽어주시면 좋겠다.

*뱀의 다리 : 코로나의 여파 등으로 원고가 또 늘어졌다. 그사이 '백문백답'을 시리즈로 내기로 한 성과가 있었다는 것으로 궁색하나마 면피하려 한다. '백문백답' 시리즈는 사마천과 《사기》에 관한 이 책을 시작으로 《중국지최(中國之最)》《삼국지》 등을 준비하고 있다.

서문 100문 100답 사연 | 4

제1부

130권 52만 6,500자의 《사기》, 어떤 책일까?

001. 교과서 속의 사마천과 《사기》와 그 영향 | 18

002. 정사(正史)의 출발점 《사기》, 그러나 정사가 아니다? | 23

003. 《사기》의 다섯 체제 | 27

004. 기전체, 무엇이 남다른가
    − One for All, All for One | 31

005. 본기에서 가장 매력적인 장면이라면?
    − 〈오제본기〉와 〈항우본기〉, 〈고조본기〉에 대하여 | 35

006. 역사를 주도한 나라와 인물들
    − 세가의 명장면 감상 | 43

007. 마음으로 한 약속도 지킨다
    − 〈오태백세가〉의 계찰 | 46

008. 왕후장상의 씨가 따로 있다더냐
    − 〈진섭세가〉 속 진섭의 외침 | 50

009. 죽은 말 뼈다귀 이야기의 함의
    − 〈연소공세가〉의 개혁군주 소왕 | 53

010. 어리석은 남자들을 한껏 조롱한 하희
    − 〈진기세가〉에 기록된 섹스 스캔들 | 56

011. 높은 산은 우러러보고 큰길은 따라간다
    − 〈공자세가〉와 사마천 | 63

012. 뜻을 잃지 않은 수많은 보통 사람들의 기록
　　　－ 열전의 명장면을 감상하다 | 71

013. '창백한 정신'의 귀족
　　　－ 〈백이열전〉을 어떻게 읽을까? | 73

014. 인간관계 최고의 경지 '관포지교'와 풍자와 유머의 명재상 안영
　　　－ 〈관안열전〉 | 77

015. 무덤을 파헤쳐 시체에 채찍질을 가하다
　　　－ ①〈오자서열전〉과 중국인의 은원관 | 85

016. 무덤을 파헤쳐 시체에 채찍질을 가하다
　　　－ ②복수관의 형성과 변화 | 88

017. 무덤을 파헤쳐 시체에 채찍질을 가하다
　　　－ ③승화된 복수, '문화복수' | 91

018. 무덤을 파헤쳐 시체에 채찍질을 가하다
　　　－ ④《사기》 속 은원과 관련한 고사 | 93

019. 무덤을 파헤쳐 시체에 채찍질을 가하다
　　　－ ⑤은원관에 관련된 명언명구 | 96

020. 개혁의 본질은 무엇일까?
　　　－ ①〈상군열전〉과 중국의 개혁사 | 99

021. 개혁의 본질은 무엇일가?
　　　－ ②진(秦)나라의 개혁 논쟁 | 105

022. 카메라 3대가 동원되어야 가능한 장면 묘사
　　　－ ①〈위공자열전〉의 놀라움 | 109

023. 카메라 3대가 동원되어야 가능한 장면 묘사
　　　－ ②〈위공자열전〉의 놀라움 | 114

024. 문무의 화합은 나라의 반석
　　　－ 〈염파인상여열전〉의 메시지 | 122

025. 역사에 상상력을 허락하라
　　　－ 굴원의 죽음과 〈굴원가생열전〉 | 130

026. 장사꾼 여불위의 정치 도박
    － ①다른 관점으로 보는 〈여불위열전〉 | 140

027. 장사꾼 여불위의 정치 도박
    － ②상인의 안목 | 143

028. 장사꾼 여불위의 정치 도박
    － ③예지력과 치밀한 기획 | 146

029. 장사꾼 여불위의 정치 도박
    － ④과단성과 기민함 | 150

030. 장사꾼 여불위의 정치 도박
    － ⑤자신의 여자까지 투자하다 | 154

031. 장사꾼 여불위의 정치 도박
    － ⑥과감한 결단으로 위기를 돌파하다 | 156

032. 장사꾼 여불위의 정치 도박
    － ⑦투자의 성공은 전략적 안목이 결정한다 | 158

033. 장사꾼 여불위의 정치 도박
    － ⑧여운 | 160

034. 낭만시대의 끝자락
    － ①무협 소설의 원조 〈자객열전〉 | 163

035. 낭만시대의 끝자락
    － ②무협 소설의 원조 〈자객열전〉 | 170

036. 최후를 예감한 다섯 번의 탄식
    － ①〈이사열전〉의 절묘한 장치 | 174

037. 최후를 예감한 다섯 번의 탄식
    － ②통일 제국 최초의 승상 | 177

038. 최후를 예감한 다섯 번의 탄식
    － ③이사의 탄식 | 179

039. 최후를 예감한 다섯 번의 탄식
    － ④이사에 대한 평가 | 182

040. '다다익선' 뒤에 숨어 있는 '토사구팽'
   — ①〈회음후열전〉의 복선과 장치들 | 184

041. '다다익선' 뒤에 숨어 있는 '토사구팽'
   — ②〈회음후열전〉의 복선과 장치들 | 189

042. '다다익선' 뒤에 숨어 있는 '토사구팽'
   — ③〈회음후열전〉의 복선과 장치들 | 193

043. 일제와 식민 사관이 짜놓은 '강역 프레임'을 깨라!
   — ①〈조선열전〉을 둘러싼 내홍 | 198

044. 일제와 식민 사관이 짜놓은 '강역 프레임'을 깨라!
   — ②〈조선열전〉을 둘러싼 내홍 | 203

045. 일제와 식민 사관이 짜놓은 '강역 프레임'을 깨라!
   — ③〈조선열전〉을 둘러싼 내홍 | 207

046. 일제와 식민 사관이 짜놓은 '강역 프레임'을 깨라!
   — ④〈조선열전〉을 둘러싼 내홍 | 216

047. '강아지'와 세기의 러브 스토리
   — ①아주 특별한 〈사마상여열전〉 | 223

048. '강아지'와 세기의 러브 스토리
   — ②백수 멋쟁이 사마상여 | 225

049. '강아지'와 세기의 러브 스토리
   — ③임공의 부유한 상인 집안들 | 227

050. '강아지'와 세기의 러브 스토리
   — ④두 사람의 운명적인 만남과 야반도주 | 229

051. '강아지'와 세기의 러브 스토리
   — ⑤그 아버지에 그 딸 | 232

052. 지금 우리의 검찰과 사법부를 떠올리게 하는 혹리들
   — ①〈혹리열전〉의 현재성 | 236

053. 지금 우리의 검찰과 사법부를 떠올리게 하는 혹리들
   — ②혹리들의 다양한 행태 | 239

054. 지금 우리의 검찰과 사법부를 떠올리게 하는 혹리들
    — ③걸리면 죽는다, 질도 | 244

055. 지금 우리의 검찰과 사법부를 떠올리게 하는 혹리들
    — ④코에 걸면 코걸이 귀에 걸면 귀걸이, 장탕 | 247

056. 지금 우리의 검찰과 사법부를 떠올리게 하는 혹리들
    — ⑤지금 우리에게 필요한 혹리는? | 250

057. 슬픈 웃음, 〈골계열전〉의 미학
    — ①막장에서 길어올린 휴먼 스토리 | 253

058. 슬픈 웃음, 〈골계열전〉의 미학
    — ②오리지널 캐스팅, 순우곤(1) | 256

059. 슬픈 웃음, 〈골계열전〉의 미학
    — ③오리지널 캐스팅, 순우곤(2) | 262

060. 슬픈 웃음, 〈골계열전〉의 미학
    — ④오리지널 캐스팅, 우전 | 266

061. 이 편을 읽지 않고 《사기》를 읽었다 하지 말라
    — ①저주 받은 걸작 〈화식열전〉 | 269

062. 이 편을 읽지 않고 《사기》를 읽었다 하지 말라
    — ②〈화식열전〉 소사(小史) | 271

063. 《사기》의 마지막 편이자 전체의 서문 – 〈태사공자서〉 | 275

064. 130권 526,500자 | 277

065. 〈자서〉의 의미
    — ①사관 집안의 자부심과 아버지의 유훈 | 279

066. 〈자서〉의 의미
    — ②열전의 의미에 기대다 | 282

067. 〈자서〉의 의미
    — ③개인적 원한 | 284

068. 52만 6,500자에 박힌 메시지
    — 3천 년 통사에 아로새긴 '압축 파일' | 287

제2부

사마천,
위대하다는 말로는 부족한 역사가

069. 누구나 묻는 피할 수 없는 질문, 궁형(宮刑)
　　 ― 사마천의 마지막 10년 | 294

070. 죽음보다 치욕스러운 천형(天刑)
　　 ― 궁형 | 297

071. 죽음과 궁형이 두려운 것이 아니었다 | 301

072. 사마천은 왜 살아남아야 했나? | 305

073. 처절하고 위대한 선택의 결실 | 310

074. 하늘과 인간의 관계를 탐구하고,
　　 과거와 현재의 변화를 통찰하다 | 314

075. 영생을 얻은 죽음, 또 다른 복선 | 320

076. 어머니에 대한 언급이 남아 있지 않은 가족관계와 기연(奇緣) | 332

077. 아, 아버지! | 338

078. 애증이 교차하는 권력자 | 344

079. 사마천이 만난 사람들
　　 ― 치외법권 지대의 주변인 '유협' 그리고 곽해 | 348

080. 사마천이 만난 사람들
　　 ― ①명장의 조건, 이광 : '도리불언, 하자성혜'의 주인공 | 353

081. 사마천이 만난 사람들
　　 ― ②명장의 조건, 이광 : 솔선수범한 맹장 | 355

082. 사마천이 만난 사람들
　　 ― ③명장의 조건, 이광 : 관운과 세월 | 358

083. 사마천이 만난 사람들
 ─④명장의 조건, 이광 : 재기와 정치군인들의 시기 | 360

084. 사마천이 만난 사람들
 ─⑤명장의 조건, 이광 : 자결 | 363

085. 사마천이 만난 사람들
 ─⑥명장의 조건, 이광 : 명장의 품격 | 365

086. 사마천이 만난 사람들
 ─①한 무제의 멘토, 동방삭 | 368

087. 사마천이 만난 사람들
 ─②한 무제의 멘토, 동방삭 | 375

제3부

사성(史聖)이 잠들어 있는 곳을 찾아

088. 사성(史聖)의 안식처 | 382

089. 한성시의 인문 지리와 역사 연혁 | 384

090. 한성시의 주요 역사 사건
 ─①선사시대에서 선진(先秦)시대까지 | 390

091. 한성시의 주요 역사 사건
 ─②진·한시대에서 청시대까지 | 400

092. 한성시의 주요 역사 사건
 ─③근현대 시기 | 408

093. 한성시의 주요 유적 일람표
 ─한성시 소재 주요 문물 일람표 | 415

094. 사마천 관련 유적 일람표 | 418

095. 사마천 관련 주요 유적 | 420

096. 사성이 잠든 곳
  − 사마천 사묘 변천사 | 432

097. 2천 년 세월의 흔적 속에서
  − ①사마천의 향기를 찾아 | 436

098. 2천 년 세월의 흔적 속에서
  − ②사마천의 향기를 찾아 | 446

099. 2천 년 동안 이어져온 민간 제사
  − 국가 제사가 되다 | 451

100. 대장정의 마무리
  − 역사는 'Back to the Future' 또는 '溫故而知新' | 458

부록 1 《사기》 관련 국내 출간 저·역서 목록(석박사 학위 논문 포함) | 464
부록 2 《사기》 130권의 편명 목록 | 475

《사기》는 5천 년 중국 역사상 최초의 본격적인 역사서로 꼽는다. 3천 년이란 시간을 다루고 있는 통사이자 한반도 넓이의 약 15배에 해당하는 약 300만km²의 공간을 섭렵하는, 당시로서는 전무후무한 세계사이다.

《사기》는 객관적 사실만을 기록한 기록물이 아니다. '하늘과 인간의 관계를 탐구하고, 과거와 현재의 변화를 관통하여, 일가의 말씀을 이룬'* 아주 주관적인 역사서이다. 사실의 이면에 숨어 있는 진실을 추구하려 한 역사가의 모습을 고스란히 담고 있는 역사서이다. 《사기》는 또 사마천이 발로 쓴 현장 보고서이자 그의 극한 고통이 수반된 비극적인 자술서이기도 하다. 그래서 《사기》는 슬픈 책이다.

이제부터 《사기》에 관한 기본적인 정보를 알아본다. 고등학교 교과서에 나오는 관련 대목으로부터 궁금증을 풀어간다. 아울러 《사기》가 후대에 미친 영향에 대한 내용도 함께 살펴보려 한다. 《사기》의 매력과 정신세계를 좀 더 깊이 감상할 수 있기를 기대해보면서.

---

*구천인지제(究天人之際), 통고금지변(通古今之變), 성일가지언(成一家之言).

제1부

130권 52만 6,500자의 《사기》, 어떤 책일까?

001

교과서 속의 사마천 《사기》와 그 영향

Question

사마천과 《사기》는 고등학교 세계 교과서에 나오는데 아주 짤막하다. 그중 한 교과서의 관련 대목을 보면 이렇다.(필요한 한자를 넣었다.)

전한(前漢)의 사마천은 무제(武帝) 때까지의 역사를 정리한 《사기》를 내놓았고, 후한의 반고(班固)는 그 체제를 본받아 전한의 역사를 정리한 《한서(漢書)》를 지었다. 이 역사서들은 개인의 전기를 이어가는 것을 중심으로 역사서를 구성하는 기전체(紀傳體) 방식으로 저술되었고, 이후 중국 정사(正史) 서술의 모범이 되었다.

그리고 그 옆에 사마천의 초상화와 《사기》 사진을 배치했는데 그 설명은 이렇다.

사마천과 《사기》 : 전설상의 제왕인 오제(五帝)로부터 한 무제에 이르는 역

18

사를 개관한 역사서로 본기(제왕)·표(연표)·서(제도, 문화)·세가(제후)·열전(인물)으로 구성되어 있다. 사마천은 아버지가 시작한 편찬 사업을 계승하여 역사를 개관함으로써 천명이 한에 있음을 밝히려고 하였다.

담당 선생님이 자세히 설명해주겠지만 위 교과서의 내용만으로는 사마천과 《사기》를 제대로 알 수 없다. 설명 없이는 이해할 수 없는 대목들이 대부분이다. 그래서 이 부분을 중심으로 질문을 하지 않을 수 없겠다. 먼저 사마천은 전한 사람이고 반고는 후한 사람이라 했는데, 서문에서는 서한과 동한이라 하지 않았나? 왜 같은 왕조를 놓고 부르는 명칭이 다른가?

Answer

사실 이 교과서의 해당 부분을 확인하고 좀 놀랐고 실망도 했다. 중국에서의 공식 호칭은 서한과 동한이 맞다. 우리도 한때 전한, 후한 이렇게 부른 적이 있었는데 일본의 영향이 크다. 반고 이후의 역사가로 범엽(范曄)이 편찬한 《후한서(後漢書)》의 영향이기도 한데 '전한서'가 있으면 모를까, 그런데 《전한서》라는 책은 없다. 중국의 공식 호칭에 따라 서한과 동한으로 쓰는 것이 맞을 것 같다.

Question

《한서》를 편찬한 반고가 그 체제를 본받았다고 했고, 바로 다음에 기전체가 나오기 때문에 《사기》의 체제가 기전체인 것은 알겠다. 또 사진 설명에는 본기(本紀)·표(表)·서(書)·세가(世家)·열전(列傳)이 나오기 때문에 기전체가 그렇게 다

섯 부분으로 이루어진 것도 알겠는데, 왜 기전체인가에 대한 설명이 없다. 기전

체가 무엇인가?

Answer

이름 자체는 단순하다. 본기의 '기(紀)'와 열전의 '전(傳)', 두 글자를

합쳐 기전체라 했을 뿐이다. 핵심은 다섯 부분으로 이루어진 이 기

전체라는 역사 서술 체제가 사마천에 의해 창안되어 《사기》의 서술

체제가 되었고, 그 뒤 2천 동안 중국 공식 역사서의 기본적인 서술

체제가 되었다는 사실에 있다. 말하자면 《사기》의 기전체 체제가 2

천 년 동안 영향을 주었다는 것이다. 뿐만 아니라 우리나라를 비롯

하여 일본과 비엣남에까지 영향을 주었다.(비엣남은 베트남을 말한다. 정

확한 영문 표기가 Vietnam이고 발음도 비엣남이다. 베트남이라 부르는 나라는 일본

인데 정확하지 않은 일본의 발음을 따를 이유가 없어 비엣남으로 쓴다.)

Question

그 정도로 영향력이 큰 줄은 몰랐다. 그럼 우리의 《삼국사기》도 사마천의 《사

기》로부터 영향을 받은 것인가?

Answer

물론이다. 이름도 그대로 따왔다. 《삼국사기》는 세 나라의 역사 기

록 아닌가? 뿐만 아니라 조선 초에 편찬한 《고려사》 역시 기전체로

기록했다.

일본과 비엣남의 경우는 어떤가?

일본의 《대일본사(大日本史)》, 비엣남의 《대남식록(大南寔錄)》이 그러한 작품들이다.

교과서 이야기가 나온 김에 그렇다면 중국 교과서에는 사마천과 《사기》가 어떻게 소개되고 있나? 비중은 어떻고?

중국은 우리 초등학교에 해당하는 단계부터 중·고등학교 교과서 모두에 다 비중 있게 등장한다. 역사(중국사, 세계사) 교과서는 물론 국어(어문) 교과서, 철학 교과서에 다 등장한다. 특히 1980년 개혁개방 이후 생긴 고등학교 역사 교과서의 부교재 비슷한 것으로 표준실험교과서란 것이 있는데, 그중 '역사상의 중대한 개혁 회고'라는 제목의 교과서에도 비중 있게 사마천과

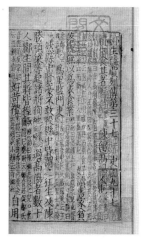

《사기》는 모두 다섯 체제로 이루어져 있다. 열전이 가장 큰 비중을 차지한다. 사진은 열전 중 〈역생육고열전〉의 첫 부분으로, 약 1천 년 전 송나라 때 판본이다.

《사기》가 소개되어 있다.

Question

중국에는 다른 역사서들도 엄청나게 많을 텐데, 사마천의 《사기》가 그렇게 큰 비중을 차지하는 특별한 까닭이 있나?

Answer

이유를 들자면 너무 많지만 내 개인적인 견해도 섞여 있기 때문에 그런 것들을 빼고 말씀드리자면, 《사기》가 중국사 5천 년 중 전반부 3천 년을 다룬 3천 년 통사라는 사실이 가장 중요하다. 쉽게 말해 중국사 출발부터 사마천이 살았던 서한 왕조의 무제라는 황제 때까지 약 3천 년의 역사를 싣고 있기 때문에 서한과 그 이전의 역사를 알려면 《사기》를 보지 않을 수 없다.

002

정사(正史)의 출발점 《사기》, 그러나 정사가 아니다?

Question

같은 맥락일 것 같은데 위 교과서의 문장 중에 "정사 서술의 모범"이라는 대목이 나온다. 정사에 대해 좀 더 설명을 들었으면 한다. 사마천의 《사기》가 정사 서술의 모범이 되었다는 뜻 아닌가?

Answer

정사(正史)는 야사(野史)에 대한 단어다. 야사는 민간에서 개인적으로 기록한 역사를 가리키며, 정사는 왕조(지금의 국가나 정부)가 공식적으로 편찬한 역사를 말한다. 그래서 바를 정(正) 자를 쓴다. 정통이란 뜻도 포함되어 있을 것이다. 《사기》는 정사의 모범일 뿐만 아니라 첫 번째 정사다. 중국의 정사는 서한시대의 《사기》 이후 청나라 때까지 모두 23종 또는 24종이 나왔다. 그래서 대개 《사기》를 합쳐 24사 또는 25사라 부르는데, 그 첫 번째가 《사기》다.

그렇다면 《사기》는 사마천이 서한 정부, 다시 말해 황제의 명령을 받아 공식적으로 편찬한 최초의 역사서가 되는 셈인가?

Answer

그 질문 정말 잘했다. 실상은 그렇지 않다. 정사를 다른 말로 '관찬 사서(官撰史書)'라 한다. 관청(정부기관)에서 편찬을 주관한 역사서란 뜻이다. 관찬 사서의 반대되는 말이 개인이 사사로이 편찬한 역사서란 뜻의 '사찬 사서(私撰史書)'다. 그런데 《사기》는 관찬 사서가 아니다. 아버지 사마담과 아들 사마천이 2대에 걸쳐서, 즉 사마 집안과 사마천 개인이 편찬한 사찬 사서다.(관찬이냐 사찬이냐에 대해서는 전문가들 사이에서는 논쟁이 없지는 않지만 대체로 사찬 사서로 본다. 필자 역시 같은 견해다.)

Question

그런데 어떻게 정사의 첫 책이 될 수 있나?

Answer

사마천은 서한 왕조에서 태사령(太史令)이란 벼슬을 지냈다. 아버지 사마담도 같은 직책이었다. 이 자리는 국가의 기록과 문서를 책임졌다. 아버지 사마담은 사관 집안의 사명감이 강해서 역사서를 남기고자 무던히 애를 썼다. 자기 당대에 이 일을 해내지 못하자 아들 사마천에게 유언을 남기면서까지 역사서 서술에 집착을 보였다. 그렇다면 상식적으로는 정부(황제)의 명령을 받아 역사서를 집필했을 가능성을 배제할 수 없다. 다만 그에 관한 기록은 없다. 따라서

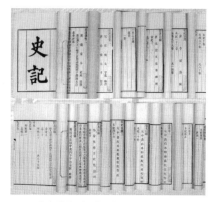

《사기》를 비롯한 정사 24사의 모습.

공식적으로 사마천이 황제의 명을 받아 역사서를 집필했다고 확실하게 말할 수가 없는 것이다. 나중에 또 이야기가 나오겠지만 사마천이 '큰일'을 당한 다음 이 역사서는 정부 차원이 아닌 확실히 개인의 일이 되었다. 그래서 사찬 사서라 하는 것이다. 그럼 어째서 관찬 사서인 정사의 첫 번째 역사서가 되었나?

앞서 《사기》의 서술 체제를 기전체라 했는데, 반고의 《한서》 이후 중국 정사들은 예외 없이 기전체로 서술되었다. 그렇기 때문에 《사기》를 정사의 맨 앞에 내세울 수밖에 없었던 것이다. 달리 말하면 미워도 인정할 수밖에 없었다고나 할까?

Question

미워도 인정할 수밖에 없었다는 말은 무슨 뜻인가?

그 이야기는 나중에 나오니 그때 하도록 하자. 이야기가 좀 어렵고 복잡하다. 아무튼 사마천이 후대 역사가, 특히 정부와 황제의 명령에 복종했던 어용 관리로서 역사서 편찬에 나섰던 사람들로부터 좋은 평가를 받지 못했다는 점을 귀띔해둔다.

003

사기의 다섯 체제

고등학교 교과서에 《사기》의 다섯 체제를 언급하면서 "본기(제왕)·표(연표)·서 (제도, 문화)·세가(제후)·열전(인물)로 구성되어 있다"고 했다. 그리고 이 체제를 기 전체라 한다고 했다. 이 부분을 좀 더 이야기해 달라. 이 체제가 후대에 그렇게 큰 영향을 미쳤다면 체제의 우월성 외에 다른 의미가 있기 때문 아닌가?

Answer

설명이 좀 길 것 같다. 먼저 《사기》는 전체 130권에 글자 수가 52만 6,500 자라는 사실을 알고 넘어가자. 이 130과 52만 6,500이란 숫자에 대해서 는 나중에 또 이야기가 나올 것이다.

12권으로 이루어진 본기는 제왕을 중심으로 그 업적과 각 방면의 주요

본기 세 번째 권인 은(또는 상)나라 역사인 〈은본기〉의 판본이다.

사건을 기록한 체제다. 그래서 흔히 제왕들의 기록이라 하는데 딱 들어맞지는 않는다. 제왕이 아니었던 항우(項羽)와, 유방의 아내인 여(呂) 태후도 본기에 들어가 있기 때문이다. 이 때문에 후대 보수적인 학자들에게 심한 욕을 먹었다. 또 서한의 경우 제왕의 범주는 〈고조본기〉부터 〈효무본기〉까지의 기록이고, 〈진시황본기〉 역시 그 범주에 든다. 하지만 진시황 이전 시대는 나라별로 되어 있다. 〈하본기〉부터 〈진본기〉까지가 그렇다. 그런데 첫 권인 〈오제본기〉는 또 다르다. 다섯 제왕을 한꺼번에 기록했는데 이는 남아 있는 기록의 양 때문으로 보인다. 항우, 진시황, 여 태후, 그리고 한나라 제왕들에 관한 기록이 상대적으로 많고 진시황 이전 시대는 제왕을 따로 떼어 기록할 만큼 양이 풍부하지 못했기 때문이다.

다음 10권으로 구성되어 있는 표는 흔히 연표라고 설명하는데 이역시 딱 들어맞는 설명은 아니다. 1년 단위로 하는 연표도 있지만 한 달을 단위로 한 상세한 표도 있고, 저 멀리 상고시대는 년으로 남은 기록도 없기 때문에 세대별이라는 더 큰 단위로 남겼다. 아무튼 이 표는 사마천의 천재성이 번득이는 체제라는 평가가 대부분이다. 다른 곳에서 기록하지 못한 인물이나 역사 사실들을 이 표를 통해 보충하여 이를 함께 살피면 보다 구체적이고 입체적으로 인물과 사건을 파악할 수 있게 된다. 또 눈여겨봐야 할 대목은 글자를 거꾸로 배치하여 확 눈에 띄게 했다. 그래서 이인호 교수 같은 분은 이 표를 엑셀 프로그램에 비유하기도 했다.

8권으로 된 서는 대개 문화와 제도로 소개하는데, 그 정도로 알고 있으면 된다. 좀 더 설명하자면 기전체 서술체제의 역사서는 인물이 중심이다. 그러다 보니 사회·문화·문물·제도 등에 대한 내용이 부족해진다. 이에 사마천은 서라는 체제를 창안해서 이 점을 보완했다. 사회경제적 기초, 정치제도, 천문, 군사, 종교(제사) 등에 관한 전문적인 기록이라고 이해하면 충분할 것 같다.

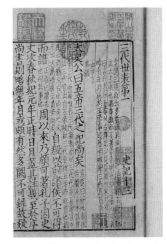

표는 엑셀 프로그램에 비유될 정도로 사마천의 천재성이 번득이는 체제다. 사진은 〈삼대세표〉의 판본이다.

30권으로 이루어진 세가는 흔히 제후나 왕들에 관한 기록으로 설명하곤 한다. 틀린 말은 아니지만 역시 충분치 않다. 본기와 마찬가지로 제후나 왕이 아닌 인물이 들어가 있기 때문이다. 춘추시대 유가를 창시한 공자와, 중국 역사상 최초의 농민 봉기군 우두머리였던 진승(陳勝)이 이 세가에 들어가 있다. 또 한나라 이전 시대인 춘추전국시대는 인물이 아닌 나라별로 되어 있다. 역시 기록의 많고 적음에 따른 구별이다. 특히 춘추전국시대를 알려면 반드시 세가의 기록을 잘 살펴야 한다. 사마천은 역사를 움직인 주체로서 인물이 되었건 나라가 되었건 이것들을 기록으로 남겼는데 그것이 바로 세가라는 체제다.

끝으로 130권의 절반 이상을 차지하는 70권의 열전이다. 대개 인물들의 전기로 설명하지만 이 또한 부족하다. 대부분 인물들의 기록이라는 점은 맞지만 소신을 가지고 살았던 다양한 부류의 사람들이다. 왕자, 귀족, 공신, 관리, 개혁가, 유세가(로비스트, 외교가), 군인, 점쟁이, 의사, 상인, 코미디언 등등 다양한 인물들이 등장한다. 그래서 《사기》의 백미로 불린다. 여기에 외국에 대한 기록도 있다. 흉노를 비롯하여 중국 변방에 존재했던 소수민족에 대한 기록이 이 열전에 편입되어 있다. 놀라운 사실이 하나 더 있다. 이 부분이 중요한데 안타깝게도 학교에서 가르치지 않고 학자들도 강조하지 않으며 심지어 고의로 이야기하지 않고 넘어간다. 바로 〈조선열전〉이 《사기》에 들어가 있다는 사실이다. 권115이며, 고조선 멸망사 기록이다. 이에 대해서는 나중에 다시 설명할 것이고, 필자의 유튜브 영상도 있으니 참고하기 바란다.(유튜브 〈김영수의 좀 알자, 중국〉: 특별영상 《사기》와 〈조선열전〉)

이렇게 보면 《사기》는 당시로서는 세계사였다. 사마천의 관심과 시선이 미치는 모든 부분이 이 역사서 안에 포함되어 있는 것이다.

004

기전체, 무엇이 남다른가
- One for All, All for One

Question

항우와 여 태후를 본기에 넣는 바람에 후대 보수적인 학자들에게 욕을 심하게 먹었다고 했는데 왜, 그랬나?

Answer

사마천은 기전체를 창안하면서 다섯 체제의 원칙이나 법칙 같은 것을 만들지 않았다. 본기를 예로 들면 거기에 '제왕만 들어가야 한다', 이런 원칙은 없었다는 말이다. 그런데 두 번째 정사인 《한서》를 편찬한 반고 이후 정사를 편찬한 보수적 관변 학자들은 자기들 나름대로 원칙 아닌 원칙을 만들어버렸다. 본기에는 제왕만이, 세가에는 제후, 왕만이 들어간다, 이런 원칙을 만들어 거꾸로 사마천의 《사기》에다 적용한 것이다. 그래서 제왕이 되지 못한 항우와 제왕의 아내인 여 태후를 본기에 넣었다고 비난했다. 더욱이 여 태후는 여자라 더 비난을 받았다. 세가도 마찬가지다. 이는 《사기》가 그만큼 남다르고 특출 난 역사서임을 역으로 입증하는 것이 아닐까?

기전체 역사 서술 체제 외에 다른 서술 체제는 없나? 있다면 각 서술 체제의 특징과 장단점은 무엇인가? 그것들에 비해 기전체는 무엇이 남다른가?

Answer

《사기》가 나오기 전에 중국에는 어떤 역사서들이 있었을까? 실제로 역사서라는 게 있긴 했을까? 이런 질문들이 있을 수 있다. 물론, 역사서가 있었다. 《사기》보다 한참 앞선 《상서(尙書)》를 비롯해 《좌전(左傳)》《춘추(春秋)》《전국책(戰國策)》《죽서기년(竹書紀年)》 같은 편년체(編年體) 역사서들이 있었다. 이중 《상서》는 엄밀히 따지자면 정치 교과서에 가깝지만 큰 범주에서 역사서에 넣어도 문제는 없을 것 같다. 《전국책》은 전국시대 각국의 역사를 기록한 책이다. 이 역사서들은 사건을 연대순으로 기록했기 때문에 편년체 역사서라 한다. 편년체의 서술 체제는 비슷한 시기 고대 그리스에서 《역사》나 《펠로폰네소스 전쟁사》가 나왔듯이 누가 보아도 자연스러운 역사 서술 방식이다.

그러나 사마천은 본기만 편년체로 썼을 뿐 세가, 열전, 서를 더 쓰고 연표까지 덧붙였다. 상당히 번거로울 수도 있는 방법이지만 이 기전체는 《한서》 이후 《명사(明史)》와 《청사고(淸史稿)》에 이르기까지 24사 또는 25사라고 부르는 중국 역사서의 기본적인 체제가 되었다.

이왕 역사 서술 체제 이야기가 나온 김에 좀 더 자세히 설명해 달라.

Answer

중국에 한정해서 말씀을 드린다. 과거를 기록하는 방식으로 가장 쉬운 방법이 시간 순서대로 기록하는 것이 아닐까 싶다. 매일 일기를 쓰듯 말이다. 이런 식으로 역사를 기록하면 편년체가 된다. 연대순으로 주요 사건과 인물의 행적 등을 기록하는 것이다. 대개 신문 기사를 작성하는 방법인 6하 원칙(언제, 어디서, 누가, 무엇을, 어떻게, 왜)에 따라 기록을 하는데 대체로 '왜(Why)'만 빠져 있다고 보면 되겠다. 중국 역사서 중에 이 편년체를 대표하는 것이 송나라 때 사마광(司馬光)이 편찬을 주도한 유명한 《자치통감(資治通鑑)》이다.

또 기사본말체(紀事本末體)라는 것도 있다. 주로 사건의 본말, 즉 경위와 결과를 기록하는 방식이다. 해당 사건을 체계적으로 기록할 수 있다는 장점을 갖고 있는 체제다. 송나라 때 편찬된 《통감기사본말(通鑑紀事本末)》이 대표적이다.

그리고 여러 나라의 역사를 따로 기록하는, 굳이 표현하자면 국별사라 할 수 있는 체제도 있는데 앞에서 든 《전국책》이 이에 해당한다. 《삼국사기》도

기전체를 대표하는 《사기》와 편년체를 대표하는 사마광의 《자치통감》. 사진은 《자치통감》의 판본이다.

삼국을 따로 기록했지만 서술 체제는 기전체이기 때문에 이 체제
와는 구별된다.

이밖에 인물들만 기록한 전기체도 있긴 하지만 그 예를 찾아보
기 힘들다. 서양의 《플루타르코스 영웅전》이 이에 해당하지 않을
까 한다.

그렇다면 기전체의 특징과 장점은 무엇일까? 첫째, 기전체는 지
금 설명한 모든 서술 체제를 모두 담고 있다. 본기는 시대순과 나라
별로, 세가는 나라별과 인물들의 전기로, 열전은 다양한 인물들의
전기와 소수민족들을 기록하고 있다. 사마천은 이것들만으로도 부
족하다고 생각하여 연표와, 국가의 제도와 문물과 문화를 전문적
으로 다룬 서까지 창안했다. 게다가 이 다섯 체제는 별개가 아니라
서로 유기적으로 연계된다. 그래서 필자는 이 체제를 뒤마의 소설
을 영화로 만든 〈삼총사〉에 나오는 대사 중의 "One for All, All for
One"으로 표현하곤 한다. '모두는 하나를 위해, 하나는 모두를 위
해'라는 뜻이다. 다섯 체제 하나하나가 《사기》라는 큰 역사서로 수
렴되고, 《사기》는 다섯 체제 하나하나를 품고 있는 그런 모습이다.

005

본기에서 가장 매력적인 장면이라면?
— 〈오제본기〉와 〈항우본기〉, 〈고조본기〉에 대하여

Question

《사기》의 다섯 체제에 관한 설명을 잘 들었다. 이제 그 각각의 내용으로 넘어 갔으면 좋겠다. 물론 130권의 내용을 모두 들을 수는 없을 테니 다섯 체제의 대표적인 것들을 몇 개씩 골라 소개해주었으면 한다. '이것이 이래서 좋다'는 식으로 소개하는 쪽이 훨씬 흥미로울 것 같다. 먼저 본기부터.

Answer

주관적으로 고르라고 하니 편한 것 같으면서도 부담스럽다. 이야기에 앞서 강조할 점은 《사기》라는 역사서가 '주관적인 역사서'라는 것이다. 대부분 역사서 하면 객관적 사실의 기록으로 알고 있지만 《사기》는 그렇지 않다. 옳고 그름, 착하고 나쁨, 정의와 사악, 좋고 싫음, 충성과 간사, 아름다움과 추함, 진심과 위선, 믿음과 배신 등등 이런 것들에 대한 판단이 분명하다. 또 곳곳에 사마천 개인의 감정이 배어 있는 '열정적인 역사서'이다. 그럼 본기의 명장면 몇 개를 소개한다.

본기는 모두 12권이라 했다. 세가는 30권, 열전은 70권이라 일일이 소개하지 않고 부록으로 남겨 참고할 수 있도록 해주셨으면 좋겠다. 본기를 순서대로 소개하면 다음과 같다. 첫 권은 〈오제본기〉, 다섯 제왕의 본기란 뜻 같다. 다음은 하나라의 본기인 〈하본기〉, 은나라의 본기인 〈은본기〉, 주나라의 〈주본기〉, 진나라의 〈진본기〉가 있다. 그리고 제왕급 인물인 〈진시황본기〉〈항우본기〉〈고조본기〉〈여태후본기〉〈효문본기〉〈효경본기〉〈효무본기〉의 12권이다. 이중 어떤 것을 소개해주시나?

Answer

〈오제본기〉는 첫 권이라 소개해드리는 것이 좋겠고, 〈항우본기〉와 〈고조본기〉에서 한 장면씩 골라 소개할까 한다. 일일이 다 소개 못 드리는 사정을 양해해주셨으면 한다. 나중에 '《사기》의 명장면'이란 주제로 130권 전체의 명장면을 소개하는 유튜브 영상을 올릴 예정이니 조금 기다려주시면 좋겠다.

〈오제본기〉는 전설 속 다섯 제왕의 기록이다. 중국 사람들이 조상으로 내세우는 황제(黃帝)부터 제곡(帝嚳) — 제지(帝摯) — 제요(帝堯) — 제순(帝舜) 이렇게 다섯이다. 독자들은 이중 네 번째 다섯 번째의 왕인 제요와 제순은 알 것이다. 바로 요 임금, 순 임금이다.(앞의 '제'는 임금이란 뜻) 가장 이상적인 제왕으로 꼽히는 두 사람으로,

요·순시대 하면 태평성대의 대명사가 되었다. 〈오제본기〉의 하이라이트는 요 임금이 순에게 임금 자리를 양보하는 대목이다. 필자는 이 대목에서 감동을 받곤 하는데, 비록 전설이라고 하지만 우리 사회현실에서 가장 아쉬운 부분을 짚어주고 있기 때문이다. 요 임금은 아들이 있음에도 후계자로 민간에서 순을 발탁한다. 태자와 태자의 측근들이 불만을 터뜨리자 단호하게 "한 사람의 이익을 위해 천하가 손해 볼 수 없다, 결코!*"라는 말로 의지를 관철했다. 이렇게 해서 가까운 사람이 아니라 능력 있는 사람에게 자리를 양보하는 이상적인 권력 교체의 방식, 즉 '선양(禪讓)'이 탄생했다. 이 방식은 현대 중국에까지 영향을 미치고 있다. 사마천이 130권 《사기》의 첫 권에 이 장면을 배치한 것은 의미가 깊다. 한 사회가 건전하게 작동하려면 사회 지도층의 책임과 의무가 전제되어야 한다. 이른바 노블레스 오블리주 정신이다. 《사기》첫 권을 관통하는 정신이 바로 이것이다.

다음으로 실패한 영웅이자 비극적인 영웅 항우다. 〈항우본기〉는 초한쟁패(楚漢爭霸)의 실질적인 인물인 항우의 일대기, 그중에서도 초한쟁패 약 7년을 기록하고 있는데 단편소설을 방불케 할 정도로 박진감이 넘친다. 초반 천하 패권을 다 장악했던 항우가 점점 유방에게 밀리고 결국은 해하(垓下)라는 곳에서 사면초가(四面楚歌)에 몰려 자결하는 것으로 막을 내린다. 역발산기개세(力拔山氣蓋世), 파부

---

*종불이천하지병이리일인(終不以天下之病而利一人)!

침주(破釜沈舟), 패왕별희(霸王別姬), 사면초가 등 유명한 고사들이 많이 등장한다. 필자는 〈항우본기〉에서 항우가 자결하기에 앞서 두 번이나 하늘을 원망하는 부분을 명장면으로 꼽는데 관련 대목을 소개하면 이렇다.

내가 병사를 일으키고 지금까지 8년이다. 몸소 70여 차례 전투를 치렀다. 맞선 자는 격파하고 공격한 자는 굴복시키면서 패배를 몰랐기에 마침내 천하를 제패하였다. 그러나 지금 갑자기 이곳에서 곤경에 처하였으니, 이는 하늘이 나를 망하게 하려는 것이지 내가 싸움을 잘못한 죄가 아니다.

하늘이 나를 망하게 하려는데 내가 (오강을) 건너서 무얼 하겠느냐. 게다가 강동(江東)의 젊은이 8,000명이 나와 함께 강을 건너 서쪽으로 갔다가 지금 한 사람도 돌아오지 못하였다. 설사 강동의 부형들이 불쌍히 여겨 나를 왕으로 삼는다 한들 내가 무슨 면목으로 그들을 대하겠느냐? 그들이 말하지 않는다 해도 이 항적(項籍, 항우의 이름)의 마음이 부끄럽지 않을 수 있겠는가.

항우는 죽는 순간까지도 자신이 왜 실패했는지 깨닫지 못하고 체면을 내세우고 있다. 어쩌면 알면서도 인정하고 싶지 않았는지 모르겠다. 끝까지 패배를 회피하는 항우의 체면 중시는 자신을 추격해온 자들에게 "듣자 하니 내 머리에 천금과 1만 호의 읍이 걸려 있

38

다고 하니, 내가 너를 위해 덕을 베풀겠다!"며 목을 찌르는 대목에서 절정을 이룬다. 드라마보다 더 드라마 같은 장면으로 항우의 기질과 개성이 유감없이 드러나고 있다.

그런데 사마천의 평가는 좀 차갑다. 인간으로서 무한한 동정을 보내면서도 리더로서의 항우에 대해서는 거리를 둔다. 사마천은 논평에서 이렇게 말한다.

자신의 전공을 자랑하고 사사로운 지혜만 앞세워 과거에서 배우지 못하였다. 패왕의 대업이라며 힘으로 천하를 정복하고 경영하려 하니 5년 만에 나라를 망치고 몸은 동성에서 죽으면서도 여전히 깨닫지 못한 자신을 책망할 줄 몰랐으니 이것이 잘못된 것이다. 그런데도 "하늘이 나를 망하게 하려는 것이지 내가 싸움을 잘못한 죄가 아니다"라고 하며 핑계를 대었으니 어찌 황당하지 않겠는가.

항우와 유방의 초한쟁패는 《동주열국지》와 《초한지》라는 옛날 역사소설도 있고, 일본의 시바 료타로가 쓴 《항우와 유방》이란 소설이 있으니 한번 보시기 바란다. 영화도 몇 편 있다.

다음은 항우와 함께 천하의 패권을 다투었던 유방의 전기인 〈고조본기〉다. 이 기록의 명장면은 한 페이지가 멀다 하고 등장할 정도다. 필자는 그중에서 술 좋아했던 유방에 초점을 맞추어 살핀 끝에 〈고조본기〉 전체가 유방의 술로 시작해서 술로 끝난다는 사실을 확인할 수 있었다. 그리고 보니 유방의 일생의 중요한 대목마다 술이 등장하고 있었다. 젊은 날 하는 일 없이 술과 여자를 밝히던 시절의 기행, 아내 여치(呂雉, 훗날 여 태후)를 얻는 계기가 된 술자리, 봉기군의 우두머리로 추대되는 과정에서의 술, 항우와 유방 두 사람의 운명은 물론 천하 패권의 향방을 바꾸는 결정적인 자리였던 홍문연(鴻門宴)의 술자리, 항우와 천하를 다투면서 절제했던 술버릇이 팽성(彭城)에서 다시 재연되어 항우의 공격을 받아 사지에 몰렸던 장면, 천하를 얻은 뒤 서한삼걸(西漢三傑, 소하·장량·한신)을 비롯한 공신들 논공행상을 행하던 술자리, 각지에서 터지는 반란을 진압하고 돌아오는 길에 고향을 들러 고향 사람들과 술자리를 가지고 〈대풍가(大風歌)〉라는 노래를 부르는 장면 등등, 유방의 일생을 이렇게 술자리로 재연해보았다. 정말이지 사마천의 신필(神筆)에 감탄하지 않을 수 없다. 독자들께서는 〈진시황본기〉〈항우본기〉〈고조본기〉, 이렇게 세 편을 함께 상호 참조하여 읽게 되면, 진시황이 죽은 뒤 큰 혼란에 빠진 천하의 형세와 그 와중에 패권을 차지하기 위해 일어난 농민 봉기군의 지도자들, 그리고 항우와 유방의 초한쟁패, 항우의 실패와 유방의 승리로 이어지는 대하드라마를 흥미진진하게 감상할 수 있을 것이다.

Question

유방의 일대기를 술과 술자리로 구성한 부분이 너무 재미있다. 술과 여자를 좋아했던 건달이 황제가 되기까지, 정말 드라마다. 유방이 그렇게 술을 좋아했나?

《사기》 기록에만 이 정도이고, 유방의 고향인 강소성(江蘇省) 패현 (沛縣)에 가면 그 지역에 전해오는 유방과 관련한 전설과 일화들 중 에 술과 관련된 것이 많다. 재미삼아 그중 하나만 소개한다.

　서한의 개국공신들 중에는 유방과 같은 고향 친구들이 많다. 대 부분 건달 출신들이었다. 변변한 직업이 없거나 있어도 천한 직업 이 대부분이었다. 이들 중 번쾌(樊噲)라는 친구는 개고기를 팔았다. 술 좋아하는 유방이 전날 잔뜩 퍼마시고 다음 날 아침이면 번쾌를 찾아 보신탕을 해장국으로 먹었다. 그런데 이런 짓도 하루 이틀이 지 허구한 날 찾아와 팔아야 할 개고기를 거저먹으니 아무리 좋은 친구라도 견디기가 힘들지 않았겠나. 급기야 번쾌는 배를 타고 강 건너로 도망갔고 타고 온 배를 돌려보내지 않았다. 그날도 다름없 이 술에서 덜 깬 유방이 번쾌를 찾았다. 그런데 번 쾌가 보이지 않았다. 강 건너로 도망갔다는 것이 었다. 유방은 강나루로 가 서 번쾌를 향해 배를 보내 라며 목청껏 외쳤다. 번 쾌는 모른 척했다. 한참 을 외치던 유방은 욕을 해 대며 발길을 돌리려는 순

번쾌는 우물을 파고 그 우물로 개고기를 삶아 팔 았다고 한다. 강소성 패현에는 그 우물의 유적이 보존되어 있다.

간 커다란 거북이 한 마리가 유방이 있는 쪽을 향해 등을 갖다 댔다. 유방은 거북이 등에 올라타 강을 건너 번쾌에게로 가서는 해장국을 빼앗아 먹었다. 유방이 보통 사람이 아님을 실감한 번쾌는 두 번 다시 그의 곁을 떠나지 않았다.

이상이 유방의 고향에 내려오는 유방 관련, 특히 술과 관련한 전설이다. 유방이 얼마나 술을 좋아했는지, 건달 노릇이 어땠는지 또 보통 사람이 아니었음을 드러내는 전설이기도 하다. 《사기》에도 유방의 신기한 행적이 몇 군데 기록되어 있으니 참고하기 바란다.

006

역사를 주도한 나라와 인물들
- 세가의 명장면 감상

Question

재미있게 들었다. 표와 서에서도 명장면을 찾을 수 있나?

Answer

찾을 수야 있겠지만 아무래도 힘들고 너무 전문적이라 독자들이 굳이 알아야 할 필요는 없다. 바로 세가로 넘어가도 무방하다.

Question

세가는 모두 30권이라 했다. 〈오태백세가〉가 첫 권이고, 〈삼왕세가〉가 마지막이라고 알고 있다. 그런데 이 세가의 목록을 보니까 특이한 두 권이 눈에 들어온다. 아까 말씀한 〈공자세가〉와 〈진섭세가〉다.

Answer

눈썰미가 대단하다. 잘 보았다. 먼저 설명을 보태어둔다. 세가는 대

체로 제후와 제후국의 기록이라고 했다. 〈오태백세가〉부터 〈전경중
완세가〉까지 전반부는 춘추전국시대 제후국들의 기록이고, 〈외척
세가〉 이후의 후반부는 서한시대의 황실과 외척 및 공신들의 기록
이다. 그런데 후반부로 넘어가기 전, 두 권이 특별하다. 〈공자세가〉
와 〈진섭세가〉다.

세가의 명장면을 알려 달라. 30권의 세가 중 어떤 편, 어떤 장면을 최고의 장면
으로 꼽는지?

Answer

그 질문이 가장 곤란하다. 《사기》의 매력에 대해서 이런 이야기가
있다. 읽는 연령대마다 느낌이 다 다르다고. 나는 30대부터 사마
천과 《사기》를 본격적으로 공부했다. 20대에는 거의 접하지 않았
기 때문에 느낌이나 인상이랄 것이 없다. 처음엔 전적으로 학문으
로만 접근했다. 원문의 글자 해독에 정신이 없었다. 그러다 40대에
들어와서 겨우 매력의 한 자락을 잡을 수 있었고 특히 1998년 사마
천의 고향을 방문하면서 깊게 들어갈 수 있었다. 독자들도 이런 점
을 꼭 알고 《사기》를 읽으셨으면 한다. 당시 받는 느낌이나 인상이
전부가 아니라는 것을. 또 읽는 편마다 인상과 느낌도 다르다. 이
에 대해서는 명나라 때 문장가 모곤(茅坤)의 말을 들어보면 좋을 것
같다.

지금《사기》를 읽으면서 독자들은 〈유협열전〉에서는 목숨을 초개처럼 버리게 될 것이고, 〈굴원가생열전〉을 읽으면 눈물을 흘리게 될 것이고, 장자(莊子)나 노중련(魯仲連)의 열전을 읽으면 속세를 떠나고 싶을 것이다. 이광(李廣)의 열전을 읽으면 자신이 전쟁에 나가고 싶어지고, 석건(石建)의 열전을 읽으면 예절을 극진히 지키고 싶어질 것이며, 신릉군(信陵君)이나 평원군(平原君)의 열전을 읽으면 인재를 기르고 싶을 것이다. 무엇 때문에 이럴까? 모든 내용이 각각 사물의 실정에 들어맞아 독자의 마음속 깊이 전달되기 때문이다. 몇몇 구절이나 글자가 독자들을 자극하는 것이 결코 아니다. 예로부터 사마천은 문선(文仙)이요, 이백(李白)은 시선(詩仙)이요, 굴원(屈原)은 사부선(詞賦仙)이요, 유령(劉伶)은 주선(酒仙)이요, 한신(韓信)은 병선(兵仙)이라 했는데 맞는 말이다.

007

마음으로 한 약속도 지킨다
-〈오태백세가〉의 계찰

나이에 따라, 읽는 문장에 따라 받는 감흥과 감동이 다 다르다는 《사기》라니, 말만 들어도 읽고 싶은 마음이 절로 든다. 다시 세가로 돌아와서 최고는 어떤 장면인가?

Answer

예의상 첫 권의 명장면 하나를 소개한다. 세가의 첫 권은 〈오태백세가〉로 남방 오(吳)나라에 대한 역사 기록이다. 오나라의 시조는 주(周) 부락 태왕(太王)의 아들인 태백(泰伯)과 중옹(仲雍)이다. 태왕에게는 태백과 중옹 외에 막내 계력(季歷)이 더 있었다. 그런데 셋째 계력이 어진데다 계력의 아들 창(昌, 훗날 주 문왕)이 남달랐다. 태왕은 손자 창에게 왕위가 돌아가길 바랐다. 이에 태백과 중옹은 남쪽 형만(荊蠻) 지역으로 달아나는 것으로 자리를 막내 계력에게 양보했다. 그리고는 형만 지역에서 오나라를 세웠다. 그때가 기원전

11세기 무렵이다. 그 뒤 약 600년이 지난 기원전 6세기 초에 오나라에도 왕위 계승에 문제가 발생했다. 수몽(壽夢)이라는 왕의 네 아들 중 넷째 계찰(季札)이 어질고 남달라 수몽은 계찰에게 왕위를 넘기려 했다. 그러나 계찰은 이를 거부했다. 위 세 명의 형들도 막내 계찰에게 왕위가 돌아가도록 차례로 왕위를 이어받았으나 계찰은 자기 차례가 왔어도 끝내 이를 사양했다. 결국 수몽의 셋째 아들 여매(餘昧)의 아들 요(僚)가 왕위를 이었지만 큰아들 제번(諸樊)의 아들 광(光)이 적장자임을 내세워 사촌 형인 요를 죽이고 왕에 올라 왕위 계승을 둘러싼 해프닝이 일단락되었다. 이 광이란 인물이 합려(闔閭)다. 이야기가 좀 복잡해졌지만 요점은 임금 자리를 서로 양보했다는 것인데, 계찰마저 자리를 사양함으로써 왕위를 두고 싸움이 벌어지는 빌미가 되었다는 점도 눈여겨볼 대목이다. 그런데 내가 고른 〈오태백세가〉의 명장면은 이것이 아니라 계찰이 다른 나라를 방문하면서 남긴 일화다.

계찰이 북쪽의 서(徐)라고 하는 나라를 지나게 되었다. 서의 임금은 계찰이 차고 있는 검이 마음에 들었다. 오나라는 명검으로 유명한 나라였다. 계찰은 서 임금의 심중을 알아채고 검을 주고 싶었지만 사신의 임무를 마치지 못했기 때문에 그러지 못했다. 당시 검을 차는 '패검(佩劍)'은 기본예절의 하나였다. 더욱이 한 나라를 대표하는 사신의 신분이었다. 그 뒤 임무를 다 마친 계찰이 귀국하던 길에 다시 서나라에 들렀다. 그런데 임금이 그사이에 세상을 떠나고 없었다. 계찰은 자신의 보검을 풀어 무덤 위 나무 위에 걸어놓

'계찰괘검'의 고사를 표현한 한나라 때의 벽돌 그림.

고 떠나려 했다. 시종이 죽은 사람에게 검이 무슨 소용이냐고 묻자
계찰은 "그런 소리 마라. 당초 내가 주기로 마음먹었는데, 죽었다
고 내 마음을 바꿀 수 있겠느냐"라고 답했다. 여기서 '계찰괘검(季札
掛劍)', 계찰이 검을 걸어두다라는 고사성어가 나왔다. 속으로 한 약
속이라도 지켜야 한다는, 약속의 중요성을 보여준 고사다. 나는 이
장면을 세가의 첫 명장면으로 꼽겠다.

Question

계찰이 보검을 무덤의 나무 위에 걸어놓고 떠났다고 하지 않았나? 이 그림을
보니까 무덤 위에 나무가 크게 자라 있다. 이게 맞는 그림인가? 우리 같으면 무
덤에 나무가 자라면 큰일인데?

Answer

맞다. 우리는 무덤 위에 나무가 자라는 것을 좋지 않게 여긴다. 하
지만 중국은 다르다. 제왕의 무덤에 온갖 나무들이 자란다.(제왕 무
덤뿐만 아니라 모든 무덤에 나무가 자라고 있다.) 진시황 무덤은 석류나무
로 덮여 있고, 사마천 무덤 위에도 측백나무 다섯 그루가 자라고

있어 그 뿌리 때문에 무덤을 감싸고 있는 벽돌이 터져 나와 보수까지 했다. 사마천 무덤의 사진도 함께 보여드리겠다.

측백나무 다섯 그루가 자라고 있는 사마천의 무덤.

008

왕후장상의 씨가 따로 있더더냐
- 〈진섭세가〉 속 진섭의 외침

Question

이야기를 다른 곳으로 새게 해서 미안하다. 세가의 명장면들을 마저 소개해 달라.

Answer

앞서 설명한 대로 세가는 기본적으로 제후국과 제후들의 기록이 지만 공자와 진섭(陳涉, 진승陳勝)이 편입되어 있다. 농민 봉기군 우 두머리 진섭과 관련한 장면을 감상해보자. 진섭은 오늘날로 보자 면 남의 집일을 해주는 고용 노동자였다. 그가 농사를 짓다가 불만 을 터뜨리며 "부귀해지면 서로 잊지 말자"고 했다. 그러자 다른 노 동자들이 남의 집일이나 하는 주제에 부귀는 무슨 부귀냐며 비웃 었다. 이에 진섭은 "어허! 제비나 참새 따위가 큰 기러기와 고니의 뜻을 어찌 알리오!*"라며 한숨을 쉬었다. 흔히 '참새가 봉황의 뜻 을 어찌 알겠는가'라고 하는데 바로 여기에서 나왔다. 또 진섭이 노역에 징발되어 가던 중에 큰비를 만나 기한 내에 도착하지 못할 상황이 되었다. 당시 진나라 법은 매우 엄격하여 기한을 지키지 못하면 죽음이었다. 이에 진섭은 오광(吳廣)과 함께 도망쳐도 죽고 들

중국사 최초의 농민 봉기 우두머리 진섭의 봉기 모습을 나타낸 조형물.

고일어나 싸워도 죽기는 마찬가지니 큰일을 한번 해보자고 선동했다. 그러면서 진섭은 천하에 유명한 명언을 남긴다. 아마 독자들도 한 번쯤은 들어보셨을 것이다.

왕, 제후, 재상, 장수의 씨가 따로 있더란 말이냐?**

대개는 왕, 제후, 재상, 장수를 따로따로 말하지 않고 그냥 '왕후장상'으로 붙여 임팩트 있게 말한다. 비유하자면 신분 해방을 선언하는 선언문 같다. 이 말이 우리나라에까지 전해져 고려시대 때 무인 최씨 집안의 노비로 있던 만적이 들고일어나면서 이 말로 대중을 선동한 바 있다. 진섭의 봉기는 실패했지만 바로 이어 일어난

---

*연작안지홍곡지지(燕雀安知鴻鵠之志)!
**왕후장상영유종호(王侯將相寧有種乎)?

항우와 유방에 의해 진나라는 천하를 통일한 지 불과 15년 만에 멸망했다. 사마천은 진섭의 봉기가 진나라 멸망의 기폭제가 되었다고 판단하여 그의 봉기를 혁명에 비유하면서 그의 전기를 세가에 넣는 파격적인(?) 대우를 한 것이다.

진섭의 농민 봉기는 이렇게 기록에 남음으로써 역사적 평가를 얻게 되었고, 지금까지 중국의 역사책에 빠지지 않고 강조되고 있다. 아울러 진섭의 무덤도 잘 정비되어 있고, 무덤 구역에는 전시관도 잘 꾸며져 있다.

009

죽은 말 뼈다귀 이야기의 함의
- 〈연소공세가〉의 개혁군주 소왕

만적의 외침이 원래 진섭의 외침이었다는 사실을 알게 되었다. 다음은 어떤 장면인가?

Answer

죽은 말 뼈다귀 이야기로 다음 장면을 열어보겠다. 〈연소공세가〉와 관련이 있다. 이 세가는 지금의 북경과 하북성, 요녕성 일부를 차지하고 있었던 연(燕)나라의 역사 기록이다. 서주 건국 해인 기원전 1046년 무렵에 세워진 나라이니 역사는 대단히 오래되었다. 주 왕실과 같은 혈통인 소공(召公) 석(奭)이 나라를 세웠다. 하지만 건국 이후 늘 약체를 면치 못했다. 그러다 전국시대 말기인 기원전 312년 젊은 소왕(昭王)이 즉위하여 나라를 중흥시키고자 무던 애를 썼다. 소왕은 몸을 낮추고 후한 대우로 유능한 인재들을 모셨다. 소왕이 많은 인재들을 모을 수 있었던 데에는 곽외(郭隗)라는 현자의 충고가 크게 작용했다. 당시 곽외가 소왕에게 들려준 이야기가 바로 죽은 말 뼈다귀 이야기다. 이 이야기는 《사기》에는 없고 《전국책》에 나온다. 사마천은 《전국책》을 바탕으로 소왕과 곽외의 만남을 간결하게 기록했다.

줄거리는 이렇다. 명마를 얻고자 안달이 난 왕이 있었다. 후한 값으로 명마를 구한다고 알렸으나 말을 구하지 못했다. 하루는 신하 하나가 천금을 주면 바로 명마를 구해오겠다고 나섰다. 왕은 신하에게 천금을 주었다. 얼마 후 신하는 명마를 구했다며 궁으로 돌아왔다. 그런데 명마는 보이지 않고 대신에 큰 자루 하나를 내려놓았다. 자루에는 명마의 뼈다귀가 들어 있었는데 그는 뼈다귀를 천금을 주고 사왔다고 했다. 화가 난 왕이 그 신하를 죽이려고 하자 신하는 며칠만 기다려 달라고 했다. 그런데 다음 날 궁궐 밖에 명마들이 몰려와 울부짖고 있었고, 왕은 한꺼번에 여러 마리의 명마를 얻었다.

곽외는 이 이야기를 하며 "이 곽외부터 먼저 시작하시지요"라고

침체해 있던 연나라를 일으키기 위해 인재를 한껏 대우했던 소왕(위)과 그 방법을 암시한 곽외(아래)의 초상화

청했다. 이것이 '선종외시(先從隗始)'라는 고사성어가 나온 배경이다. 소왕이 곽외를 황금대(黃金臺)에 모시고 우대하자 많은 인재들이 앞을 다투어 연나라로 달려왔는데 이것을 '사쟁추연(士爭趨燕)'이라고 한다. 연나라는 이 인재들의 활약으로 수백 년 만에 중흥을 이룰 수 있었다.

이 장면이 던지는 메시지는 의미심장하다. 핵심은 말 뼈다귀가 아니라 인재에 있다. 좋은 조건을 제시했음에도 뛰어난 인재가 선뜻 오지 못하는 까닭은 자신을 우대할 것인가에 대해 확신이 없기 때문이다. 그럴 때는 그보다 못한 사람을 먼저 모셔와 잘 대우하면 된다. 천금으로 말 뼈다귀를 사온 대목은 이것을 의미하며, 특출한 재능이 있지도 않은 곽외를 황금대에 모신 것도 같은 맥락이다. 곽외가 특별대우를 받는 것을 본 인재들이 연나라로 모여들었다. 천금으로 말 뼈다귀를 사다'는 '천금매골(千金買骨)' 또는 '천금시골(千金市骨)'이라고 한다. 한 나라의 흥망성쇠는 인재에게 달렸다는 사마천의 인식을 잘 보여주는 장면이다.

(나라의) 안정과 위기는 어떤 정책을 내느냐에 달려 있고, 존속과 멸망은 어떤 인재를 쓰느냐에 달려 있다.* (〈초원왕세가〉, 〈평진후주보열전〉)

---

* 안위재출령(安危在出令), 존망재소용(存亡在所用).

010

어리석은 남자들을 한껏 조롱한 하희
- 〈진기세가〉에 기록된 섹스 스캔들

Question _____

'인사가 만사'라는 말이 생각난다. 다음은 어떤 장면인가?

Answer

색다른 이야기를 한번 해볼까 한다. 춘추시대 한 여성의 남성 편력
이랄까, 아니면 좀 더 자극적인 단어로 섹스 스캔들이라고 해도 무
방할 이야기다. 〈진기세가(陳杞世家)〉에 등장하는 하희(夏姬)라는 여
성을 거쳐 간 여러 남자들의 행태, 그리고 그것이 남긴 후유증 등
을 소개해보려 한다. 다른 기록들을 참고해서 쭉 정리하고 군데군
데 내 생각을 곁들였다. 드라마 각본이라고 생각하고 들어 달라.

중국사의 제왕과 억울한 여성들

중국사 약 5천 년을 통틀어 600명 가까운 제왕들이 존재했다. 춘추

시대 제후들까지 넣으면 그 수는 훨씬 더 늘어난다. 한 통계에 따르면 제왕 559명 중에서 제명에 죽지 못한 자들이 무려 1/3에 가깝다고 한다.

1/3에 육박하는 제왕들의 사망 원인을 따져보면 여성이 개입된 경우가 적지 않다. 그저 제명에 못 죽었을 뿐만 아니라 심지어 나라를 잃은 제왕도 심심찮게 등장한다. 그런데 정작 망국의 책임은 모두 여성이 짊어졌다. 하나라 걸(桀) 임금이 총애했던 말희(妹喜), 은나라 주(紂) 임금이 애지중지했던 달기(妲己), 주나라 유왕(幽王)이 봉화까지 피우며 웃기려 했던 포사(褒姒) 등이 모두 망국의 화근이란 불명예를 뒤집어썼다.

그런데 춘추시대 정나라 목공(穆公, 기원전 649~기원전 606)의 딸로 태어난 귀한 신분의 하희라는 여성은 여러 남자를 망친 것은 물론 여러 나라를 시끄럽게 만든 희대의 요부(妖婦), 요즘 하는 말로 '팜므 파탈'이었다. 물론 일차적 책임은 그녀에게 홀린 남자들에게 있겠지만, 그 과정을 보면 꼭 그런 것만도 아니라는 생각을 떨치기 힘들다. 이에 춘추시대를 떠들썩하게 했던 이른바 '하희 스캔들'을 알아보고자 한다. 이 스캔들은 춘추시대 역사 기록으로 가장 중요한 《좌전(左傳)》을 비롯하여 《사기정의(史記正義)》에 인용된 《열녀전(列女傳)》 등 여러 책에 그 흔적을 남기고 있고, 《사기》에는 〈진기세가(陳杞世家)〉와 〈진세가(晉世家)〉에 그 경과가 비교적 자세히 남아 있다.

그런데 이 스캔들을 기록한 《사기》의 내용을 따라가면 흥미로운 사실을 발견하게 된다. 이 사건이 하희가 시집간 진(陳)나라의 내부 문제를 벗어나 국제적인 문제로 비화됨으로써 당시 국제 정세의 미묘한 변화를 이 추문의 과정을 추적하면서 확인하는 묘미를 맛볼 수 있기 때문이다. 사마천의 절묘한 필치를 새삼 확인하게 된다.

스캔들의 1차 경과

기원전 613년 장강 이남에 자리 잡고 있던 초나라에 걸출한 통치자가 왕위에 올랐다. 초나라를 일약 강대국으로 끌어올린 장왕(莊王)이다. 장왕은 기원전 597년에 필성(泌城)이라는 곳에서 제후들과 회맹(會盟)하여 맹주가 되었다. 패주 자리에 앉은 장왕은 제후국들의 사소한 사건에 개입할 수 있는 명분을 갖게 되었다. 그것이 이른바 '존왕양이(尊王攘夷)'의 실체다. 존왕양이는 주 왕실을 존중하되, 주 왕실을 대신해서 국제적인 문제에 개입할 수 있는 공식적인 지위를 얻는다는 것을 뜻한다. 쉽게 말해 선생님(주나라)을 대신해서 학급의 일을 좌지우지하는 반장(패주)이 되는 것이다. 반장 선거가 바로 회맹인데 초나라 장왕이 필성 전투를 계기로 맹주로 뽑혔다.

하희 스캔들에서 장왕의 역할이 중요하기 때문에 먼저 그의 맹주 추대에 대해 간략하게 설명해보았다. 하희 스캔들이 기록에 등장하기는 장왕이 맹주로 추대되기 3년 전인 기원전 600년부터다. 일단 그 경과를 간략하게 정리해둔다. 스캔들의 첫 무대는 춘추시대 중원에 위치한 진(陳)이라는 작은 나라였다.

진나라 대신 가운데 하어숙(夏御叔)이라는 사람이 있었다. 그의 처가 바로 하희다. 둘 사이엔 하징서(夏徵舒)라는 아들이 하나 있었다. 남편 하어숙이 죽자 하희는 진의 대부 공녕(孔寧) 및 의행보(儀行父)와 바람을 피운다. 공영과 의행보는 나중에 진나라의 최고 통치자인 영공(靈公)까지 끌어들여 셋이서 하희와 돌아가며 간통했다. 하징서는 어머니의 이런 추잡한 짓에 분통을 터뜨렸지만 어찌할 수가 없었다.

영공 15년인 기원전 599년, 세 사람이 하희의 집에서 술을 마시다 아들 하징서가 누구를 닮았네 말았네 하는 따위의 저질스러운 농을 지껄였다. 그 말을 들은 하징서는 분기탱천하여 영공을 활로 쏘아 죽였다. 공녕과 의행보는 초나라로 도망을 가고, 영공의 아들 태자 오(午)는 북쪽의 또 다른 진(晉)나라로 도망을 쳤다. 징서는 진후(陳侯)가 되어 권력을 쥐었다.(하징서가 어머니 하희를 어떻게 처분했는지는 기록에 없다.)

진나라에서 국군을 살해하는 사건이 터지자 진나라의 정치에 계속 간섭해왔던 초나라 장왕이 개입하여 하징서를 죽이고 진을 현으로 강등시켜 그 땅을 초나라로 귀속시켰다. 진나라가 망한 것이다. 당시 하희는 40대 중반으로 추정된다. 초나라로 잡혀온 하희를 본 장왕은 한눈에 그녀의 미모에 반하고 말았다. 장왕은 더 볼 것도 없이 그녀를 첩으로 삼고 싶었다. 이때 굴무(屈巫, 기록에 따라서는 신공 申公 무신巫臣으로도 나온다)라는 신하가 나서서 다음과 같이 말렸다.

"초나라가 맹주로서 진나라를 정벌한 이유는 신하가 국군을 시해

했다는 명분 때문이었는데, 만약에 폐하께서 하희를 차지하면, 여자가 탐이 나서 진나라를 공격했다는 비방이 일 것입니다."

귀가 열려 있던 초 장왕이 하희를 포기하자 이번에는 장왕의 아들인 자측(子側)이 하희를 탐냈다. 굴무가 다시 나서 천하의 요물을 탐내면 상스럽지 못하다며 태자를 설득했다. 초나라 장왕은 얼마 전에 아내를 잃은 신하인 연윤(連尹) 양공(襄公)에게 하희를 시집보냈다. 연윤 양공이 기원전 597년 필성 전투에서 그만 전사하자 하희는 연윤 양공의 아들과 관계를 갖는 대담한 행각을 서슴지 않았다. 점점 소문이 안 좋게 나자 굴무는 하희를 원래의 친정인 정나라로 돌려보내자고 했고, 장왕은 하희를 정나라로 돌려보냈다.

스캔들의 2차 경과

하희의 섹스 스캔들은 이것으로 끝이 아니었다. 얼마 뒤 초나라는 동방의 강국 제나라와 패주 자리를 놓고 싸웠고, 초나라가 승리했다. 초나라는 전후 문제를 처리하기 위해서 제나라로 사신을 보내야 했는데 굴무가 자청하고 나섰다. 장왕은 굴무를 사신으로 보냈다. 그런데 굴무는 가야 할 제나라로 가지 않고 정나라로 가서는 돌아오지 않았다.

웬일인가 했더니, 아 글쎄, 이 굴무란 자가 지금까지 내내 하희에게 흑심을 품고 있었던 것이다. 그때가 기원전 584년이었다. 그러니까 굴무는 무려 3년 가까이 하희에게 눈독을 들이고 있다가 마침내 정나라로 가서 하희를 차지함으로써 그 꿈을 이룬 것이다. 이때 하희의 나이는 오십을 훌쩍 넘었다. 정말이지 얼마나 대단한 여자이기에 50이 다 된 나이에도 사내가 그토록 갈망하며 자기 가족과 나라를 버리고 달려오게 만든단 말인가? 어쩌면 하희보다 굴무란 작자가 더 대단한지도 모를 일이다. 그 무섭고 끈질긴 집념이라니, 감탄(?)스럽다. 결국 초나라 장왕도 태자 자측도 다 굴무에게 농락당한 꼴이 되었다. 화가 난 장왕은 굴무의 가족을 몰살시켜버렸다.

스캔들의 파장

굴무는 굴무대로 이 일과는 상관없는 자기 가족을 몰살시킨 초나라에 반드시 복수를 하겠다고 이를 갈았다. 굴무는 당시 신진 강국으로 부상하고 있던 오나라로 가서 초나라의 군사 정보를 제공하는 한편, 군대를 훈련시키며 선진 전술을 가르쳤다. 그러고는 초나라를 공격하게 했다. 오·월 쟁패에서 초나라가 빠질 수 없는 배경이 바로 여기에 있다. 음탕한 한 여성으로 인해 국제 정세에 큰 변화가 발생하는 순간이었다.

하희의 스캔들은 워낙 떠들썩한 사건이었기 때문에 여러 군데에 기록을 남기고 있다. 무엇보다 이 사건은 대의명분을 중시하던 춘추시대 초기와 대의명분이 변질(?)되기 시작하는 춘추 후기인 오·월시대를 완전히 구별 짓는 상징적인 사건이었다. 또한 남자들이 하희를 농락한 것이 아니라 하희가 남자들을 농락한 희대의 사건

하희 스캔들은 그 규모 면에서 상상을 뛰어넘는다. 여러 명의 남자들이 죽었고, 한 나라가 망했으며, 국제정치의 질서 및 사회의식이 바뀌어가는 서곡이었다. 그림은 하희의 초상화이다.

이었고, 대의명분보다는 실리를 위해서는 앞뒤를 가리지 않은 오월동주(吳越同舟) 시대와 조금 멀리는 전국시대의 개막을 알리는 전주곡과도 같은 기가 막힌 섹스 스캔들이었다.

간단하게 말해 하희는 적어도 '네 나라를 시끄럽게 만들고 일곱 남자의 혼을 뺀' 여성이었다. 기록에 남은 여성 가운데 하희만큼 큰 파문을 불러일으킨 여성은 없었다. 이 때문에 역사에는 "남편 셋, 임금 하나, 자식 하나를 죽이고, 한 나라와 두 명의 경을 망하게 했다"는 기가 막힌 오명(?)이 뒤따랐다. 혹자는 장부(張負)라는 부잣집 노인(노파)의 손녀딸로 다섯 명의 남편을 잃고도 진평(陳平)에게 시집간 진평의 아내를 하희와 비교하기도 하지만 파장이란 면에서 보자면 비교 거리도 되지 않는다. 하희의 무엇이 이와 같은 파문을 낳았을까? 단순히 미모 때문에? 의문에 의문이 꼬리를 무는 희대의 스캔들이었다.

011

놀은 산은 우러러보고 큰길은 따라간다
- 〈공자세가〉와 사마천

Question

너무 재미있다. 2,600년 전에 한 여성이 국제적으로 큰 파장을 일으킨 엄청난 주인공이었다는 사실만으로도 흥미진진했다. 한 편 정도 더 소개해 달라.

Answer

아무래도 공자 이야기를 빼놓을 수 없다. 〈공자세가〉의 의미를 좀 짚어볼까 한다. 사마천의 고향인 한성시에 있는 사마천 사당과 무덤으로 오르다 보면 '고산앙지(高山仰止)' 네 글자를 쓴 패방(牌坊)이 눈길을 사로잡는다. 패방이란 신성한 구역으로 들어서는 입구에 서 있는 문과 같은 것인데, 우리의 홍살문이나 일본의 신사 입구인 도리이(とりい)에 해당한다고 보면 된다. 고산앙지란 '높은 산은 우러러 본다'는 뜻으로 중국의 옛 노래집인 《시경(詩經)》에 나오는데, 훌륭한 인물에 대한 존경을 이렇게 표현한다. 말하자면 사마천이란 역사가와 그가 남긴 《사기》를 높은 산에 비유하여 사마천

사마천 사당과 무덤으로 오르는 입구에 서 있는 '고산앙지' 패방이다. 보이는 곳의 가장 위쪽에 사당이 있고, 그 뒤쪽으로 무덤이 있다.

에 대한 존경을 담고 있는 것이다. 그런데 이 네 글자는 당초 사마천이 공자의 전기인 〈공자세가〉 마지막 논평 여덟 글자의 앞부분이다. 사마천은 공자의 인품과 업적을 기리며 '고산앙지(高山仰止), 경행행지(景行行止)'라고 썼다. '높은 산은 우러러보고 큰길은 따라간다'는 뜻이다.

그만큼 공자에 대한 사마천의 존경심은 깊었다. 공자가 만년에 훗날 유가의 경전이 되는 《시경》과 《주역(周易)》 등을 정리하고 《춘추》를 편찬하여 문화와 학문 방면에 큰 업적을 남겼듯이, 사마천도 공자를 본받아 그런 역할을 하고 싶었다. 그래서 〈공자세가〉를 정성들여 기록으로 남겼고, 70여 명에 이르는 공자의 수제자들에 대한 기록 〈중니제자열전〉도 남겼다. 이 두 편은 특히 《논어(論語)》에는 없는 내용들이 적지 않아 공자와 유가, 또 공자와 그 제자들과의 관계를 이해하는 데 매우 중요하다.

그래서 〈공자세가〉에서 필자가 발견한 중요한 대목 두 군데를 먼저 소개하고, 그다음에 〈중니제자열전〉에서 가장 큰 비중을 차지하고 있는 제자 한 사람 이야기를 해볼까 한다. 미리 말씀드릴 것은 이 세 장면 모두가 공자를 빼면 딱 한 사람의 이야기라는 사실이다.

Question

그러니까 공자와 그의 70여 제자 중 어느 한 사람에 관한 장면이란 말인가? 과연 누굴까, 몹시 궁금해진다. 공자가 가장 아꼈다는 안회(顔回) 아닌가?

Answer

〈공자세가〉는 공자의 삶의 고비를 중심으로 일곱 단락으로 나누어 볼 수 있다.

① 공자의 출생과 청소년 시기
② 노나라에서의 벼슬살이, 그리고 주나라와 제나라 방문
③ 노나라에서의 관직 생활과 퇴직
④ 천하주유
⑤ 귀향과 경전 정리 및 《춘추》 저술
⑥ 공자의 죽음과 그의 후손들
⑦ 사마천의 논평

70여 년 공자 생애를 안타까운 기조로 기술한 〈공자세가〉는 《사

기》의 명편으로 꼽힌다. 소개하려는 명장면은 여섯째 단락 공자의 죽음 부분에 잇따라 나온다. 먼저 공자가 세상을 떠나는 장면을 〈공자세가〉를 통해 한 번 보자.

이듬해(기원전 480년), 자로(子路)가 위(衛)에서 죽었다. 공자가 병이 나자 자공(子貢)이 뵙기를 청했다. 공자가 마침 지팡이를 짚고 문 앞을 거닐고 있다가 "사(賜)야, 네가 왜 이렇게 늦었느냐"라며 탄식하더니 노래를 불렀다.

태산(太山)이 무너진다!
기둥이 부러진다!
철인(哲人)이 시들어간다!

그러고는 눈물을 흘리면서 자공에게 "천하에 도가 없어진 지 오래되었으니 아무도 나를 존중하지 않는구나! 하나라 사람들은 동쪽 계단에다 관을 모셨고, 주나라 사람들은 서쪽 계단에다 모셨으며, 은나라는 두 기둥 사이에다 모셨다. 어젯밤 꿈에 두 기둥 사이에서 제사 받는 꿈을 꾸었다. 내 선조가 은나라 사람이니라"라고 했다. 7일 뒤 세상을 떠났다.

공자 나이는 73세, 노나라 애공 16년 4월 기축일이었다.(기원전 479년)
여기서 눈길을 끄는 대목은 죽음을 앞두고 있는 공자가 문 앞을 거닐고 있다가 스승을 찾아온 '사'(바로 수제자의 한 사람인 자공이다)에게 왜 이렇게 늦었냐고 한 부분이다. 공자가 자공을 기다렸다는 뜻이다. 그러고는 노래, 불교로 말하자면 승려가 열반하기 전 부르는 노래인 임종게(臨終偈), 즉 유언을 남기고 7일 뒤 세상을 떠났다. 7일 사이에 누가 공자를 찾아뵈었는지는 알 수 없지만 기록상으로는 자공이 공자를 마지막으로 보고 유언까지 들은 셈이다.

다음은 스승의 죽음을 애도하며 제자들이 삼년상을 지내는 부분인데, 이 대목도 한번 보자.

공자는 노의 북쪽 사수(泗水)에 묻혔다. 제자들이 모두 3년간 복상했다. 3년 동안 애도와 상을 마치고 서로 헤어지는데 통곡을 하고 각자 다시 애도를 다했다. 다시 남은 제자도 있었다. 오직 자공만이 무덤 옆에 여막을 짓고 6년을 지킨 다음 떠났다. 제자들과 노 사람들로 무덤 근처로 와서 집을 짓고 산 사람이 100집이 넘었다. 그래서 공자 마을이라 불렀다.

여기서도 눈길을 끄는 부분이 자공 혼자만 6년 상을 지냈다는 대목이다. 무언가 특이하지 않은가? 공자의 마지막 유언을 들은 사람도 자공이고, 삼년상도 아닌 무려 6년 상을 지낸 사람도 자공이다. 여기에 70여 명의 제자들 기록인 〈중니제자열전〉에서도 자공이 절반 이상으로 단연 압도적인 비중을 차지한다. 게다가 《논어》에서도 자공의 비중이 가장 커 35회나 등장한다.

자공이 공자의 사랑을 가장 많이 차지했다는 뜻인가? 아니면 두 사람이 특별한 관계가 있단 말인가? 이 이야기는 처음 듣는 것이라 낯설다.

Answer

이와 관련해서 또 한 편의 기록이 눈길을 끈다. 열전 70편 중 '실질적인 마지막 편'인 권129 〈화식열전〉에도 자공의 비중이 가장 크다는 사실이다. 자, 다시 정리해보자. 공자와 제자들의 언행록으로 유가 경전에서 가장 중요한 《논어》, 공자의 전기인 〈공자세가〉, 공자의 제자들 기록인 〈중니제자열전〉, 그리고 역대의 부자와 거상 30여 명을 기록한 〈화식열전〉, 이 모두에서 자공의 비중이 가장 크다는 사실이다. 뭔가 남다르지 않은가?

제자들이 공자의 무덤 앞에서 삼년상을 지내는 모습을 그린 그림이다. 왼쪽 위를 보면 여막을 짓고 상을 지내는 자공이 보인다.

잠깐, 궁금한 부분이 있다. 〈화식열전〉을 '역대 부자와 거상들 기록'이라 했는데, 그렇다면 자공이 부자 혹은 큰 상인이었다는 말 아닌가?

Answer

그렇다. 자공은 국제적으로 이름난 거상이었다. 자공이 한 나라를 방문하면 그 나라 군주가 나와 자공을 맞이했을 정도였다. 이 때문에 외교관 역할을 하기도 했다. 자공은 자신의 부를 활용하여 스승을 잘 모셨다. 사마천은 〈화식열전〉에서 공자가 천하에 이름을 떨칠 수 있었던 것은 "자공이 앞뒤에서 스승을 모셨기 때문"이라고 분명히 썼다. 《논어》를 꼼꼼히 읽으면 공자와 자공의 대화 속에서 두 사람 사이에 인간적인 정을 느낄 수 있는 대목이 적지 않다. 그만큼 남달랐다. 자공이 6년 상을 지낸 것은 여러 면에서 의미를 부여하게 만든다. 그래서 나는 이 6년 사이에 자공이 두 가지 큰 역할

〈공자세가〉는 공자의 일생과 사상을 일목요연하게 전하고 있는 명편이다. 한나라 이후 유가가 다른 학파들을 압도하여 독존의 지위를 차지한 데에는 사마천의 기록과 정리가 큰 역할을 했다. 사진은 한나라 때 벽돌 그림에 묘사된 공자와 제자들의 모습이다. 왼쪽의 덩치 큰 분이 공자, 맨 오른쪽이 자공이다.

을 했으리라 추정하는 것이다. 하나는 《논어》를 편찬하는 일을 주도했을 것이고 또 하나는 유가를 최대 학파로 성장시키는 데 온 힘을 다했을 것이라는 점이다. 자공이 가지고 있는 부가 이 과정에서 지대한 역할을 했을 것이고. 이런 관점에서 〈공자세가〉〈중니제자열전〉〈화식열전〉 그리고 《논어》를 함께 읽으면서 좀 더 깊이 있는 연구를 할 필요가 생겼던 것이다.

Question

《사기》를 그냥 휘익, 읽고 말아서는 안 되겠다는 생각이 든다. 사마천은 《논어》를 바탕으로 공자의 전기와 언행을 기본적으로 정리하고, 다른 여러 자료들을 섭렵하여 공자와 자공과의 관계를 정성들여 기록함으로써 유가, 공자, 그리고 공자의 제자에 관한 인상을 강화시켰다고 보면 될까?

Answer

잘 정리해주셨다. 그래서 《사기》를 '난서(難書)'라고 부른다. 문장을 어렵게 써서 어려운 것이 아니라 여러 장치를 해놓았기 때문이다. 또 사마천이 궁형을 자청하고 간신히 살아남은 이후 빠른 시간 안에 《사기》를 끝내야 했기 때문에 축약할 수밖에 없었다. 그러다 보니 여러 편을 서로 비교하지 않으면 제대로 이해할 수 없는 부분이 많아지게 된 것이다. 어찌 보면 이 점이 《사기》를 읽는 매력이기도 하다. 마치 추리소설을 읽는 느낌이랄까?

012

뜻을 잃지 않은 수많은 보통 사람들의 기록
– 열전의 명장면을 감상하다

Question

세가 30편 중 〈공자세가〉를 소개하다가 〈중니제자열전〉과 〈화식열전〉이 나왔고, 《논어》까지 따라나왔다. 소개받은 지 얼마 되지 않았지만 대단한 역사서라는 생각이 절로 든다. 이제 열전으로 넘어가나? 자료를 보니까 열전은 모두 70편인데, 〈백이열전〉이 첫 편이고 〈태사공자서〉가 마지막 편으로 나온다. 〈태사공자서〉는 사마천의 서문인가?

Answer

그렇다. 사마천의 자서전이자 집안 이야기이고 《사기》 130권의 개략적인 소개로 이루어져 있다. 따라서 열전의 '실질적인 마지막 편'은 앞에서 말했듯이 제129 〈화식열전〉이라 할 수 있다. 열전 70편에는 중국 역사를 아로새기고 있는 수많은 인물들이 등장하는데 높은 지위의 인물들뿐만 아니라 천한 직업, 낮은 신분의 보통 사람들이 대거 등장하는 '놀라운' 기록이기도 하다. 사마천은 이 수많은

돈황의 막고굴에서 발견된 〈백이열전〉의 사마천 논평 부분의 문장.

보통 사람들, 특히 자신의 뜻을 꺾지 않고 나름의 족적을 남긴 사람들이 역사의 원동력이라는 점을 확실하게 인식했던 것 같다. 그래서 과감하게 이런 사람들의 전기를 기록으로 남기지 않았겠는가. 《사기》의 백미로 불리기에 충분하다.

013

'창백한 정신'의 귀족
─〈백이열전〉을 어떻게 읽을까?

역시 첫 편부터 소개하나? 〈백이열전〉이 첫 편인데 우리가 알고 있는 백이(伯夷)와 숙제(叔齊) 형제의 그 백이가 맞나? 조선시대 사육신의 한 사람이었던 성삼문의 시조에 나오는 그 인물인가?

그렇다. 성삼문은 단종의 복위를 꾀하다 수양대군(세조)에게 죽임을 당한 사육신의 한 사람이었다. 이 계획이 실패하여 수양대군 앞으로 끌려온 성삼문에게 수양대군이 "내 녹을 받아먹지 않았냐"고 다그치자 성삼문은 그런 적 없다며 자기 집을 몰수해보라고 큰소리를 쳤다. 과연 그의 집 창고에는 수양대군이 내린 녹을 고스란히 쌓아두고 있었다. 성삼문이 얼마나 꼬장꼬장한 사람이었는가는 그가 은나라를 멸망시키고 주 왕조를 세운 무왕을 섬길 수 없다며 수양산(首陽山)에 들어가 굶어죽은 백이와 숙제조차 비판한 사실을 보면 잘 알

수 있다. 그 시조를 읽어보자. 괄호 안은 현대어로 풀이한 것이다.

수양산 바라보며 이제를 한하노라

(수양산을 바라보며 백이와 숙제를 한탄한다.)

주려 주극진들 채미도 하난 것가

(굶어죽을지언정 고사리를 뜯어먹어서야)

아모리 푸새엣 거신들 긔 뉘 따헤 낫다니

(비록 푸성귀라 할지라도 그것이 누구 땅에서 났던가)

Question

성삼문이 자신의 지조를 확실하게 밝히기 위해 백이와 숙제를 끌어들인 느낌
이 든다. 백이와 숙제는 정말 어떤 사람들이었나?

Answer

백이와 숙제가 수양산에 들어가 굶어죽은 것이 핵심이 아니라 그
들이 주나라를 섬기려 하지 않았다는 지조에 방점을 찍어야 한다.
〈백이열전〉으로 들어가기 전에 한 가지 보탤 말이 있다. 앞에서 본
기의 첫 편 〈오제본기〉와 세가의 첫 편 〈오태백세가〉를 잠깐 감상
했는데, 모두 왕위를 양보하는 내용이었다. 그런데 〈백이열전〉도
형제가 서로 임금 자리에 앉지 않으려는 대목이 있다. 《사기》 다섯
체제 중 사람들의 기록인 본기, 세가, 열전의 첫 편이 모두 양보가

74

주제라는 사실이 흥미롭지 않나? 사마천은 인간의 고귀한 정신의 하나로 양보를 강조하고 있다. 저 유명한 '관포지교(管鮑之交)' 역시 포숙이 자신에게 돌아올 재상 자리를 관중에게 양보한 고사 아니던가? 자기보다 나은 능력을 가진 사람에게 자리를 양보하는 일은 칭찬받을 행동이 아닐 수 없다. 지금 우리 사회에 가장 부족한 부분이기도 하고. 이 점을 먼저 이야기하고 싶었다.

자, 〈백이열전〉으로 넘어가자. 열전의 첫 편인 〈백이열전〉은 글자 수가 1천 자가 채 되지 않는 짧은 기록이지만 내용과 의미는 대단히 난해하고 백이와 숙제의 실존 여부에 대해서도 말들이 많았다. 〈백이열전〉에서 사마천이 전하고자 하는 의미는 매우 심각하다.

먼저, 전편을 관통하고 있는 한 단어는 '천도(天道)'라는 문제다. 사마천이 열전 첫 권에서 '천도'에 대해 회의하고, 사람을 기만하는 '천도'를 부정하고 '미신'을 반대한 것은 아주 특별한 의미를 가진다.

중국에서는 자신과 타인을 기만하는 실속 없는 말들이 이어져왔다. 예컨대 '천도에는 멀고 가까움이 없다. 착한 사람과 함께할 뿐이다' 따위와 같은 것들이다. 민간의 인과응보설도 같은 종류인데 모두가 약자의 자기 위안이거나 힘 있는 자들이 눈을 부라리고 떠드는 현란한 구호에 지나지 않았다. 사마천은 백이가 나라를 양보하고 굶어죽은 것과 가난으로 단명한 공자의 제자 안연(顏淵)을 연상시키고, 평생 나쁜 짓만 일삼고도 편하게 장수를 누리다 죽은 도척(盜跖)을 대비시킨 다음, 다시 당시 사회 현실과 자신의 처지를 연계시키면서 "나는 몹시 당혹스럽다. 이런 것이 큰 도리라면 과

수양산에서 고사리를 뜯었다는 백이 형제의 고사는 후대 예술가들의 소재가 되기도 했다. 그림은 남송 시대 이당(李唐)이 그린 〈채미도〉이다.

연 옳은지 그른지 말이다!"라고 준엄하게 묻는다.

다음, 사마천의 논평이 맨 앞에 등장한다는 점도 주목해야 한다. 그의 논평은 대개 맨 뒤에 실었다. 또 70편 열전의 맨 앞 첫 권에 〈백이열전〉을 배치한 것은 이로써 열전 전체의 서론으로 삼으려는 의도로 읽힌다.

한 가지만 더 이야기하고 넘어가자. 다름 아닌 전편을 통해 수시로 표출되고 있는 사마천의 울분이다. 이 울분은 백이의 울분을 빌려 천도와 불공평한 세상에 대해 날카로운 의문을 던지는 데에서 절정을 이룬다. 문장은 기복이 심하고 비분강개, 의문, 반문, 착잡함이 교차되고 있다. 얼핏 중심이 없어 보이나 자세히 들여다보면 문장의 기세는 일관되고 논의는 종횡무진 과거와 현재를 오가며 많은 생각을 끌어내는 힘이 있다. 전종서(錢鍾書)라는 학자는 이 열전에 대해 백이와 숙제에 대한 사적(事跡)은 아주 적게 기록되어 있고 개탄조의 논의가 대부분을 차지하고 있는데, 이는 사마천이 "목구멍에 걸린 가시를 토해내듯 멈추고 싶어도 멈출 수 없는 비분강개의 결과"라는 멋들어진 평을 남겼다. 이런 점에서 〈백이열전〉은 〈유협열전〉과 마찬가지로 《사기》에서도 서정성이 가장 강한 편으로 평가받고 있다.

014

인간관계 최고의 경지 '관포지교'와
유머의 명재상 안영
- 〈관안열전〉

Question

열전 첫 편인 〈백이열전〉을 감상해보았다. 다음은 어떤 편을 소개하나? 두 번째 편이 〈관안열전〉 또는 〈관중안영열전〉인데 관중(管仲)과 포숙(鮑叔)의 관포지교에 나오는 그 관중이 맞나?

Answer

물론이다. 관포지교 이야기는 워낙 잘 알려져 있기 때문에 좀 다른 각도에서 볼까 한다. 그리고 안영(晏嬰) 이야기도 빼놓을 수 없어 안영의 유머에 초점을 두고 감상해볼까 한다.

Question

〈관안열전〉은 관중과 안영의 전기일 텐데, 그럼 포숙의 전기는 어디 있나? 관포지교의 주인공은 관중과 포숙 아닌가?

그래서 다른 각도에서 이 기록을 보자고 한 것이다. 관포지교는 단순한 우정 이야기가 아니다. 두 사람의 우정이 동료애로 발전하고, 나아가 포숙의 위대한 양보로 이어지는 한 편의 대하 사극과 같은 고사다. 이를 영어로 표현하자면 두 사람의 Friendship이 Fellowship으로, 다시 포숙의 Followship으로 발전하면서 한 나라와 백성을 부유하게 만들었다. 특히 포숙은 제나라의 군주 환공(桓公)을 설득하여 죽을 위기에 처한 관중을 살려주게 한 것은 물론, 자신에게 돌아올 재상 자리까지 관중에게 양보했다. 이 얼마나 담대한 양보인가? 그 결과는 엄청났다. 당시 제나라는 이 두 사람의 인간관계 덕분에 천하에 가장 강한 나라가 되었고, 백성들은 모두 부유함을 누렸으니.

능력 있는 사람에게 자리를 양보하는 것을 '양현(讓賢)'이라고 한다. 유능한 인재에게 양보한다는 뜻이다. 이 미덕은 단순한 미덕으로 그치는 것이 아니라 리더가 갖추어야 할 자질로 분류되기도 한다. 즉 리더십의 하나다. 이런 점에서 포숙의 양보는 팔로우십의 차원을 넘어 리더십으로까지 평가할 수 있는 것이다. 또 양현은 방법이자 도덕이다. 그러므로 양현의 기풍이 널리 퍼지면 그 사회는 한결 건강하고 후덕해진다.

기록으로 남은 사람은 관중이다. 그는 포숙의 양보로 40년 동안 제나라의 국정을 주도했으니 일을 한 사람은 당연히 관중이 맞다. 하지만 사마천은 관중의 전기에다 포숙의 '위대한' 가치가 발견될 수 있도록 장치를 마련해두었다. 그런 점에서 《사기》는 설렁설렁 읽어서는 안 되는 역사서이다.

　관중의 전기는 길지 않다. 평균보다도 훨씬 짧다. 포숙이 차지할 공간 또한 그만큼 좁다는 말이다. 사마천도 이 점을 충분히 인식해서 논평의 '태사공왈'을 제외하고는 개인적 의견을 자제한 대신 관중과 세상 사람들의 입을 빌렸다. 먼저 관중이 한 말이다. 앞부분의 긴 말은 생략하고 마지막 부분만 인용한다.

　날 낳아주신 분은 부모지만 날 알아준 사람은 포숙이다.*

　다음은 세상 사람들의 평가다.

　천하는 유능한 관중을 칭찬하기보다 사람을 알아준 포숙을 더 많이 칭찬했다.

　끝으로 사마천의 논평 부분이다. 관중의 정치를 칭찬하지만 그 말 속에는 포숙도 포함되어 있다.

　관중이 죽고도 제나라는 그 정치를 준수하여 늘 제후들보다 강했다.

---

*생아자부모(生我者父母), 지아자포자야(知我者鮑子也).

포숙의 무덤(오른쪽)은 관중의 무덤과는 비교가 안 될 정도로 작지만 포숙의 위대한 정신이 숨쉬고 있다. 이것이 역사의 힘이다. 관중의 무덤은 지금의 산동성 치박시(淄博市) 임치구(臨淄區)로 옛 제나라 도성 지역에 남아 있고, 포숙의 무덤은 산동성의 성회(省會. 성의 행정 중심지)인 제남시(濟南市) 외곽에 남아 있다.

나는 관중의 전기를 읽으면서 바로 이 세 대목에 주목하여 포숙의 '위대한' 양보 정신을 강조해왔다. 우리 사회에 가장 부족한 덕목이 바로 그것이기 때문이다.

Question

역사서, 특히 《사기》의 매력이 이런 것이구나! 포숙 이야기에서 이런 느낌이 크게 들었다. 역사의 힘을 새삼 느낀다. 또 역사 공부의 필요성도 함께. 〈관안열전〉의 또 다른 주인공인 안영 역시 제나라의 재상이라는 것도 확인했다. 그런데 앞에서 안영의 유머를 이야기하겠다고 해서 좀 어리둥절했다. 안영의 유머 감각이 남달랐다는 말씀인가?

Answer

그렇다. 《안자춘추(晏子春秋)》를 보면 안영이 얼마나 남다른 언어 감각을 가졌는지 실감할 수 있다. 《사기》에는 안영이 장수 사마양

저(司馬穰苴), 숨은 은자 월석보(越石父), 이름 없는 마부 이렇게 세 인재를 추천한 이야기가 나오고 자세한 것은 《안자춘추》가 있으니 참고하라고 되어 있다.

유머는 인생의 깊이를 통찰하지 못하면 나올 수 없다. 인간의 본성, 세태의 비정함, 인간관계의 오묘함, 권력의 무상함, 탐욕과 질투 등등의 본질을 깊게 인식해야만 나올 수 있는 경지다. 안영과 관련한 에피소드 하나를 소개할 테니 함께 감상해보자.

경공(景公)의 말을 관리하는 사육사가 경공이 아끼던 말을 죽게 했다. 경공이 사육사의 사지를 해체하라고 했다. 안자가 이를 말리며,

"요·순시대에는 사람의 사지를 해체할 때 어디 부위부터 했답니까?" 라고 했다. 경공이 옥에 일단 가두었다가 죽이라고 하자 안자는 이렇게 말했다.

"저자가 자기가 지은 죄가 무엇인지 모르고 죽게 되었으니 제가 임금을 대신하여 그 죄를 꼽아서 자신의 죄를 알게 한 다음 가두시지요."

경공이 허락하자 안자는 이렇게 말했다.

"네 죄는 셋이다. 첫째, 임금께서 말을 기르게 했는데 죽게 한 것이다. 둘째, 임금께서 가장 아끼는 말을 죽게 한 것이다. 셋째, 임금께서 그까짓 말 한 마리 때문에 사람을 죽이게 되었다는 것이다. 백성들이 이를 알면 임금을 원망할 것이고, 제후들은 우리를 가볍게 여길 터인데, 네가 임금의 말을 죽임으로써 임금께서 백성들에게 원한을 품게 하고 이웃 나라에 허약함을 보이게 했다."

정말 말이 절묘하다. 요 임금과 순 임금을 언급하여 임금의 경솔한 행동을 막고, 스스로의 위신을 땅에 떨어뜨리려는 임금의 어리석음을 꼬집고 있다. 에피소드 하나로는 너무 아쉽다.

Answer

비교적 유명한 고사 하나 더 소개한다. 대개 '사서맹구(社鼠猛狗)'로 알려진 고사인데, 통치자가 경계해야 할 점을 쥐와 개를 들어 비유하고 있다.

경공이 나라를 다스리는 데 가장 큰 근심거리가 무엇이냐고 묻자 안자(안영)는 '사당의 쥐새끼', 즉 '사서(社鼠)'라고 답했다. 경공이 무슨 뜻이냐고 묻자 사당이라 불을 지르거나 물을 부어 사당에 사는 쥐새끼를 잡을 수 없듯이 나라에도 그런 쥐새끼 같은 자들이 있다면서 이렇게 말했다.

이들은 안으로는 임금으로 하여금 선악을 구별 못하게 가로막으며, 밖으로는 그 권세를 팔아 백성의 짐이 되고 있습니다. 이들을 죽이지 않으면 혼란이 일어날 것 같고, 죽이자니 임금에게 기대어 마치 임금 뱃속에 있는 경우와 같습니다.

그러면서 안영은 송나라의 한 술집 이야기를 들려주었다. 이 술집은 좋은 술을 빚고 눈에 띄는 간판을 내걸었지만 술이 팔리지 않았다. 이웃에게 그 까닭은 묻자 이웃은 당신 집에 '맹구(猛狗)', 즉 사나운 개가 있어 사람들을 무니 사람들이 오길 꺼려 한다고 했다. 그러곤 이렇게 말했다.

나라에도 그런 맹구, 사나운 개가 있습니다. 권력을 쥔 자들이죠. 능력과 기술을 가진 인재가 만승의 임금을 명석하게 가르쳐 주고 싶어도 이런 자들이 이들을 물어버립니다. 이렇듯 좌우 신하는 사당의 쥐새끼 같고, 권력은 쥔 자는 사나운 개와 같으니 임금이 어찌 가려지지 않겠습니까?

Question

'사서맹구'라, 지금도 이런 자들이 넘쳐나지 않나? 정말 기가 막힌 비유로 통치자에게 경구를 날리는 안영의 모습이 그려진다. 안영에 대한 사마천의 평가는 어땠나?

Answer

참고로 안영은 공자와 거의 비슷한 시대를 살았고, 서로를 존중하면서도 견제하던 사이였다. 안영은 공자가 정치에 간여하는 것을 반대했다. 공자는 기원전 551년에 태어나 기원전 479년 73세로 세상을 떠났고, 안영은 태어난 해는 명확하지 않으나 기원전 500년에 세상을 떠났다. 공자보다 한 세대는 위였을 것이다. 세 임금을 모셨는데 57년 동안 정치에 몸담았으니 20세 무렵부터 정치를 시작했다고 가정하면 공자와 같은 70대에 세상을 떠났을 것으로 추정할 수 있다. 사마천은 안영을 대단히 높이 평가했다. 긴 말 대신 논평 마지막 대목만 인용해둔다.

안자가 살아 있다면 내가 그를 위해 말채찍을 들 만큼 그를 흠모한다!

사마천이 이 정도로 찬사를 보낸 인물은 《사기》 전편을 통해 몇 되지 않는다.

안영은 당시 쇠퇴해가던 제나라를 온몸으로 떠받친 인물이었다. 그가 세상을 떠나자 제나라가 급격하게 쇠퇴의 길을 걸은 사실 때문에 그의 존재감이 더욱 실감난다. 사진은 안영의 무덤으로 산동성 치박시 임치구에 있다.

015

015

무덤을 파헤쳐 시체에 채찍질을 가하다
- ① 〈오자서열전〉과 중국인의 은원관

점점 더 재미있고, 빨려들어 간다. 다음은 어떤 편인가?

Answer

〈오자서열전〉의 주인공이자 원한
과 복수의 대명사 오자서(伍子胥)
이야기로 넘어갈 텐데 《사기》에는
원한과 복수, 그리고 은혜를 갚
는 보은에 관한 장면이 많이 나온
다. 이를 뭉뚱그려 '중국인의 은원
관(恩怨觀)'이라고 표현해보았는데
오자서 이야기를 중심으로 이 부
분을 좀 더 넓게 짚어볼까 한다.
사드(THAAD · 고고도 미사일 방어체계)

《사기》에서 중국인의 은원관이 가장
강렬하게 표출되고 있는 편이 〈오자서
열전〉이다. 그림은 조국 초나라를 탈출
하여 오나라에 와서도 피리를 불며 떠
돌이 생활을 하는 오자서의 모습이다.

때문에 중국인의 보복을 경험해본 우리로서도 중국인의 은원관을 살펴보면 그들의 실상을 좀 더 이해할 수 있지 않겠나 싶다.

Question

그런데 잠깐! 질문 하나 하고 넘어가자. 사드 보복 이야기가 나왔으니 말인데 대체 왜 그렇게 지독한가? 명색이 대국이란 나라가.

Answer

생각해보라. 보복을 하는데 그냥 대충 하고 넘어가나? 나라가 큰 것하고는 다른 문제다. 중국인 특유의 기질이자 문화다. 《사기》는 중국인의 이러한 기질과 특징을 가장 잘 보여주고 있고, 그래서 이 문제를 다뤄보려는 것이다.

Question

오자서 이야기를 중심으로 중국인의 은혜와 원수에 대한 관념을 알아보는 좋은 기회가 될 것 같긴 하다.

Answer

중국인의 은원관을 살펴보려는 또 다른 까닭은 사마천 때문이다. 사마천의 삶과 《사기》를 관통하는 키워드 가운데 하나가 '복수'다. 뒤쪽에서 사마천의 생애를 논하면서 언급하겠지만 사마천의 억울한 처지는 다들 잘 알고 있지 않나? 사마천은 억울함을 풀고 싶었다. 치욕과 수모를 가한 자들에게 복수하고 싶은 마음이 강렬했다. 다만 그 수단으로 붓과 문장, 역사를 선택했을 따름이다. 중국인의 은원관에 대한 이야기는 다소 길기 때문에 문장 형식으로 정리해 보았다. 읽어보면 중국과 중국인의 특징을 이해하는 데 도움이 될 것이다.

016

무덤을 파헤쳐 시체에 채찍질을 가하다
- ② 복수관의 형성과 변화

'은혜와 원한은 대를 물려서라도 갚아라'는 중국 속담이 있다. 중국인의 은혜와 원한에 대한 뿌리 깊은 관념을 반영하는 속담이라 한다. 복수 심리의 연원은 저 멀리 원시시대까지 거슬러 올라간다는 것이 일반적인 견해다. 누구든 원한에 대한 복수 심리는 인간 본성과 맞물려 있다는 것이다. 남에게 도움을 받으면 이를 갚는 보은(報恩)의 심리도 같은 차원이다. 중국은 이런 심리가 역사와 문화 속에 짙게 투영되고 깊이 파고들어 상당히 많은 기록으로 남아 있기 때문에 지금까지도 은혜와 원한에 대한 잔재가 상대적으로 강한 편이다.

중국인은 오랜 세월 침략과 능욕에 맞서면서 억울한 일은 반드시 갚고 원한은 반드시 되돌려준다는 문화 전통을 형성해왔다. 특히 사마천의 《사기》에는 비장하고 격렬한 복수의 고사가 많이 수록되어 있다. 제나라 양공(襄公)의 복수, 오나라 왕 부차(夫差)의 앙갚음, 월나라 왕 구천(句踐)의 설욕, 오자서의 복수 등등이 대표적인 예들이다.

그런데 이런 복수의 관념과 성격도 시대에 따라 차이를 보인다. 복수는 특히 《사기》에서 반복해서 표현되는 주제 중 하나다. 그래서 어떤 학자는 이를,

① 종법(宗法)복수
② 사림(士林)복수
③ 문화(文化)복수

라는 세 가지 유형으로 나누었다.

이런 고사들은 춘추시대 '종법복수'의 특징이라 할 수 있는 '피로 피를 씻는다'는 정신을 계승하고 있다. 대표적인 것이 오자서와 백공(白公)의 복수인데 종법 혈연과 군신 윤리 중에서 어느 것이 먼저냐는 문제를 제기한다. 이 문제에 대해서는 선진(先秦, 진나라 이전)시대와 양한(兩漢, 동한과 서한)시대의 견해가 확연하게 대립한다. 《공양전(公羊傳)》 정공 4년 기록에는 아비가 죽으면 아들이 그 원한을 갚은 것은 당연하다고 했다. 이는 혈연의 정이 군신의 의리보다 중요하다는 점을 강조한 것이다. 《예기》 《주례》 《여씨춘추(呂氏春秋)》 《신서(新序)》 《회남자(淮南子)》 《백호통의(白虎通義)》 등도 같은 태도를 견지한다. 반면 《좌전》 은공(隱公) 4년 기록에는 "군주가 신하를 토벌했다면 누가 감히 이를 갚겠는가? 군주의 명은 하늘이다"라며 오자서의 복수에 대해 반대했다.

사마천은 전자의 관점을 받아들였다. 혈연의 정이 군신의 윤리보

다 상위이며 복수가 우선이라는 관념이다. 이는 종법복수와 복수 의식이 군신 윤리에 비해 더 유구한 전통과 사회심리적 뿌리를 지 녔음을 말해준다. 이런 오랜 복수 문화의 전통은 일종의 '집단 무의 식'으로 사마천의 의식 깊은 곳에 침전되어 복수 사상을 탄생시킨 근원이기도 하다.

그러나 550년의 춘추전국시대를 거치면서 복수관에도 변화가 생 겨났다. '사(士)' 계층이 등장하여 사 문화를 형성했고 사림복수라는 현상이 출현했다. 사림복수는 종법복수와 구별하기 위해 제기된 개념으로 사의 보은과 인격적 존엄을 지키기 위한 행위를 가리킨 다. 그것이 바로 자신을 알아주는 사람에 대한 존중과 보은의 의무 다. 은혜를 입고도 갚지 않는 것은 치욕으로 여겨졌으므로 살신(殺 身)하여 원한을 갚는 행동들이 나타났다. 자살은 전국시대 때 사와 사림(士林)이 보은의 의무를 행하는 전형적인 방식이 되었다. 살신 보은하는 행위는 신속하게 전파되어 서로를 자극, 격려, 본받게 하 였다. 의리를 중시하고 목숨을 경시하는(이런 자들을 임협任俠이라 한 다) 입신양명(立身揚名)의 분위기가 사림을 휘감았다. 사림복수는 바 로 이런 사림의 기풍에서 탄생한 것이었다. 〈자객열전〉은 바로 이 방면의 전형(典型)이다.

017

무덤을 파헤쳐 시체에 채찍질을 가하다
- ③ 승화된 복수관, '문화복수'

항복한 장수 이릉(李陵)의 '변호' 사건으로 궁형을 당한 사마천은 견디기 힘들었다. 궁형은 개인적 치욕이자 조상의 명성에 먹칠을 하는 것이었다. 망가진 몸은 불효의 표지였다. 공자의 도통을 계승한다는 자부심이 있었고, 또 한편으로는 '사'의 유전자를 품고 있었던 사마천에게 이런 치욕은 견딜 수 없었을 것이다. 사회적 전통과 개인적 심리면에서 보아도 복수는 필연이었다. 요컨대 궁형의 치욕은 강렬한 복수 심리를 유발할 수밖에 없었다. 그러나 천하를 일통한 절대군주에게 종법복수나 사림복수, 어느 것 하나 실행할 수 없었다.

피의 복수가 불가능하다는 것을 깨달은 사마천은 제3의 복수 방식을 찾아냈다. 대의를 행하되 유혈은 피하고 인생의 경지를 승화시키는 복수의 형식, 이것이 저술함으로써 울분을 발산한다는 '발분저술(發憤著述)'의 문화복수였다.

사마천은《사기》저술을 통해 전통적 복수관을 초월한 고차원의

복수 관념을 만들어냈다. 그는 이를 통해 복수와 보상을 실현하고
정의의 구현이라는 보편적 가치를 실천하여 고귀한 정신을 청사(靑
史)에 남겼다.

018

무덤을 파헤쳐 시체에 채찍질을 가하다
- ④ 《사기》 속 은원과 관련된 고사

《사기》를 통해 구현된 이러한 복수관은 후대 중국인의 '은원관'을 형성하는 데 지대한 영향을 미쳤다. 좀 과장하면 오늘날 중국인의 몸속에는 《사기》의 은원관 유전자가 내재되어 있다고 할 수 있다. 참고로 《사기》에 보이는 은원 사례들을 나열한다.

① 망명 중 자신의 변협(骿脇, 통갈비뼈)을 훔쳐본 조(曹)나라 공공(共公)을 토벌한 진(晉) 문공의 복수(〈진세가〉)

② 망명 중 자신을 극진히 대접한 초나라 성왕(成王)에게 '퇴피삼사(退避三舍)'를 약속하고 훗날 이를 지킨 진 문공의 보은(〈진세가〉)

③ 아버지와 형을 죽인 초나라 평왕(平王)의 무덤을 파헤쳐 시신에 채찍질을 가한 오자서의 복수('굴묘편시掘墓鞭尸'란 고사성어가 탄생. 〈오자서열전〉)

④ 오월동주(吳越同舟)와 와신상담(臥薪嘗膽)으로 대변되는 춘추 말기 오나라와 월나라의 원한과 복수(〈월왕구천세가〉〈오태백세가〉〈오자서열전〉)

⑤ 삼대에 걸친 원한과 복수의 대하드라마 '조씨고아(趙氏孤兒)'
(〈진세가〉)

⑥ 자신을 알아준 지백(智伯)과 엄중자(嚴仲子)를 위해 목숨을 바친 자객 예양(豫讓)과 섭정(聶政)의 보은. 예양은 스스로 목숨을 끊기에 앞서 "뜻을 가진 사람은 자신을 알아주는 사람을 위해 죽고, 여자는 자신을 기쁘게 해주는 사람을 위해 화장을 한다"는 당시 유행하던 명언을 인용했다.(〈자객열전〉)

⑦ 자신에게 육체적·정신적 수모를 준 위나라 재상 위제(魏齊)에게 복수한 범수(范睢)는 '밥 한 그릇을 얻어먹어도 반드시 갚았고, 지나가다가 째려보기만 해도 반드시 보복했다'는 '일반필상(一飯必償), 애자필보(睚眦必報)'라는 성어를 남겼다.(〈범수채택열전〉)

⑧ 맹상군(孟嘗君)의 세금 징수인 위자(魏子)에게 몰래 도움을 받은 현자가 맹상군이 오해로 위기에 처하자 목숨을 바쳐 맹상군의 결백을 밝힌 고사(〈맹상군열전〉)

⑨ 어려운 시절에 밥을 준 표모(漂母, 빨래하는 아주머니)에게 천금으로 은혜를 갚은 한신(韓信)의 보은. 여기서 '빨래하는 아주머니가 한신에게 밥을 주다(표모반신漂母飯信)', '밥 한 번 얻어먹고 천금으로 은혜를 갚다(일반천금一飯千金)'는 고사가 탄생했다.(〈회음후열전〉)

⑩ 함양으로 떠나는 유방에게 다른 친구들은 여비로 300전을 주었지만 소하(蕭何)는 200전을 더 주었다. 훗날 황제가 된 유방은 소하를 일등 공신으로 봉하면서 그의 봉지에 2천 호를 더 보태 과거 소하가 베풀었던 호의에 답례했다.(〈소승상세가〉)

⑪ 계포(季布)의 약속이 천금보다 더 가치가 있다는 '계포일낙(季布
一諾)' 또는 '일낙천금(一諾千金)'이라는 약속의 중요성.(《계포난포열전》)

⑫ 계찰(季札)이 자신의 검을 갖고 싶어 했던 서(徐)나라의 국군이
죽었음에도 무덤에 가서 나무에 검을 걸어놓은 '계찰괘검(季札掛劍)'
의 고사(《오태백세가》)

중국인의 은원관이 갖는 역사적 뿌리와 문화를 이해하면 중국인
에 대한 편견과 오해의 상당 부분을 걷어낼 수 있다. 중국인은 5천
년 역사 속에서 수많은 것들을 경험했고, 누적된 경험으로 특유의
문화 의식을 형성해냈다. 체제의 근본적인 한계와 수많은 전쟁, 침
탈, 갈등을 통해 독특한 생존 방식과 의리관이 형성되었고 그로 인
해 은혜와 원수에 대한 인식도 분명해질 수밖에 없었다.

은원관의 밑바닥에는 반드시 지킨다는 약속이 있다. 이 약속에는 상대에게 한 약속뿐만 아니
라 자신에게 한 약속도 포함된다. 그림은 자객 예양이 조양자(趙襄子)를 암살하려는 장면을 묘
사한 한나라 때의 벽돌 그림.

019

무덤을 파헤쳐 시체에 채찍질을 가하다
- ⑤ 은원관에 관련된 명언명구

① 사위지기자사(士爲知己者死), 여위열기자용(女爲悅己者容) – '선비
는 자신을 알아주는 사람을 위해 목숨을 바치고, 여자는 자신을
기쁘게 해주는 사람을 위해 얼굴을 치장한다.'

② 결안(抉眼), 결목(抉目) – '눈알을 파내다.'

③ 결목현문(抉目懸門) – '눈을 파내 문에 걸다.'

④ 일반필상(一飯必償), 애자필보(睚眦必報) – '밥 한 끼 얻어먹어도
반드시 갚고, 노려보기만 해도 반드시 보복한다.'

⑤ 와신상담(臥薪嘗膽) – '장작더미에서 자고 쓸개를 핥다.'

⑥ 굴묘편시(堀墓鞭尸) – '무덤을 파헤쳐 시체에 채찍질을 하다.'

⑦ 표모반신(漂母飯信), 일반천금(一飯千金) – '빨래하는 아낙이 한신
에게 밥을 주고, 밥 한 번 얻어먹고 천금으로 은혜를 갚는다.'

⑧ 군자보수십년불만(君子報讐十年不晩) – '사나이 복수 10년 뒤라도
늦지 않다.'(속담)

⑨ 보수천리여지척(報讐千里如咫尺) – '복수의 길은 천리도 지척이

96

은원관에는 원한과 복수만이 아니라 은혜와 그에 대한 보답인 보은도 포함되어 있다. 한신은 젊은 날 자신에게 밥을 먹여준 빨래하는 아주머니(표모)에게 천금으로 은혜를 갚았다. 한신의 고향에 전해오는 이야기에 따르면 표모가 세상을 뜨자 한신은 그녀를 위해 무덤을 만들어주었다고 한다. 사진은 표모의 무덤.

다.'(이백)

⑩ 사람이 있는 곳에 은원이 있고, 은원이 있기에 강호가 있다. 사람이 곧 강호이거늘 어찌 떠날 수 있단 말인가?(소설 《소오강호笑傲江湖》 중에서 동방불패의 말)

⑪ 은원(恩怨)은 기억(記憶)이다. 인간에게 기억의 힘이 있는 한 은원의 찌꺼기는 결코 소멸하지 않는다.(필자)

Question

소개해주신 관련 명언들 중 김용(金庸)의 무협 소설 《소오강호》가 확 눈에 들어온다. 그러고 보니까 중국 영화의 대부분이 원한과 복수, 보은이 주된 줄거리다. 늘 보면서도 그 부분을 생각하지 못했는데 이 이야기를 듣고 나니까 아주 실감이 난다. 들려주신 내용들이 쉽지는 않았지만 그래도 새로운 사실을 많이 알게 되었다. 이런 점을 이해한다면 중국과의 관계 개선에 큰 도움이 될 것 같다. 비즈니스는 물론이고.

Answer

중국 영화의 경우 특히 무협 영화와 그 뒤를 이은 느와르 계통의 영화들을 조금만 주의해서 보면 전체를 관통하는 기본 줄거리는 거의 다 원한, 복수, 은혜, 보은으로 집약된다. 그것이 중국인의 특성 중 하나를 형성하고 있다. 그리고 사마천의 《사기》에는 이런 은원관이 집중적으로 표출되고 있다.

뱀의 다리 한 마디 더 보탠다. 최근 빅 히트를 친 드라마 〈더 글로리〉의 후속작을 계획하고 있거나 복수극을 영화나 드라마로 만들고 싶다면 꼭 사마천의 《사기》를 읽으라고 권한다. 아니면 내게 자문이라도 받으라고 말씀드리고 싶다. 사마천과 《사기》를 빌려 '복수 과외'를 해드릴 수 있겠다.

김용의 무협 소설은 중국인의 은원관을 잘 드러냈다. 중국과 중국인을 이해하기 위해 수준 높은 무협 소설을 읽는 것도 한 방법이다. 참고로 중국 무협 소설은 《사기》 〈유협열전〉과 〈자객열전〉에 뿌리를 두고 있다. 사진은 소설가 김용 선생의 2003년 생전의 모습. 필자가 홍콩에 있는 그의 사무실을 방문했을 때 찍은 것이다. 선생은 2018년, 95세로 타계했다.(1924년생)

020

개혁의 본질은 무엇일까?
- ① 〈상군열전〉과 중국의 개혁사

너무 흥미진진해서 좀 더 들었으면 좋겠지만, 아무래도 형평상 다음 장면으로 넘어가야 할 것 같다. 다음 주제는 뭔가?

Answer

이번에는 혁명보다 어렵다는 개혁과 개혁가 이야기를 해보려 한다. 인류가 땅 위로 올라와 무리 생활을 한 이후의 모든 과정은 좀 과장을 하면 개혁의 역사였다. 물질생활을 개선하고 정신의 영역까지 개혁하면서 인류는 엄청난 발전을 이루었다. 또 국가가 생겨나고 경쟁 시스템에 돌입하면서 개혁은 더욱 절박한 문제가 되었다. 그 결과 개혁에 성공한 나라는 살아남고, 어설프게 흉내만 낸 나라는 잠시는 버텼지만 결국 퇴장했으며, 개혁을 거부한 나라는 일찌감치 역사의 무대에서 사라졌다.

중국 역사에서 특히 춘추전국시대는 개혁의 시대였다. 100개가

최고의 개혁가 상앙은 진나라의 모든 것을 바꾸었다. 그러나 그 뒤 중국사에는 상앙의 개혁 같은 개혁은 다시 나타나지 않았다.

훨씬 넘었던 제후국은 이 시기 550년을 거치면서 모두 사라지고 오직 하나, 천하를 통일한 진(秦)나라만 남았다. 춘추전국의 특징을 한마디로 압축하라면 바로 '개혁에 살고 개혁에 죽었다'라고 할 수 있을 정도다. 불세출의 개혁가 상앙(商鞅)의 전기인 〈상군열전〉은 개혁의 의미와 중요성을 가장 잘 보여주는 글이다. 〈상군열전〉의 기록을 바탕으로 간략하게 상앙의 일생을 소개한다.

말한 바대로 춘추전국시대는 개혁과 개혁가의 시대였다. 특히 전국시대는 개혁 열풍이 7국 모든 나라를 휩쓸었다. 이런 점에서 훗날 천하를 통일하게 되는 서방 진나라의 개혁 군주 효공(孝公)과, 개혁가 상앙의 역사적 만남이 던지는 의미는 적지 않다.

최근 우리 케이블TV를 통해 방영되었던 〈대진(大秦)제국〉이란 2008년 작 중국 TV드라마는 전국시대 진나라의 효공과 상앙이 주인공이다. 야심차게 세계의 리더를 꿈꾸고 있는 현 중국 당국이 중국 역사상 가장 성공적인 개혁으로 평가받는 두 사람에 주목한 것은 더 이상 설명할 필요가 없을 것이다.

기원전 359년, 한 사내가 진나라 국경을 넘었다. 그는 얼마 전까지만 해도 위(衛)나라 재상 공숙좌(公叔痤) 집에서 식객 노릇을 하던 상앙이란 인물이었다. 상앙이 공숙좌 집에 있을 당시 공숙좌가 중

병으로 자리에 눕자 혜왕(惠王)이 병문안을 왔다. 공숙좌는 후계자를 추천하라는 혜왕에게 상앙이 쓸 만한 인재이니 자신의 후임으로 발탁하라고 했다. 상앙을 잘 모르는 혜왕은 가타부타 말이 없었다. 그러자 공숙좌는 상앙을 기용하지 않으려거든 죽이라고 했다. 혜왕은 그 자리에선 고개를 끄덕였지만 돌아와서는 공숙좌가 중병에 걸리더니 헛소리를 한다며 혀를 찼다.

한편 공숙좌는 상앙을 불러 자초지종을 들려주며 위나라를 떠나라고 권했다. 상앙은 혜왕이 자신을 기용할 뜻이 없다면 죽이지도 않을 것이라 예상했다. 얼마 뒤 공숙좌가 죽었다. 혜왕은 상앙을 기용하지도 죽이지도 않았다. 희망이 없다고 판단한 상앙은 발걸음을 진나라로 옮겼다. 기원전 359년이었다.

진 효공은 2년 전인 기원전 361년, 천하에 '구현조(求賢詔)'를 내린 바 있다. 누구든 진나라를 부강하게 만들 수 있는 계획을 제안한다면 높은 자리와 땅을 주겠다는 내용이었다. 당시 진나라는 기원전 7세기에 패주로 위세를 떨쳤던 목공(穆公) 이래 근 300년 가까이 부진을 면치 못하고 있었다. 효공 전에 헌공(獻公)이 호구 제도 개혁을 비롯하여 군현제 시행, 천도 등 개혁 드라이브에 시동을 걸었지만 위(魏)나라 정벌 이후 급사하는 바람에 모든 정책이 중단된 상태였다. 여기에 기득권 세력과 보수층의 집요한 개혁 방해로 효공의 의지가 큰 난관에 부딪치고 있는 중이었다.

상앙과 효공의 만남은 대단히 드라마틱하다. 상앙은 환관 경감(景監)을 중간에 넣어 효공을 만나게 되는데, 네 번 만난 끝에 효공의 마음을 사로잡는다. 세 번째까지는 효공의 개혁 의지만을 살폈다. 자신의 모든 것을 걸 만한 리더인가를 확인하려 했던 것이다. 먼 훗날 삼국시대 제갈량(諸葛亮)이 유비(劉備)를 선택하게 되는 '삼고초려(三顧草廬)'의 오리지널 버전이 바로 상앙과 효공의 만남이라 할 수 있다. 이것이 인재가 리더를 선택하는 '택목(擇木)'이다. 새가 둥지를 틀 나무를 스스로 선택하듯 인재도 자신의 뜻을 마음껏 펼칠 마당을 마련해줄 리더를 고른다는 의미다.

봉건시대 개혁의 성공 여부는 최고 통치자의 전폭적인 지지에 달려 있었다. 또 통치자의 수명 여부도 상당히 작용했다. 통치자가 일찍 세상을 뜨는 바람에 개혁이 좌초된 경우가 적지 않았기 때문이다. 사진은 진 효공의 석상이다.

의지를 확인한 두 사람은 전면 개혁에 착수한다. 상앙의 식견을 확인한 효공은 우선 조정 회의를 열어 수구 세력의 대표격인 감룡(甘龍)과 두지(杜摯)를 상앙과 맞붙여 대논쟁을 벌이게 한다. 상앙은 이런 자리를 예상해왔던 터라 적극적으로 '부국(富國)'과 '이민(利民)'을 앞세워 수구 세력들을 몰아붙여 개혁의 필요성을 인정하게 만든다.

상앙의 개혁 정치는 전면적이었다. 정치와 제도의 개혁은 물론 생활이나 의식까지 바꿀 수 있는 것은 다 바꾸었다. 흔히들 진시황의 작품으로 알고 있는 문자 통일, 화폐 통일,

도량형 통일의 기초는 실은 모두 상앙의 작품이다. 통일 정권을 뒷받침하는 군현제라는 행정 개혁도 상앙의 작품이며, 인구를 늘리기 위해 부모와 장성한 자식을 한집에 살지 못하게 하는 생활 개혁도 상앙의 머리에서 나왔다.

개혁을 위한 모든 법령이 만들어지자 상앙은 포고에 앞서 백성들의 신뢰를 얻기 위한 이벤트를 연출했다. 3장 길이의 나무 기둥을 남문에 세워놓고는 이것을 북문으로 옮기는 사람에게 금 10냥을 준다는 포고령을 내렸다. 헛소리라며 백성들이 거들떠보지 않자 50냥으로 상금을 올렸고, 믿거나 말거나 싶어 재미삼아 기둥을 옮긴 한 백성에게 그 자리에서 상금을 주었다. 이 깜짝 이벤트로 백성들은 서서히 상앙의 법령에 주목하기 시작했다.

상앙의 개혁은 엄청난 반응을 몰고 왔다. 시행 1년이 채 되지도 않았는데 법으로 인한 불편과 부당함을 호소하는 사람들이 줄을 이었고, 수천 명이 도성으로 올라와 시위를 하기도 했다. 상앙은 아랑곳하지 않았다. 태자가 법령을 어기자 "법이 시행되지 않는 것은 위에서부터 법을 어기기 때문"이라며 태자의 스승 중 하나를 처형하고 하나는 얼굴에 뜸을 뜨는 형벌에 처했다.

그렇게 10년쯤 되자 백성들이 만족하게 되었다. 이제는 길에 떨어진 물건을 줍지 않았고, 도적이 사라지고 백성들의 생활이 넉넉해졌다. 나라를 위한 전쟁에는 용감했지만 사사로운 싸움은 겁을 먹고 피했다.

상앙은 효공이 죽은 뒤 태자(훗날 혜문왕惠文王)와 수구 세력의 모

상앙의 개혁은 전방위적이었다. 특히 도량형의 통일은 훗날 진시황의 통일 정책에 직접적인 영향을 주었다. 사진은 고고학 발굴로 확인된 이른바 '상앙 됫박'이다.

함으로 반역죄에 몰려 거열형을 받고 죽었다. 특히 정적에게 쫓겨 도망가던 중 여권이 없어 여관에 투숙하지 못하는 쓸쓸한 일도 겪었는데 이는 여권을 소지하지 않은 자는 여관에 투숙시켜서는 안 된다는 상앙 자신이 만들어놓은 '여권법' 때문이었다. 아이러니한 일화이긴 하지만 그만큼 신분 여하를 막론하고 엄격하게 적용되었다는 반증이다.

상앙은 죽었지만 그의 개혁 정치의 후과로 진나라는 초강국으로 성장했고, 천하 통일의 결정적인 기반으로 작용했다.

Question

상앙이 자신이 만든 법에 걸려 붙잡혀 죽었다는 대목이 강하게 와 닿는다. 그런데 위에서 효공이 의도적으로 조정 회의를 열어 대논쟁을 벌였다고 했는데, 혹시 관련된 기록이 남아 있나? 그 대목이 아주 흥미진진할 것 같은데.

Answer

다행히도 남아 있다. 《상군서(商君書)》에도 관련 부분이 있다. 기록들을 바탕으로 대화체로 정리해보았다. 이 논쟁에서 상앙과 효공이 개혁파로, 감룡과 두지라는 대부가 반대파로 참여했다.

021

개혁의 본질은 무엇일까?
- ② 진(秦)나라의 개혁 논쟁

효공 지금 내가 법을 바꾸어 나라를 다스리고, 예의를 고쳐 백성을 교화하고 싶은데 세상 사람들이 나를 비판하지 않겠는가?

상앙 행동을 머뭇거리면 끝을 못 보고, 일을 머뭇거리면 성공하지 못한다고 합니다. 변법(變法, 개혁)을 결심하셨다면 세상 사람의 왈가왈부는 걱정하지 마십시오. 차원 높은 행동은 늘 세상의 논란거리가 되며, 특별한 견해는 보통 사람의 비난을 받게 마련입니다. 속담에 이런 말이 있습니다. '어리석은 자는 일이 다 된 다음에도 그 일이 어떻게 성사되었는지 모르며, 지혜로운 사람은 일이 시작되기 전에 그 일을 통찰합니다.'* (중략) 법이란 백성을 사랑하기 때문에 있는 것이고, 예란 일처리를 편리하게 하려고 있는 것입니다. 그래서 성인은 나라를 부강하게 만들 수만 있다면 낡은 법도를 본

---

*우자암어성사(愚者闇於成事), 지자견어미맹(知者見於未萌).

받지 않고, 백성을 이롭게 할 수만 있다면 낡은 예법을 따르지 않습니다.

효공 좋은 말이오.

감룡 성인은 백성들의 성향을 바꾸지 않고 교화하며, 지혜로운 사람은 법을 바꾸지 않고 다스린다고 합니다. (중략) 지금 변법을 하여 진나라의 옛 법도를 따르지 않고, 예법을 바꾸어 백성들을 교화하려 하신다면 세상 사람들이 주군을 비난하지 않을까 두렵습니다.

상앙 저 사람의 말은 세속적입니다. 보통 사람들은 옛 습속에 젖어 살며, 학자들은 자기가 배운 바에 빠져 삽니다. 이 두 종류의 인간들은 그저 관직이나 누리고 작은 법이나 지키고 삽니다. 하·은·주 3대는 서로 다른 예법을 갖고도 각각 왕업(王業)을 이루었고, 춘추 5패도 각각 다른 법률 제도를 갖고 패업(霸業)을 달성했습니다. 지혜로운 사람이 법을 만들면 어리석은 사람은 그것에 통제를 당하고, 현명한 사람이 예법을 바꾸면 보통 사람은 그것에 구속 받습니다. (하략)

두지 백배의 이익을 얻을 수 없으면 법을 바꾸지 않고, 열 배의 효과를 볼 수 없으면 문물을 바꾸지 않는다고 합니다. 옛것을 본받으면 잘못이 없고, 옛 예법을 따르면 그릇되지 않는다고 들었습니다.

상앙 옛날에는 다들 각자 다른 방법으로 교화했는데 대체 어느 시대를 본받으란 말입니까? 옛 제왕들이 다시 살아날 수 없는데 대체 어떤 예법을 따르란 말입니까? (중략) 예법 제도는 시대 상황에 맞추어 결정해야 합니다. 법제와 명령은 제각기 시대의 필요에 따라야 합니다. (중략) 그래서 신은 '세상을 다스리는 데 한 가지 길만 있는 것이 아니며, 나라에 유리하다면 옛것을 군이 본받을 필요가 없다'고 말하는 것입니다. 은의 탕왕이나 주의 무왕이 옛것을 본받아 천하를 얻고 왕업을 이룬 것이 아니잖습니까? 은의 주왕과 하의 걸왕이 예법을 바꾸어 망한 것도 아니잖습니까? (하략)

효공 좋습니다. 과인은 가난한 뒷골목에 괴이한 일이 많고 학문을 왜곡하는 사람들이 많다고 들었습니다. 어리석은 자들이 즐겁다고 여기는 일이 지혜로운 사람에겐 슬픔일 수 있지요. 미친 자의 쾌락이 현자에겐 근심일 수 있고요. 세상 사람들의 비난이 두려워 속박받는 경우가 많은데, 과인은 이제 다시는 머뭇거리지 않겠습니다.

Question

상앙의 개혁 논리를 보니 오늘날 적용해도 전혀 손색이 없겠다. 무슨 일을 하든지 실행력이 중요하지만 그 실행을 뒷받침하는 명확한 논리 역시 중요하다는 생각이 들었다. 상앙에 대한 평가는 어땠나?

사마천은 상앙의 법 집행이 너무 가혹했고, 사람 또한 각박했다면서 비판적인 평을 남겼다. 하지만 개혁의 내용을 상세하게 상앙의 입장에서 기록을 남긴 것으로 보아 개혁 자체에 대해서는 긍정적으로 평가했다. 상앙에 대한 평가로는 훗날 진나라가 천하를 통일하는 데 적지 않은 역할을 한 이사(李斯)가 진시황에게 올린 〈간축객서(諫逐客書)〉에서 언급한 평가가 가장 핵심을 찌른다.

효공이 상앙의 변법(개혁)으로 낡은 풍속을 고치니 백성이 번성하고 나라가 부강하였다.

사마천 광장에 조성되어 있는 대형 석조물들 중에는 상앙의 석상도 포함되어 있다. 그의 개혁이 갖는 의미가 남달랐음을 보여주는 상징적인 장면이다.

022

카메라 3대가 동원되어야 가능한 장면 묘사
- ① 〈위공자열전〉의 놀라움

Question

갈수록 흥미가 더해간다. 이번에는 어떤 이야기가 나올까?

Answer

2,300년 전 역사책 속의 한 장면에 카메라가 동원된 것 같은 장면이 있다면 믿겠는가?

Question

무슨 말씀인가? 당연히 믿을 수 없다. 대체 무슨 이야기를 하려는지 매우 궁금하다.

Answer

지금부터 소개하는 장면은 〈위공자열전〉의 한 대목이다. 먼저 위공자 신릉군(信陵君)에 대해 간단하게 소개한다. 신릉군은 전국시대 말기 위(魏)나라 왕실의 친인척으로 이름은 위무기(魏無忌)이다. 태어난 해는 알 수 없고 세상을 뜬 해가 기원전 243년이다. 진시황이 천하를 통일하는 기원전 221년에서 22년 전이다. 전국시대 후기로 오면 당시 일곱 나라의 유력자들이 자기 집에다 다양한 인재들을 거느리는 이른바 '양사(養士)' 풍조가 크게 유행했다. 이들을 '식객(食客)'이라 불렀는데 많으면 3천 명에 이를 정도여서 '식객삼천(食客三千)'이란 단어까지 나왔다. 그중에서도 신릉군을 비롯하여 제나라의 맹상군(孟嘗君), 초나라의 춘신군(春申君), 조나라의 평원군(平原君) 이 네 사람을 '전국 사공자'라 불렀다. 사마천은 이 넷 중에서 신릉군을 가장 높이 평가하여 그의 전기를 〈위공자열전〉이라 짓고 차별화했다.

그럼, 먼저 위공자 신릉군에 대한 사마천의 평가를 먼저 들려주면 좋겠다.

Answer

사마천은 본문과 마지막 논평 부분에서 두 번 신릉군에 대한 호평을 남겼다. 한번 읽어보자.

공자(公子, 신릉군을 말함)의 사람됨이 어질어 선비를 존중했다. 그 선비가 어질거나 불초하거나를 막론하고 모두에게 다 겸손하게 예를 갖추어 그들과 사귀었고, 감히 자신의 부귀함으로 선비들에게 교만하게 굴지 않

110

았다. 때문에 선비들이 사방 몇 천 리에서 앞을 다투어 그에게로 모여드니 식객이 3천이나 되었다. 당시 제후들은 공자가 어질고 식객이 많아 감히 군사를 일으켜 위나라를 침범하려는 생각을 하지 못한 것이 10여 년이나 되었다.

내(사마천)가 (위나라의 도성) 대량(大梁)의 옛 터를 지나면서 이문(夷門)이라고 하는 곳을 물어서 찾아보았다. 이문은 성의 동문이었다. 천하의 다른 공자들도 선비들을 좋아하였지만 오직 신릉군이 세속에 숨어 있는 선비들과 접촉하였고, 아랫사람들과 사귀는 것을 부끄러워하지 않았으니 여기에는 까닭이 있었다. 그가 제후들 가운데 으뜸이었다는 것이 거짓이 아니었다. 고조(高祖, 유방)는 매번 대량을 지날 때마다 백성들로 하여금 그의 제사 받드는 것을 끊어지지 않게 하였다고 한다.

Question ─────────────────────────────

사마천이 직접 대량성을 찾았다는 것 아닌가? 그런데 왜 궁궐도 아니고 이문이라는 동쪽 문을 굳이 물어물어 찾았는지 궁금하다.

Answer

그렇다. 사마천은 스무 살에 행한 천하 여행 때, 돌아오는 길에 위나라 도성이었던 대량성을 들러 위공자(신릉군)의 자취를 탐방했다. 그때 동문인 이문을 물어서 찾아본 데에는 다 까닭이 있었다. 바로 그 이문이 이제 소개할 명장면의 주요 장소이기도 하다.

Question

사마천이 대량성을 직접 탐방한 사실을 카메라에 빗대어 말한 것은 아닐까, 이런 생각도 든다.

Answer

좀 더 놀라게 해줄까? 카메라가 무려 3대가 동원되어야 가능한 장면 연출이라면?

Question

농담 마라. 사마천은 답사하면서 그림조차 그리지 않았을 것 같다. 당시에 종이가 발명된 것도 아니잖나.

Answer

당연한 의심이다. 하지만 듣고 보면 납득이 가는 정도를 넘어 경이로움을 느끼게 될 것이다. 나 역시 이 장면을 읽으면서 얼마나 감탄했는지 모른다. 아무튼 위공자 신릉군의 일생을 간략하게 정리한 글이 있는데, 카메라가 동원되었을 법한 장면에는 카메라①, ②, ③을 표시해두었으니 눈여겨보길 바란다. 참고로 전국시대 유력자들의 '양사' 풍조는 실제로는 자기 나라를 위한 다양한 정보 수집의 필요성 때문이라는 점과, 인재에 대한 신릉군의 극진한 태도라는 두 가지에 초점을 맞추고 읽기 바란다.

위나라의 도성 대량성은 오늘날 하남성 개봉이다. 사진은 대량성 이문의 최근 모습.

023

카메라 3대가 동원되어야 가능한 장면 묘사
- ② 〈위공자열전〉의 놀라움

전국시대 유력자들은 자신의 권세를 과시하기 위해 천하의 인재들을 자기 밑으로 모으길 좋아했다. 이른바 '양사' 기풍이라는 것이다. 여기에서 '식객삼천'이란 고사성어가 나왔다. 이런 권세 과시는 양사 기풍의 표면이었고 실질적인 이유는 정보 수집과 그 정보력에 있었다.

이런 정보력의 문제를 생생하게 보여주는 인물이 바로 위공자 신릉군이다. 위나라 변경에서 조나라 군대가 쳐들어온다는 급보가 날아들자 마침 신릉군과 바둑을 두고 있던 위나라 왕(안리왕安釐王)은 당황하여 어쩔 줄 몰라 했다. 신릉군은 조나라 왕이 사냥을 나온 것이라며 느긋하게 바둑을 계속 두어나갔다. 위왕은 반신반의했고, 이어 달려온 사령이 조나라 왕이 사냥을 나온 것이라고 전했다. 위왕은 신릉군에게 어떻게 알았냐고 물었고, 신릉군은 조왕 신변에 사람들 심어두었다고 대답했다. 그 뒤로 위왕은 신릉군을 꺼려 했다.

왕조차 두렵게 만든 신릉군의 정보력은 어디서 비롯되었을까? 사마천의 견해와 시각대로라면 신릉군의 정보력은 인재, 나아가 인간에 대한 신릉군의 자세에서 기인하는 바가 크다.

이와 관련하여 신릉군이 후영(侯嬴)이라는 늙은 문지기를 모셔오는 장면은 《사기》 전편을 통해 가장 드라마적 요소가 강한 명편이다. 단순히 드라마적 요소뿐만 아니라 주인공들의 몸짓, 말투 하나하나에 깊은 속내가 깃든, 철저히 계산된 행동과 언사에 대한 묘사가 색다른 경지의 드라마로 비쳐진다.

신릉군이 은자 후영을 모셔오는 장면은 카메라가 여러 대 동원되어야만 가능한 장면이다. 카메라의 앵글이 후영에 대해서는 동작에 초점을 두고 스케치하듯 스쳐지나가지만 신릉군에 대해서는 그의 표정을 줌인하여 강조함으로써 신릉군 내면의 심경을 드러내고 있다. 이렇게 해서 신릉군이 인간(인재)에 대해 어떤 태도와 자세를 갖고 있는 사람인가를 깊게 각인시키고 있다. 그리고 이는 다시 첫 장면, 즉 신릉군이 조나라 왕의 동정을 정보원과 정보력을 통해 소상히 파악하고 있는 장면과 겹치면서 한결 극적인 사실성을 높이고 있다.

사마천은 신릉군의 인품과 실력을 칭찬하고 있는데, 그의 열전 이름이 〈위공자열전〉이란 것만 보아도 알 수 있다.(이는 신릉군과 함께 '식객삼천'으로 이름을 떨친 맹상군, 평원군, 춘신군의 열전 제목은 모두 형식적이고 공식적인 작위를 붙여 〈맹상군열전〉 〈평원군열전〉 〈춘신군열전〉이라 부른 것과 대비되기 때문이다.) 특히 본문에서는 '공자(公子)'라는 단어를 무려

147회나 반복하여 '위공자' 신릉군의 이미지와 위상을 한껏 고조시키는 기법을 동원했다.

위공자 신릉군의 기다림은 인재들을 기다리는 것이었다. 그는 이문의 문지기로 숨어 사는 후영을 오래전부터 알고 있었는지 모른다. 이런 연륜을 가지고 숨어 사는 은자를 아무 때나 아무렇게나 모셔올 수는 없다. 인재라고 해서 무조건 데려다놓고 자기과시에만 이용하고 그 능력을 활용하지 않는다면 이는 인재를 무시하고 모욕하는 것이나 마찬가지이다.

위공자는 오랜 기다림 끝에 가장 중요한 상황에서 난국을 타개하는 결정적인 역할자로서 후영을 모셨고, 후영 또한 이런 순간을 기다렸다가 오랜 친구인 백정 주해(朱亥)와 함께 죽음으로 이 난국을 푸는 데 결정적인 역할을 해냈다.

'위공자의 기다림'이란 이 드라마는 후영을 감독으로, 위공자를 주인공으로 보면 제대로 감상할 수 있다. 사마천은 '공자'라는 단어를 끊임없이 내레이션으로 삽입하여 자칫 후영으로 쏠릴 수 있는 눈(시선)을 귀(청각)로 돌리는 기가 막힌 안배를 통해 이 드라마의 주인공이 누구인지를 상기시킨다. 그럼에도 관객의 마음은 후영의 각본으로 쏠리는 것 또한 사실이다. 후영은 모든 상황을 다 파악하고 그 상황에 맞는 시나리오를 위공자에게 주지시켜 그에 따라 상황을 타개하게 했다. 백정 주해도, 주해에게 맞아죽는 장수 진비(晉鄙)도, 그리고 이 시나리오가 외부로 새어나가지 않게 마지막으로 남은 후영 자신이 스스로 죽음을 선택하기까지의 드라마 전체가

116

'절부구조(竊符求趙)'에 따라 진행되었기 때문이다.('절부구조'란 신릉군이 군대를 동원할 수 있는 왕의 부절符節을 몰래 훔쳐내 군대를 동원하여 조나라를 구했다는 뜻의 고사성어이다.) 이런 고수가 진정한 고수이다.

한 가지 더 눈여겨볼 대목은 자결을 결행하는 후영의 죽음을 기점으로 위공자의 삶이 고단하게 기복을 반복한다는 사실이다. 이역시 '절부구조'라는 시나리오의 일부였다. 왕의 부절을 훔쳐냈으니 그렇지 않아도 위공자를 경계하던 위왕이 이를 용납할 리 만무였다. 하지만 위공자는 자신의 인품으로 조나라에서도 크게 명성을 떨친다. 특히 조나라의 권력자 평원군의 코를 납작하게 만드는 대목은 사마천이 4공자들 중 어째서 위공자를 유독 높이 평가했는가에 고개가 끄덕여지게 한다.

위공자는 십수 년을 조나라에 머물다 위나라 안리왕의 독촉으로 귀국했으나 진나라의 이간책으로 다시 왕의 의심을 사서 병권을 빼앗기고 낙향하여 주색에 탐닉하다 생을 마감한다.(기원전 243년) 그리고 그로부터 18년 뒤인 기원전 225년 위나라가 망했다.

'위공자의 기다림'이란 명장면 중에서 최고의 장면을 꼽으라면 위공자가 수레의 왼쪽 자리를 비운 채 직접 수레를 몰아 후영을 모신 다음 시장을 거쳐 푸줏간 주인 주해를 찾고(카메라①), 후영이 마차에서 내려 주해를 만나러 간 사이 그 빈자리를 한참 동안 지키는 대목일 것이다. 위공자는 온화하고 더할 수 없이 겸손한 표정과 자세로 마차의 고삐를 잡은 채 빈자리를 지킨다.(카메라②) 시장에 몰

대량성 이문을 직접 찾아 숨은 현자 후영을 모시는 신릉군의 모습을 그린 그림.

린 사람들의 위공자를 향한 시선(카메라②)과 위공자의 표정, 그리고 그런 위공자를 간간이 살피는 후영, 또 그런 후영의 표정을 통해 위공자의 존재를 확인해 가는 주해(카메라①), 이 4개의 시선 속에서 '위공자의 기다림'은 그 깊이를 더하고 있다. 그리고 위공자의 집에서 무슨 일인지 궁금해 하며 공자를 기다리는 많은 사람들의 또 다른 시선들까지 보태지면(카메라③), 이 장면이야말로 정말 놀라움의 연속이 아닐 수 없다.

훗날 한 고조 유방은 평소 흠모했던 신릉군의 무덤을 찾았고, 사마천 역시 그의 유적을 찾았다. 근대의 학자 양계초(梁啓超)는 위공자를 가리켜 "천승(千乘)의 자리를 버리고 호랑이 굴로 뛰어들고, 위급한 친구에게로 달려갔다"며 위공자의 의리와 용기를 높이 평가했다.

한 무제 때의 기인 동방삭(東方朔)은 자신을 가리켜 금마문(金馬門, 궁궐의 문 이름) 안에서 숨어 사는 사람이라고 했다. 진정한 은자는 산속이나 동굴 따위에서 숨어 사는 사람이 아니라는 말이다. 바로 사람들로 북적거리는 저잣거리에 숨어 사는 사람이야말로 진짜 은자라는 비유였다. 위공자의 기다림을 '절부구조'라는 시나리오를 통해 전체적으로 감독했던 이문의 문지기 후영이야말로 동방삭이 말한 대로 저잣거리에 숨어 살던 진짜 은자였다. 큰 은자는 저잣거리에 숨어 산다는 '대은은우시(大隱隱于市)'란 말이 실감난다. 그리고 그 은자를 알아보고 '왼쪽 자리를 비워 극진히 모시는(허좌이대虛左以待)' 위공자의 태도와 인간에 대한 안목, 그의 정보력 등을 생각하게 하는 드라마였다. 이런 생각이 떠올라 몇 줄 보탠다.

　인재를 기다리는 일과 구하러 다니는 일은 동전의 양면과도 같다. 아무리 원해도 얻을 수 없는 인재가 있고, 아무리 불러도 오지 않는 인재가 있다. 이럴 때는 기다려야 한다. 인재를 기다리는 일만큼 지루하고 초조한 것도 없다. 그 반대의 경우도 마찬가지다. 인재는 더 지루하고 초조하다. 이 두 초조함의 만남이야말로 환상의 만남이다.

Question

놀랍다. 내 나름 정리를 한번 해보겠다. 그러니까 신릉군이 이문의 문지기 후영이 숨어 사는 현자라는 정보를 입수해서는 직접 마차를 몰아 그를 모시러 가는 장면으로 시작된다. 그리고 당시는 조나라가 위기에 처해 있는 상황이라 이를 타개할 방법을 모색하던 중이었다. 제1 카메라는 신릉군을 따르면서 신릉군과 대량성의 여기저기, 이문에서의 만남 등을 찍는 역할을 하고 있고, 그 후영을 모시러 나가기에 앞서 신릉군은 자신의 식객들을 전부 집에 모아 놓고 기다리라고 한 것 같으니 여기에 별도의 카메라가 당연히 필요했겠고, 그런데 후영을 모시고 오다가 후영이 시장에 마차를 잠깐 멈추게 하고는 친구인 주해를 만나러 들어가면서 카메라가 한 대 더 필요해졌다. 신릉군과 시장에서 오가는 사람들을 찍는 카메라와 이런 신릉군의 태도와 표정을 주해의 집 안에서 찍는 카메라, 즉 제2 카메라가 돌아가야 하는 상황이다. 정말 최소한 3대의 카메라가 필요하겠다. 정말 놀랍다. 믿기지 않는다.

Answer

정리를 잘 해주셨다. 그런데 그게 끝이 아니다. 〈위공자열전〉의 이 대목을 잘 읽어보면 장면 이동까지 발견할 수 있다. 즉 위공자가 후영을 만나는 장면 중간에 사마천은 위공자의 집에 모인 식객들을 슬쩍 한 번 비춰준다. 해당 대목은 이렇다.

이때 (공자의 집에서는) 위나라의 장상, 종친, 빈객들이 가득 모여 공자가 술자리를 시작하길 기다리고 있었다.

어떤가? 위공자가 후영을 모시고 오는 장면 중간에 카메라를 위공자의 집으로 공간 이동시켜 위나라의 지도층이 거의 모인 자리를 비추는 것이다. 대체 위공자가 무슨 일로 직접 마차를 몰고 나갔으며, 대체 어떤 사람을 모셔 오길래 이렇게 날고 기는 사람들을 다 모이게 했는지 서로 웅성거리는 장면이다. 그런 뒤 카메라는 다시 대량성의 시장으로 돌아간다. 정말이지 이 대목을 읽으면서 까무러치는 줄 알았다. 이런 걸 신필(神筆)이라 하는 모양이다.

신릉군, 후영, 주해를 주인공으로 하는 '절부구조'는 만화로도 그려질 만큼 널리 알려진 고사다.

024

문무의 화합은 나라의 반석
- 〈염파인상여열전〉의 메시지

Question

뭐라 더할 말이 없다. 경이롭고 감탄스럽다. 얼른 다음 장면으로 넘어가자. 더 듣고 있으면 끝이 없을 것 같다. 다음 편을 듣기 전에 문득 이런 생각이 든다. 중국 현지를 많이 탐방하는 걸로 알고 있는데, 이후 몇 편은 현장과 연계해서 이야기를 들었으면 좋겠다는.

Answer

기회를 봐서 현지 탐방에서 느낀 점 등을 이야기하려고 했는데 잘 되었다. 이번에 소개할 편은 전국시대 막바지 조나라에서 있었던 두 사람의 우정과 그것이 나라에 미친 영향 등을 강조하고 있는 〈염파인상여열전〉이다. 조나라의 무장 염파(廉頗)와, 외교관으로 조나라의 위신을 지켜내는 데 큰 역할을 한 인상여(藺相如)가 주인공이다. 이 두 사람의 이야기는 '문경지교(刎頸之交)'라는 고사성어로 남아서 전한다. 이 문경지교는 우리에게는 잘 알려져 있지 않지만 중국에서는 '관포지교'와 쌍벽을 이룰 정도로 유명하다. 2010년 2월 이 문경지교와 관련된 역사 현장인 조나라의 도성, 지금의 하북성 한단(邯鄲)을 찾았다. 한단은 그때에도 같은 이름으로 불렸으며 3,100년이 넘는 역사를 가진 유서 깊은 성시다.

Question

그 정도 역사를 가진 성시라면 관련한 문화 유적이 많이 남아 있겠다.

Answer

그렇긴 하지만 워낙 오래전이라 원래 모습은 찾아볼 수 없다. 물론 후대에 여러 차례 보수를 거친 성을 비롯하여 지배층의 무덤 등이 남아 있긴 하다. 당시 탐방의 주요 목표에는 도성의 유지(遺址)도 있었지만 핵심은 골목 한 곳을 찾는 것이었다. 두 장의 사진을 먼저 보자.

염파와 인상여의 '문경지교' 고사에서 흥미로운 한 대목을 간직하고 있는 골목 '회차항'의 2010년의 모습.

Question

어딜 보면 되나? 봉고차 앞에 표지석 같은 것이 있는데 글씨를 온전히 읽을 수 없다. '한단시문물보호단위'가 위에 새겨져 있고, 그 밑에 '회차항 기념비(回車巷記念碑)', 그리고 그 밑에 문화재로 지정한 날짜와 기관이 나온다. 그러니까 '회차항'이 한단시의 문화재란 말인가?

Answer

그렇다. '수레를 돌린 골목'이란 뜻을 가진 회차항이 시가 관리하는 문물이다. 여기서 잠깐 중국의 문화재 관리 상황을 보면, 국가에서 중점적으로 관리하는 가장 중요한 등급을 '국가중점문물보호단위' 라 하고 그다음이 성이나 시에서 관리하는 문물인데, '중점'이란 단 어가 들어가면 등급이 높다고 보면 된다. 사진의 저 봉고차의 주인 을 찾을 수 없어 안내석을 온전히 찍지 못해 아쉬웠지만 그래도 '회 차항'을 확인했다.

Question ────────────────────────────────

아니, 수레를 돌린 골목이 어떤 의미가 있기에 비행기를 타고 날아갔단 말인 가? 사진이 필요하다면 구할 수 있지 않나? 요즘은 예전에 비해 사진 구하기가 훨씬 쉽고 값도 싸지 않나?

Answer

물론이다. 중국에 있는 지인을 통해 얼마든지 구할 수 있다. 하지 만 직접 가서 눈으로 확인하면 역사 현장에 대한 느낌이 달라진다. 감회가 다르다고 할까? 아무튼 이 회차항은 '문경지교'에서 상당한

의미를 가진다고 생각했고 그래서 한단까지 간 것이다. 물론 한단
에는 이밖에도 많은 문물이 있기 때문이기도 했다.

Question ────────────────────────────────

그 이야기를 들어보도록 하자. '수레를 돌렸다'면 주인공 두 사람 중 어느 한 사
람이 타고 가던 수레를 돌렸다는 것인데, 누구의 수레인가?

Answer

인상여의 수레다. 자, 이 대목을 이야기하려면 그 앞부분을 먼저
소개해야 하는데 간략하게 하겠다. 앞에서 이야기한 대로 염파는
무장이고, 인상여는 외교관이었다. 염파는 거의 평생을 전쟁터에
서 보낸 백전노장인 반면 인상여는 추천을 받아 뒤늦게 외교관이
되었다. 출신도 귀한 신분이 아니었다. 그런데 외교무대에 나가 몇
차례 공을 세우면서 속된 말로 벼락출세를 했다. 관리로 오를 수
있는 가장 높은 자리인 상경(上卿)에까지 올랐으니까. 염파는 도무
지 이해할 수 없었다. 전쟁터에서 죽을 고비를 여러 차례 넘긴 자
신도 아직 거기까지 오르지 못했는데 무명의 인상여가 자신보다
높은 자리에 올랐으니. 어찌 보면 당연한 반응이었다. 염파는 인
상여의 벼락출세를 수긍할 수 없다며 직접 보면 따지겠다고 큰소
리를 치고 다녔다. 이를 들은 인상여는 가능한 염파와 마주치지 않
으려고 애를 썼다. 조정에 가려다 염파의 마차가 보이면 마차를 돌
리기까지 했다. 바로 사진의 저 골목이 인상여가 마차를 돌렸다는

그곳이다. 그랬더니 집안 식솔들의 불만이 커졌다. 인상여가 염파를 슬슬 피하고 다니니까 염파의 식솔들에게 기를 펴지 못했기 때문이다. 식객들도 떠나려 했다. 인상여는 식객들을 모아놓고 물어보았다. 가장 강력한 진나라 왕과 우리 염파 장군을 비교하면 어느 쪽이 더 대단하냐고. 당연히 대답은 진나라 왕이었다. 이에 인상여는 이렇게 말했다. .

바로 그 진나라 왕의 위세 앞에서도 이 인상여는 그 나라 조정에서 진왕을 호통 쳤고 그 신하들을 욕보였다. 인상여가 아무리 못났어도 염파 장군을 겁내겠는가. 내가 생각하기에 강한 진나라가 감히 조나라에 대해 군대를 동원하지 못하는 까닭은 오직 우리 두 사람이 있기 때문이다. 지금 호랑이 두 마리가 한데 어울려 싸우면 그 기세로 보아 둘 다 살아남지 못한다. 이 인상여가 염파 장군을 피한 것은 '나라의 급한 일이 먼저이고 사사로운 원한은 나중'이기 때문이다.

마지막 부분 '선국가지급이후사구야(先國家之急而後私仇也)'라는 "나라의 급한 일이 먼저이고 사사로운 원한은 나중"이라는 대목이 명언인데 줄여서 '선공후사(先公後私)'라고 한다. 얼마 전까지만 해도 관공서나 경찰서 앞에 이 네 글자가 쓰인 팻말이 심심찮게 붙어 있었다.

이 말을 전해들은 염파는 얼굴을 들지 못했다. 인상여의 진의를 모르고 욕하고 다닌 자신이 너무 부끄러웠다. 그래서 웃통을 벗고 가시나무를 진 채 인상여를 찾아가 사죄했다. 여기서 '부형청죄(負荊請罪)'라는 말이 나왔고 이렇게 해서 두 사람은 목숨을 내놓을 수 있는 우정,

'가시나무를 등에 지고 잘못을 사죄한' '부형청죄'를 나타낸 기록화.

즉 '문경지교'의 사이가 되었다는 것이다. 이 고사는 훗날 희곡과 경극으로도 만들어졌는데 그 제목이 《장상화(將相和)》이다. 이 이야기는 중국의 초등학교 교과서에도 실려 있다. 나라가 제대로 되려면 '무장과 문관이 서로 화합해야 한다'는 메시지를 담고 있다.

Question

그런 스토리가 있었군. '관포지교'도 두 사람의 우정과 양보가 제나라를 일류 국가로 만들었다고 했는데, '문경지교'는 두 사람의 우정이 조나라를 지키는 두 기둥이 되었다는 뜻이 담겨 있다. 잘 들었다.

Answer

마무리하기 전에 여기서 단어 두 개만 공부하고 넘어가자. 〈염파인상여열전〉에 아주 재미난 단어가 있어 알아두면 도움이 될 것이다.

'문경지교'와 '부형청죄', '선공후사'까지 알게 되었는데, 또 있나?

흔히 하는 말로 '옥에 티'라는 말이 있는데, '옥에 티'를 한자로 뭐라고 하는지 아는가? 두 글자다.

글쎄다, 두 글자라니까 일본말이 생각난다. '기스'라고….

강의하면서 같은 질문을 했더니 바로 그 대답이 나와 웃은 기억이 있다. 그럼 구매한 물건에 문제가 있을 때 뭐라고 하나?

그야 '하자' 아닌가. 물건에 하자가 있다, 이렇게 말한다.

바로 그것이다. 옥에 티를 한자로 '하자(瑕疵)'라고 한다. 이와 관련된 일화다. 인상여가 조나라의 국보나 마찬가지인 '화씨벽(和氏璧)'이라는 귀중한 옥을 들고 진나라에 갔다. 진 소양왕(昭襄王)이 이 옥이 탐이 나서 성 15개와 바꾸자는 제안을 해왔기 때문이다. 말이 바꾸자는 것이지 화씨벽을 차지하겠다는 속셈이었다. 이 곤란한 일을 맡은 사람이 바로 인상여였다. 소양왕이 성 15개를 줄 생각이 전혀 없음을

인상여의 언변과 용기는 훗날 뛰어난 문장가로 말을 더듬었던 사마상여가 이름을 '상여'로 짓는 데 영향을 주었다. 사진은 산서성 고현(古縣)에 있는 인상여의 무덤이다.

확인한 인상여는 '화씨벽'에 하자가 있다며 옥을 돌려받고는, 성 15개를 주겠다고 확답하지 않으면 옥을 깨고 자신도 머리를 박고 죽겠다고 했다. 인상여는 소양왕에게 닷새 동안 목욕재계한 뒤 화씨벽과 성 15개를 교환하겠다고 했고, 그사이 화씨벽을 조나라로 돌려보냈다. '화씨벽을 온전하게 조나라로 돌려보냈다'는 뜻에서 '완벽귀조(完璧歸趙)'라는 말이 나왔다. 우리가 별 생각 없이 쓰는 '완벽'이란 단어가 이렇게 탄생한 것이다.

Question

재미난 단어 둘을 배웠다. '하자'와 '완벽', 또 '완벽귀조'까지. 그런데 인상여는 그 뒤 어떻게 되었나? 소양왕이 인상여를 그냥 돌려보냈을 것 같지 않은데.

Answer

신하들은 죽여야 한다고 했지만 소양왕은 인상여의 용기를 높이 사서 예물을 주며 조나라로 돌려보냈다.

025

역사에 상상력을 허락하라
- 굴원의 죽음과 〈굴원가생열전〉

Question

고사성어와 단어들만 정리를 해보면, '문경지교'의 우정을 나눈 두 사람의 이 야기에는 마차를 돌린 골목 '회차항', 염파가 자신의 오해를 사과한 '부형청죄', 인상여의 외교 활약을 보여주는 '하자'와 '완벽귀조', 그리고 그가 남긴 '선공후 사' 등이 나왔다. 다음 이야기도 현장을 함께 소개해주었으면 한다.

Answer

이번 편도 특별하다. 한 시인의 죽음, 그것도 스스로 목숨을 끊은 비극에 관한 이야기이며 그 죽음을 둘러싸고 벌어진 논쟁에 관한 것이다. 물론 현장 이야기도.

Question

한 시인의 비극적인 죽음이라, 제목부터 비장하다.

130

Answer

이번 편명은 〈굴원가생열전〉으로 굴원(屈原)과 가의(賈誼, 기원전 200~기원전 168) 두 사람의 전기다. 이를 '합전'이라 한다. 두 사람 이상을 합쳐 소개하는 편들을 이렇게 부른다. 이 두 사람 중 굴원이 주인공이다. 사마천이 이 두 사람을 한곳에 소개한 데에는 다 까닭이 있다. 굴원은 전국시대 초나라의 정치가, 외교가이자 애국 시인이다. 가의는 한나라 초기의 천재 정치가로 한 문제의 총애를 듬뿍 받았으나 공신들과 수구 세력의 공격을 받아 남방 장사국(長沙國)으로 좌천되었고, 결국 32세라는 젊은 나이에 요절했다. 가의는 장사로 가던 중 굴원을 추모하는 글을 남겼다. 사마천은 이 두 사람의 처지에 닮은 점이 많다고 보았고, 이에 두 사람을 한편에 넣어 함께 소개했다.

굴원 이야기로 넘어간다. 현장 이야기로 시작하겠다. 결론부터 말해 굴원은 스스로 목숨을 끊었다. 그것도 강물에 스스로 빠져 죽었다. 그 강 이름이 멱라수(汨羅水)인데 호남성에 있는 강으로 동정호(洞庭湖) 물줄기에 속한다. 굴원이 살았던 시기는 전국시대 후반기다. 그는 기원전 약 340년에 태어나 기원전 278년에 세상을 떠났다. 기원전 221년 진나라가 천하를 통일했기 때문에 천하 통일 약 반세기 전에 세상을 떠난 것이다. 굴원은 초나라 왕족의 후손이었다. 당시 왕은 회왕(懷王)이었는데, 굴원은 처음에는 크게 신임을 받아 높은 벼슬에 외교까지 책임졌다. 그러나 시간이 흐를수록 회왕은 어리석은 통치자로 변질되었고, 굴원은 간신배들에게 배척당해 점점 핵심 권력에서 멀어졌다. 나라가 망하려 할 때 나타나는 여러 현상들이 초나라에 집중적으로 나타났다. 통치자의 무능과 기득권 세력의 부패와 타락, 일신의 영달만을 추구하는 간신들의 득세, 곧고 충성스러운 사람에 대한 배척과 탄압 등등. 서북쪽으로 국경을 접하고 있던 진나라는 야금야금 초나라 땅을 갉아먹으며 위협하고 있었지만 지배층은 경각심을 갖지 않았다. 굴원의 거듭된 경고는 공허한 메아리가 되었다.

한때 최강을 자랑하던 초나라의 서글픈 쇠락에 굴원은 비통함을 참지 못했다. 하지만 역부족, 결국 조정에서 쫓겨났다. 굴원은 더 이상 희망이 없음을 직감했고 스스로 목숨을 끊음으로써 자신의 의지를 극적으로 표출했다. 굴원의 자결은 자포자기가 아니라 강렬한 저항 정신의 표본으로 지금까지 많은 사람들을 격분시킨다.

자, 이제 장면을 멱라수로 옮겨 보겠다. 아래의 사진이 바로 멱라수다. 탐방 당시 어두워지기 시작한 저녁 무렵이라 사진 상태가

굴원의 비장한 정신세계로 안내하는 멱라수

좋지 않다. 사마천은 이 멱라수를 직접 탐방해서 굴원의 무덤과 사당, 멱라수를 보았다. 물론 주변 지역도 탐문하여 굴원과 관련한 이야기들을 수집했을 것이다.

조정에서 쫓겨난 초췌한 몰골의 굴원이 멱라수를 거닐고 있다. 이 모습을 본 어부가 굴원에게 말을 건다. 두 사람의 대화를 복원해보자.

"아니, 당신은 삼려대부(三閭大夫, 굴원)가 아니시오? 헌데 어찌하여 여기까지 오셨소?"

"세상은 온통 흐린데 나만 홀로 맑고, 모두가 취했는데 나만 깨어 있어서* 이렇게 쫓겨난 것이라오."

"대저 성인은 어떤 대상이나 사물에 얽매이지 않고 세상과 더불어 밀고 밀리는 것이오. 온 세상이 혼탁하다면서 어째서 그 흐름을 따라 물결을 뒤바꾸지 않고, 모든 사람이 다 취했다면서 어째서 술 찌꺼기를 먹고 그 모주를 마시지 않는 것이오? 대체 무슨 까닭으로 아름다운 옥과 같은 재능을 가지고도 내쫓기는 신세가 되었단 말입니까?"

"듣자하니 머리를 새롭게 감은 사람은 갓에 앉은 먼지를 털어내며, 새로 몸을 씻은 사람은 옷에 묻은 티끌을 떨어버린다 했소.** 깨끗한 모습을 가진 사람이 때 끼고 더러워진 것을 받고 어떻게 견딜 수 있단 말이오?

---

*거세혼탁이아독청(擧世混濁而我獨淸), 중인개취이아독성(衆人皆醉而我獨醒).
**신목자필탄관(新沐者必彈冠), 신욕자필진의(新浴者必振衣).

차라리 장강에 몸을 던져 물고기의 뱃속에서 장례를 지낼지언정 희고 깨끗한 몸으로 어찌 세상의 먼지를 뒤집어쓴단 말이오?"

사마천은 굴원의 마지막 장면을 다음과 같이 기록했다.

그리하여 돌을 품고 마침내 멱라수에 스스로 가라앉아 죽었다.

이 부분은 원문을 따로 소개할 필요가 있다. 원문은 이렇다.

어시회석수자침멱라이사(於是懷石遂自沈泪羅以死).

이 대목은 판본에 따라 스스로 가라앉다는 '자침(自沈)'과 스스로 (몸을) 던지다는 '자투(自投)'로 달리 나오고 있어 논란이 있었지만 지금은 대부분 '자침'으로 보고 있다. 그런데 우리 번역본들은 어찌된 일인지 대부분 '던지다'도 아니고 '빠져 죽었다'라고 되어 있다. 이건 완전히 잘못된 번역이다. 그냥 '빠져 죽었다'고 하면 어떻게 죽었는지 분명치 않다. (몸을) 던지든지 가라앉든지 둘 중 하나로 정확하게 표현해야 하는데 애매하게 넘어가 버린다. 굴원의 삶과 정신세계에 관심을 가지고 이 부분을 옮겼다면 달라졌을 것이다.

아무튼 '빠져 죽었다'라는 표현은 '몸을 던져 죽었다'와 '가라앉아 죽었다'와는 그 뉘앙스가 전혀 다르다. 특히 '가라앉아 죽었다'와는 큰 차이가 난다. 이를 영화의 한 장면이라고 가정해보자. '빠져 죽었다'는 대목을 어떻게 처리할까? 애매하지 않은가? '몸을 던져 죽었다'는 절벽 같은 곳에서 뛰어내리는 장면을 떠올리게 한다. 아무튼 이 장면은 굴원의 삶과 죽음을 이해하는 데 대단히 중요하다는 게 내 생각이다.

굴원은 스스로 어부와 대화를 나누기에 앞서 마치 유언과도 같은 시를 한 수 남겼다. 이 작품이 〈회사부(懷沙賦)〉다.

넓고 넓은 완수와 상수의 물이여

두 갈래로 갈라져 흐르는구나.

저 멀리 이어진 길은

깊고도 어두워 쓸쓸하기 짝이 없고

멀고도 멀어 끝이 없구나.

이렇게 읊조리며 슬퍼하고

길게 한숨지어도

이미 세상에 나를 아는 이 없으니

인간의 마음 더 이상 말할 것이 없네.

충정과 훌륭한 자질을 품었어도

내 마음을 제대로 아는 자 없구나.

말 잘 고르던 백락(伯樂)이 이미 죽었으니

준마가 어디에서 능력을 평가받으리.

인생은 명이 있어

제각기 돌아갈 곳이 있겠지.

마음을 가라앉히고 뜻을 크게 가지니

내, 무엇을 두려워하랴.

늘 속상하여 슬퍼하며

길게 한숨짓고 탄식하네.

세상이 혼탁하여 나를 알지 못하니

내 마음을 말해 무엇하랴.

죽음을 사양할 수 없음을 알기에

바라노니 나를 위해 슬퍼하지 말라.

세상 군자들에게 분명히 밝히노니

내 장차 이로써 군자들이 본받을 선례를 남기고자 하노라!

멱라수 언저리에 조성되어 있는 굴원의 사당인 굴자사(屈子祠).

굴원의 마지막 장면에서 핵심은 돌을 품었다는 '회석'에 있다. 아마도 돌을 몸에 묶었을 것이다. 그래야 떠오르지 않으니까. 그렇다면 돌을 끌어안는다는 '포(抱)'나 돌을 묶는다는 '방(綁)'이란 글자를 쓰는 것이 자연스럽다. 그런데 사마천은 마음 '심忄' 변이 붙은 '회(懷)' 자를 썼다. 여간 의미심장하지 않다. 돌을 안았거나 묶었겠지만 그 돌에 굴원의 착잡한 심경이 고스란히 응축되어 있지 않은가? 망해가는 나라에 대한 한없는 걱정, 회왕에 대한 안타까움, 간신들에 대한 증오 등등…. 온갖 심경이 정말 돌덩이처럼 굴원의 마음을 짓누르지 않았을까? 사마천은 이런 굴원의 심경을 헤아려 '회'라는 다분히 문학적인 글자를 선택한 것 같다. 그렇게 굴원은 자신의 착잡한 심경을 대변하는 돌을 몸에 묶은 채 서서히 멱라수로 걸어 들어가 스스로 가라앉아 생을 마감하지 않았을까? 이것이 위 대목, 즉 굴원의 죽음에 대한 내 해석이다.

Question

다른 장면에서도 느꼈지만 장면 하나하나에 얼마나 심혈을 기울였는지 그저 감탄할 뿐이다. 말씀해주신 것처럼 그렇게 해석하는 것이 한결 마음에 와 닿는다. 말 그대로 비장미도 넘치고. 그런데 왜, 이 장엄한 장면을 그렇게 무미건조하게 만들었을까?

사마천과 굴원의 정신세계에 깊이 주의를 기울이지 않았기 때문일 것이다. 강의에서 이런 이야기를 했더니 굴원에 죽음에 대해 사마천 기록의 사실 여부를 뒷받침할 이전의 다른 기록이 없는 상황에서 그런 묘사가 과연 사실이라고 단정할 수 있겠냐는 질문이 있었다. 충분히 할 수 있는 질문이다. 여기서 독자들에게 이런 이야기를 보태고 싶다. 사실에는 두 가지가 있다. 하나는 일 '사(事)' 자를 쓰는 사실(事實)과, 역사 '사(史)' 자를 쓰는 '사실(史實)'이다. 둘은 엄연히 다르다. 또 이 두 단어는 '진실(眞實)'과 구분된다. 개념을 정리하자면 복잡해지니까 굴원의 죽음을 가지고 설명해보겠다.

사실(事實)은 실제로 일어난 일을 말한다. 그러니까 굴원이 죽은 것, 즉 자결한 것은 사실이다. 그다음의 사실(史實)은 역사에서 일어난 일을 말한다. 굴원의 죽음은 역사적 사실이다. 문제는, 이 두 가지 사실과 진실과의 차이에 있다. 굴원이 '이렇게 죽었을 것이다'라고 말할 경우 진실의 문제가 대두된다. 이 경우 부분적 사실과 진실이 명확하지 않을 경우, 진실이라 (주장)할 수 있는 것들이 여럿 있을 수 있다. 물론 엄밀한 의미에서 진실은 하나일 수밖에 없다. 하지만 사람에 따라 해석과 추정이 다르면 진실(이라고 추정되는 것)에 도달하는 결론도 달라질 수밖에 없다. 그렇다면 어느 쪽이 진실에 더 가까운가로 판가름하게 된다. 그 판가름은 독자나 청자의 몫이 된다. 따라서 이것은 역사가나 역사학도의 상상력의 차이에서 승부가 난다고 생각한다. 그래서 나는 '역사에 상상력을 허용하라'고 주장하고 있는 것이다.

사마천은 굴원의 죽음을 저렇게
기록했고, 《사기》를 공부하고 사마
천처럼 현장을 다니는 나는 사마
천의 기록이 진실에 특히 굴원의
정신세계에 가장 가깝다고 인정하
는 것이다. 이는 또 사마천의 정신
세계와도 일맥상통한다. 사마천은
굴자사에 모셔져 있는 굴원의 초상화.

굴원의 작품을 여러 편 실었다. 그의 작품세계를 누구보다 잘 이해
했다는 뜻이다. 굴원의 작품세계는 곧 굴원의 정신세계 아니겠는
가? 그래서 굴원의 고향을 찾았고, 굴원과 관련한 이야기와 자료들
도 수집했을 것이다. 이런 사마천이 굴원의 죽음을 저렇게 묘사한
데에는 주객관적 근거가 충분히 있다고 보아야 할 것이다. 사마천
은 역사적 상상력을 동원하여 그 장면을 극적으로 끌어올렸고, 그
것이 읽는 사람을 한없는 상념의 세계로 이끈다.

요약하면, 사마천은 굴원의 죽음에 자신의 비극적 운명을 투영했
다. 두 사람은 서로 다른 시간대를 살았지만 굴원이 남긴 공간에서
운명적으로 조우하여 서로의 처지를 공명(共鳴)하고 있다. 그래서
혹자는 굴원이 있었기에 〈이소(離騷)〉라는 작품이 있고, 사마천이
있었기에 굴원의 전기가 남게 되었다고 했다. 또 〈굴원가생열전〉은
굴원과 가의 외에 사마천까지 넣어 세 사람의 전기로 읽을 수도 있
다고 했다. 읽을 때 이런 점을 염두에 두면 깊이 빠지게 된다.

026

장사꾼 여불위의 정치 도박
- ① 다른 관점으로 보는 〈여불위열전〉

Question

얼핏 들으면 다소 어렵게 들리는데, 곰곰이 생각해보면 사마천이란 역사가가 어느 것 하나 허투루 넘기지 않고 한 자, 한 자 기록했을 것이라는 느낌이 강하게 든다. 다음은 어떤 편인가?

Answer

〈여불위열전〉을 아주 다른 관점에서 읽어보면 어떨까 싶다.

Question

여불위(呂不韋)라면 장사꾼으로서 진(秦)나라의 실질적인 권력자가 된 인물 아닌가? 진시황의 생부냐 아니냐를 놓고 벌어진 논쟁의 주인공이기도 하고.

Answer

그렇다. 바로 그 인물을 다루어보려는데, 그가 당시 최강국이었던 진나라의 실세로 되기까지의 과정을 그의 전기인 〈여불위열전〉을 비롯하여 〈진본기〉〈진시황본기〉 등을 참고하여 재구성해보겠다. 권력을 향해 다가가는 여불위의 행보와 그에 동원된 그의 절묘한 수완과 치밀한 과정에 주목했으니 그 점에 초점을 두고 읽어주기 바란다.

Question

그런데 이 질문을 꼭 먼저 하고 싶다. 여불위가 진시황의 생부인가?

Answer

아래의 글을 읽고 나면 저절로 답이 나오지 않을까? 말로 다 하기에는 복잡해 보여서 글로 써보았다.(이 26장면부터 33장면까지가 여불위 이야기이다.) 제목도 '장사꾼 여불위의 정치 도박'이라고 자극적으로 붙였다.

전국시대 막바지인 기원전 239년 무렵, 서방의 강대국 진나라의 수도 함양성 저잣거리의 대문에 20만 자가 넘는 목간과 함께 이런 방이 걸렸다.(《사기》 전체가 52만 6,500자임을 상기하기 바란다.)

이 책(冊. 목간)을 읽고 한 글자라도 빼거나 보탤 수 있는 사람이 있다면 천금을 주겠다.

사람들은 놀라지 않을 수 없었다. 20만 자에 이르는 엄청난 책도 책이려니와 거기에 걸린 상금 때문이었다. 도대체 어떤 책이길래, 얼마나 내용에 자신이 있길래 한 글자를 가지고 천금을 상으로 주겠다고 할까?('일자천금一字千金'이라는 유명한 고사성어가 여기에서 탄생했다. 글이나 문장에 대한 큰, 또는 지나친 자부심을 비유하는 성어다.)

이 방대한 책의 편찬을 주도한 사람은 승상 여불위(?~기원전 235)였다. 그는 자신의 문객들 중에서 뛰어난 학자들을 동원하여 이 책을 완성했고, 자신의 성을 따서 책의 이름을 《여씨춘추》라 지었는데, 이 책에 엄청난 자부심을 가졌고 그래서 이런 이벤트를 벌인 것이었다.

여불위는 상인 출신으로 최강대국 진나라의 승상이 되어 실권을 휘두른 인물이다. 그가 진나라의 최고 권력자가 된 것은 그의 남다른 투자 안목 때문이었다. 여불위는 어느 한 사람에게 집중 투자하여 그 사람을 진나라의 왕으로 만들었고 자신은 실권을 장악했다. 여불위가 어떤 전략으로 투자를 성공으로 이끌었는지 분석해보았다.

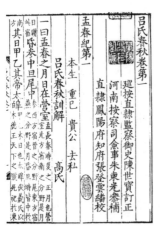

《여씨춘추》는 여불위가 편찬을 주도한 잡가(雜家, 제자백가 중 한 파) 계통의 백과전서라 할 수 있다.

027

장사꾼 여불위의 정치 도박
– ② 상인의 안목

약 2,200여 년 전에 아버지와 아들이 대화를 나눴다.

아들 아버지, 농사를 지으면 얼마나 이윤이 남습니까?

아버지 잘하면 10배쯤 되겠지.

아들 보석 따위를 팔면 어떻겠습니까?

아버지 100배쯤 남지 않겠니?

아들 누군가를 왕으로 세우면요?

아버지 그야 따질 수가 없지.

아들은 회심의 미소를 지었다. 전국시대 각국의 역사와 고사를 기록한 《전국책》에 실린 이 유명한 대화는 상인 출신으로 '일인지하(一人之下), 만인지상(萬人之上)'의 자리라는 재상에까지 오른 야심가 여불위와 그 아버지 사이에 오간 이야기다. 당시 여불위는 사업차 조나라 수도 한단을 찾았다가 우연히 진나라의 인질 자초(子楚,

처음 이름은 이인(異人)를 보게 된다. 자초의 신분을 확인한 여불위가 집으로 돌아와 아버지에게 가르침을 청하면서 나눈 대화가 바로 위 대화다.

여불위가 자초를 발견하고 어떤 원대한 계획을 세웠는지는 알 수 없다. 다만 그는 자초를 미리 차지해둘 만한 기이한 물건이란 뜻의 '기화가거(奇貨可居)'로 간주했다고 한다. 다시 말해 지금 사두거나 투자하면 언젠가는 큰돈이 되거나 큰 역할을 해낼 투자 대상으로 본 것이다. 여불위가 아버지와 나눈 대화는 결국 투자 대상을 고르는 자신의 안목과 구상을 재확인하는 절차였던 셈이다.

자초는 진나라 다음 왕위 계승자인 태자 안국군(安國君)의 아들들 중 하나로 진나라와 조나라의 인질 교환에 따라 조나라 수도 한단에 와 있었다.(한단은 앞서 '회차항' 이야기에 나온 바로 그 한단이다.) 20여 명의 아들들 중 자초의 서열은 중간 정도였고, 어머니 하희(夏姬)는 안국군의 총애와는 거리가 먼 여자였다. 자초가 인질로 잡혀 있는 동안에도 진나라는 여러 차례 조나라를 침범했고 그때마다 조왕은 자초를 죽이려 했지만 간신히 죽음은 면했다. 자초는 엄연한 진나라 왕실의 핏줄이었음에도 불구하고 이런저런 사정 때문에 외면당한 채 한단의 여기저기를 떠도는 신세로 전락해 있었다.

여불위는 자초에게 투자하기로 결심하기 전에 먼저 자초를 둘러싼 더 상세한 정보를 수집하기 시작했다. 그 결과 투자를 담보할 만한 유력한 정보가 입수되었다. 태자 안국군이 가장 총애하는 태자비 화양(華陽)부인에게 아들이 없다는 사실이었다. 여불위는 이

144

정보가 갖는 중요성과 파급력을 직감했다. 화양부인이 장차 여불위의 천하 경영에 어떤 역할을 맡게 될지 아무도 상상하지 못했다. 여불위만 제외하고는.

028

장사꾼 여불위의 정치 도박
- ③ 예지력과 치밀한 기획

자신의 안목과 투자 대상의 성공 가능성에 확신을 가진 이상, 구체적인 경영전략을 세우는 것이 당연했다. 여불위는 자초를 찾아갔다. 두 사람 사이에 밀담이 이루어졌다.

여불위 내가 당신을 키워주겠소.
자초 먼저 당신이 커야 내가 크지 않겠소?
여불위 잘 모르시는군요. 저는 당신이 커짐에 따라 커진답니다.

자초는 여불위의 말뜻을 어느 정도 알아들었다. 여불위는 안국군과 화양부인을 거론하며, 현재 안국군이 후계자로 점찍은 사람이 없기 때문에 자초에게도 기회가 있다며 희망적인 메시지를 던졌다. 뜻하지 않은 후원자를 만난 자초는 밑져야 본전이라는 생각에 계획이 성공하면 여불위와 진나라를 함께 나누겠노라 약속했다.

얼마 후 여불위는 진나라의 수도 함양(咸陽)으로 향했다. 그에 앞서 여불위는 자초의 몸값을 잔뜩 올려놓는 수순을 잊지 않았다. 자초에게 500금에 이르는 활동비를 주어 조나라의 유력한 인사들과 두루 교제하도록 했다. 한단에 와 있는 진나라의 인사들한테 자초의 존재감을 확인할 수 있게 하자는 의도였다.

수도 함양에 들어온 여불위는 사람을 넣어 화양부인의 언니를 먼저 찾았다. 언니를 만난 여불위는 진귀한 패물들을 화양부인에게 전해줄 것을 부탁하며 자초의 근황을 알려주었다. 자초가 아버지 안국군과 화양부인을 늘 그리워하여 눈물을 흘린다며 인정에 호소했다. 또 자초가 조나라의 유력자들과 각 제후국에서 온 빈객들과 두루 사귀며 명성을 높이고 있다는 근황까지 덧붙였다. 여불위는 화양부인의 언니에게 "미모로 (남자를) 섬기던 사람은 그 미모가 시들면 (남자의) 사랑도 시드는 법"* 이라는 화양부인의 마음을 흔들어놓을 만한 말을 하면서 안국군의 사랑이 건재한 지금, 훗날을 위해 양자를 들일 필요가 있다는 내용으로 화양부인을 설득하도록 했다.

이어 화양부인의 다른 형제들을 찾아가 당신들이 누리고 있는 부귀영화는 화양부인 덕분인데 부인이 안국군의 총애를 잃으면 당신들도 끝장이라고 운을 뗀 뒤, 당신네 누이에게 양자가 생겨 그가 왕위를 이으면 부귀영화도 계속될 것이니 자초를 양자로 삼을 수 있게 적극 나서라고 설득했다. 여불위의 계략은 맞아떨어졌다. 형

---

* 이색사인자(以色事人者), 색쇠이애이(色衰而愛弛).

제들이 총출동하여 화양부인을 설득했다. 여기에 언니까지 나서서 패물과 여불위의 말을 전했으니 화양부인은 그들의 말에 흔들리지 않을 수 없었다.

화양부인은 눈물을 흘리며 자식 없는 자신의 신세를 한탄하다가 자초 이야기를 안국군에게 꺼냈다. 안국군은 화양부인의 청을 들어주었고, 그 징표로 옥을 쪼개 한쪽씩 나누어 가졌다. 이때부터 화양부인은 자초를 어떻게 해야 귀국시킬 수 있을지 고민에 빠져들기 시작했다. 한편 안국군과 화양부인은 여불위에게 자초를 잘 보살피라고 당부하고는 물품까지 딸려 보냈다.

자초를 홍보하기 위해 여불위는 핵심 목표인 화양부인을 직접 만나지 않고 언니를 중간에 넣었다. 직접 물건을 홍보하는 것보다 구매자가 신뢰하는 지인에게 맡기는 쪽이 훨씬 효용성이 좋을 수 있다. 물건이 중간상인을 거치면서 값이 올라가는 것과 비슷한 원리다. 당시에 상인은 존중받는 신분이 아니었으므로 혹 있을지도 모를 상인에 대한 선입견을 피해가는 수순도 함께 구사했다.

비록 첫 단계에 불과하지만 여불위가 구사한 전략을 보면 놀랍다. 그는 찬밥 신세나 다름없던 자초, 죽일 가치조차 없던 자초에 대한 세간의 평가를 180도 바꿔놓았다. 진나라와 조나라가 불편한 관계였음에도 자초가 살아남은 것은 그가 뛰어난 인재임을 증명한다는 식으로 말이다. 이 작업에는 여불위가 가진 돈의 힘이 크게 작용했다.

자초 한 개인의 문제를 자초와 화양부인의 문제로 확대시키는 데 성공했다(매개=언니+패물), 이어 안국군의 문제로까지 확대시켰다(매개=형제+부귀영화). 여기에 화양부인이 지금까지의 자초에 대한 관심 부족을 설명하며 안국군에게 자초의 존재감을 부각시켰다. 이런 단계를 거쳐 자초는 권력 핵심층의 주목받는 인물로 떠오르게 된다.

장사꾼 여불위의 정치 도박
- ④ 과단성과 기민함

차기 왕위 계승자인 안국군이 자초의 존재를 각인한 것은 절반의 성공이나 마찬가지였다. 다음 수순은 소양왕(昭襄王)에게 눈도장을 받는 것이다. 그래야 진나라로 귀국할 가능성이 커진다. 이 일은 안국군이 맡게 되었다.

이 일은 그다지 어려워 보이지 않았지만 소양왕의 반응은 냉랭했다. 뜻밖이었다. 여불위는 실망했다. 하지만 시간과 인내심이 필요했다. 새로운 상황이 나타난 만큼 변화를 꾀해야 했다.

안국군으로 안 된다면 누굴 내세워 설득하나? 이번에도 여성을 선택했다. 왕후였다. 화양부인 때처럼 사람을 넣었다. 그 중개인은 왕후의 동생 양천군(楊泉君)이었다. 목적도 화양부인 때와 같았다. 한 사람의 걱정거리를 다수의 것으로 전환, 확대시키는 전략이었다. 여불위는 양천군을 찾아가 단도직입으로 말했다.

여불위 양천군께서는 죽을죄를 지으셨는데 알고 계십니까?

양천군 (멍한 표정을 지으며) 내가 죽을죄를 지었다니 무슨 말인가?

여불위 양천군께서는 왕후의 동생으로 높은 자리에 넘치는 녹봉, 그리고 구름같이 몰려 있는 미인들 (중략) 원 없이 누리고 계십니다. 그런데 태자 안국군께서는 정말 암담한 신세라 차마 눈뜨고 볼 수 없을 지경입니다. 양천군께서는 대체 누구의 복을 누리고 계시며, 누구의 이익을 얻고 계시며, 누구의 권세에 의지하고 계시며, 누구의 돈을 쓰고 계시며, 누구의 권위로 뻐기고 다니십니까? 바로 지금 금상과 누이이신 왕후의 덕 아닙니까? 모름지기 일이란 예측하면 성사되지만 예측하지 못하면 쓸모없게 됩니다. 이는 아주 간단한 이치입니다. 지금 금상께서는 연로하십니다. 조만간 태자께서 보위에 오르시면 양천군께서 지금처럼 하고 싶은 대로 하도록 놔두시지 않을 겁니다. 절대로요! 하루 살기도 힘들 뿐만 아니라 자칫하면 목숨까지 걱정해야 할 겁니다!

양천군 (여불위의 말에 잔뜩 겁을 먹고는) 선생께서 제때 잘 이야기하셨소. 그럼 내가 어떻게 해야 하오?

여불위가 듣고 싶은 말이 바로 이것이었다. 여불위는 자초를 화양부인이 양아들로 삼은 사실과 안국군의 심경을 전했다. 그리고 지금 자초가 제후국들 사이에서 어떤 명성을 얻고 있는지 조나라 사람들은 다 알고 있는데 정작 진나라는 모르고 있는 것 같다며, 훗날을 위해 소양왕 앞에서 자초에 대한 칭찬과 그의 귀국을 요청하라고 주입시켰다. 그 일이 성사되면 떠돌던 자초에겐 나라가 생기고 자식 없던 안국군 부부에겐 자식이 생기게 되니 이 모두가 양천군 당신에게 감사하게 될 것이며, 그리되면 대대손손 지금과 같은 복을 누리게 될 것이라고 못을 박았다.

여불위의 설득은 절묘했고 치밀했다. 기득권에 안주하고 있는 양천군에게 가장 두려운 것은 지금 가진 것을 잃게 되는 곧 다가올 미래였다. 더 이상 선택의 여지가 없었다. 장사꾼의 생명은 누구에게 물건을 팔아야 할지를 정확하게 아는 데 있다. 여불위의 탁월한 감각이 공략해야 할 상대를 정확하게 고른 것이다.

여불위의 설득에 넋이 나간 양천군은 왕후에게 달려갔고, 왕후는 다시 소양왕에게 공작을 벌였다. 소양왕의 반응은 미지근했지만 전보다는 훨씬 누그러져 조나라 사신이 오면 자초의 귀국을 요구하겠다고 했다. 하지만 일은 여전히 번거로워 풀어내야 할 것들이 남아 있었다.

여불위는 상성(商聖)으로도 추앙받는다.

여불위는 목표를 조나라 왕으로 돌려 측근의 실세들에 대한 로비를 펼쳤다. 또 한 번 거금이 필요한 시점이었다. 이때 그간 여불위가 들인 공이 효과를 나타내기 시작했다. 안국군과 화양부인은 물론 왕후까지 나서 여불위에게 로비 자금을 마련해주었다. 자초의 일은 이미 다수의 공동 관심사가 되어 있었던 것이다. 이들은 자초의 미래에 따라 이해관계도 달라질 수밖에 없는 상태로 확실하게 엮여 있었다. 상황이 질적으로 달라져 있었다. 이렇듯 한 사람의 관심사를 공동의 관심사로 만들어 관계로 엮는 작업에 관해서 여불위는 타의추종을 불허했다. 진정한 고수였다.

030

장사꾼 여불위의 정치 도박
- ⑤ 자신의 여자까지 투자하다

진나라와 조나라 조정에 대한 로비를 성공적으로 마친 여불위는 자신의 '상품들'을 재점검했다. 자초를 확실하게 장악하기 위한 한 단계 더 들어가는 방법과 수순을 고민하기 시작한 것이다. 상인으로서 여불위의 예민한 후각은 쉬지 않고 작동하고 있었다. 그래서 '장사꾼치고 간상(奸商) 아닌 자가 없다'는 말이 나왔을 것이지만 이 말에는 정치에서의 간신과는 달리 장사꾼의 진면모를 반영하는 듯한 뉘앙스를 풍긴다. 간상이 아니라고 하면 셈이 흐리거나 적시에 거래를 성사시키는 능력이 부족하다는 감을 주기 때문이다.

어쨌거나 여불위는 거상이었다. 이왕에 시작한 모험, 좀 더 크게 해야겠다는 생각을 했다. 그래서 상품의 함량을 높이고 이윤 획득 공간을 극대화하는 새 전략을 수립했다. 자초의 몸집을 더 불려놓고 더 쉽게 조종하는 방법이었다.

여불위는 자신의 첩 조희(趙姬)를 자초에게 넘기는 기상천외한 모험을 감행한다. 물론 자초가 조희에게 눈독을 들인 탓이 크긴 했지만 이는 누가 보아도 인륜에 어긋나는 행동이었다. 여하튼 여불위는 천하를 건 엄청난 도박판을 벌인 것이다! 조희의 배 안에 든 아이까지 고려한 어마어마한 도박이었다. 이 도박은 엄청난 대박을 냈지만 동시에 여불위의 발목을 잡는 치명타가 된다. 이에 대해서는 뒤에서 언급하겠다.

조희를 얻은 자초의 심정이 어떠했을지는 짐작에 맡기겠다. 여불위의 보살핌 속에 겨우 한 나라의 공자로 행세하기 시작한 자초가 마음속에 품고 있던 여자까지 얻었으니 여불위야말로 둘도 없는 은인이자 스승처럼 보였을 것이다.

조희는 한 달 뒤 자초에게 임신 사실을 알렸고, 몇 달 뒤 사내아이가 태어났다. 이 사내아이가 장차 진시황으로 불리게 될 그 아이, 영정(嬴政)이란 아이다. 도박 제2단계가 성공하는 순간이었다. 하지만 천하의 여불위도 이 아이가 어떤 이익을 가져다줄지 예측할 수 없었고, 만약을 위해 들어둔 보험 같은 존재일 뿐이었다. 어쨌거나 시급한 것은 자초를 귀국시키는 일이고 이 모든 계획은 안국군이 왕좌에 올라야만 가시권에 들어오는 것이었다.

이 단계까지 여불위가 보여준 전략과 실행력에 감탄을 금치 못한다. 물샐 틈 없는 관계 엮기와 자초의 신변 치장을 완벽하게 해놓았기 때문에 천하를 건 도박을 감행할 시간이 무르익고 있었다. 이런 점에서 그에겐 전국시대 때 유세가의 풍모가 물씬 풍긴다.

031

장사꾼 여불위의 정치 도박
- ⑥ 과감한 결단으로 위기를 돌파하다

세월은 빠르게 흘러갔다. 영정이 세 살이 될 때까지 여불위의 도박은 별다른 진전을 보지 못하고 있었다. 오히려 위기가 여기저기서 감지되었다. 진나라가 조나라에 대한 공세를 늦추지 않았기 때문에 자초의 신변이 더 불안해졌다. 자초가 죽는다면 모든 것이 다 허사다. 한껏 높아진 자초의 명성과 위상이 오히려 위험도를 높여 놓았다. 상품을 시장에 내보내기 전에 시장에 변화가 생긴 것이다. 전략 전체가 흔들릴 수 있는 위기였다.

여불위는 또 한 번 모험을 결심했다. 조나라를 탈출하기로 한 것이다. 진나라가 공격하는 통에 불안해서 장사를 할 수 없으니 고향으로 돌아가게 해달라며 성을 지키는 장수에게 거액의 뇌물을 주곤 자초를 시종으로 분장시켜 한단을 빠져나왔다.

여불위는 진나라 영내에 들어서자 진나라 장수 왕흘(王齕)의 군영에 몸을 맡겼다. 왕흘은 어제 군영에 합류한 소양왕에게 여불위와 자초를 안내했다. 자초의 느닷없는 출현에 소양왕은 당황했으나

156

곧 함양으로 보냈다.

자초가 마침내 귀국했다. '기화' 자초의 등장에 시장이 들썩거렸다. 여불위는 자초에게 초나라 복장을 입고서 화양부인을 만나라고 했다. 초나라 출신인 화양부인의 심기를 고려한 안배였다.(초나라 아들이란 뜻의 자초子楚란 이름도 실은 여불위가 바꿔준 것이다. 자초의 본래 이름은 이인異人이다.) 자초를 본 화양부인은 격한 감정을 참지 못하고 "내 아들아!"를 외쳤다.

기원전 251년 가을, 소양왕이 세상을 떠나고 안국군이 뒤를 이었다. 이 사람이 효문왕(孝文王)이다. 화양부인은 왕후가 되었고, 자초는 태자로 책봉되었다. 조나라는 한단에 남아 있던 조희와 영정을 진나라로 돌려보냈다. 가족이 모두 함양에서 상봉했다.(이때 영정은 아홉 살이었다.)

그런데 일이 어떻게 되려는지 소양왕의 상을 마치기도 전에 효문왕이 갑자기 세상을 뜨는 돌발 상황이 터졌다. 이에 대해서는 여불위가 독살했다는 등 역대로 말들이 많다. 자초가 즉위하니 바로 장양왕(莊襄王)이다. 이 기가 막힌 현실 앞에서 자초는 자신의 눈을 의심할 수밖에 없었다. 타향에서 거지꼴로 전전하던 자신이 불과 몇 년 만에 국왕이라니!

여불위는 승상이 되어 문신후(文信侯)에 봉해졌고 낙양 땅 10만호가 봉지로 따라왔다. 이제 여불위의 사업은 더 이상 따질 수도 없는 지경으로 커져버렸다. 여기에 자초가 3년 만에 죽고 영정이 13살의 나이로 왕이 된 것은 덤이었다.

상술을 응용하여 정치 무대에 나선 것 자체부터가 보통 사람이 아니라는 증거다. 그 결과 여불위는 천하를 상대로 도박을 감행하여 대성공을 거두는 전무후무한 사례를 남겼다. 이 과정에서 그는 안목, 수단, 지혜, 결단, 모험 등을 두루두루 보여주었다. 투자의 대상, 투자 시기도 적확했다. 변수가 발생하면 핵심이 어디에 있는지를 고려하여 제2, 제3의 예비 투자 대상도 정확하게 골랐다. 대비도 소홀하지 않았고, 위기다 싶으면 과감했다. 이 모든 것이 철저한 준비의 결과였다. 위기는 준비된 사람에게는 기회로 전환되며 행운도 준비된 사람만이 감지한다. 천하를 건 도박사 여불위의 전략은 안목과 준비에서 판가름 났다.

여불위의 투자는 초강국의 승상이란 벼슬, 문신후라는 작위, 낙양의 10만 호라는 어마어마한 이윤을 남겼다. 그리고 진시황이 성인이 될 때까지 휘하에 기라성 같은 인재들 3천을 거느리며 10년 동안 천하를 주물렀다. 사실 이것은 덤이었지만 그 덤이 천하의 경영이었다. 여불위는 천하 경영에 대한 수완도 보여주었다.

여불위는 여기까지 예측하고 자초에게 투자했는지 모르겠다. 또 자신의 안목과 경영술이 어디까지 적용 가능한지 시험해보고 싶은 욕심도 생겨났을지 모르겠다.

033

장사꾼 여불위의 정치 도박
- ⑧ 여운

여불위의 투자는 속된 말로 '초대박'이었다. 그러나 그 최후도 성공의 속도만큼 급락했다. 진왕(진시황)이 22세 때 직접 정치에 간여하자 여불위는 2선으로 물러나야 했고, 3년 뒤 촉 지역으로 유배 가던 중 왕의 편지를 받고는 자결했다. 기원전 235년이었다.

왜 자살했는가? 그의 몰락은 무엇 때문이었나? 원인을 따져 올라가면 한 여인이 등장한다. 진시황의 생모 조희가 그 주인공이다. 진시황이 왕으로 즉위한 것은 13세 때였다. 천하 권력은 여불위에게로 넘어갔고 당시 궁중의 어른은 젊은 과부 조 태후였다.

과부 조 태후는 욕정을 참지 못해 한때 자신의 주인이었던 승상 여불위를 침실로 끌어들였다. 이에 정치적 부담을 느낀 여불위는 정력 넘치는 노애(嫪毐)라는 자를 태후에게 보냈다. 조 태후와 노애 사이에 아들이 둘 태어났다. 진시황이 성인식을 치르고 정치에 개입하기 시작하자 태후와 노애는 반란을 일으켰다. 진시황은 이들의 반란을 신속하고 잔인하게 진압했다.

160

점차 권력을 회수하기 시작하던 진시황은 노애의 반란에 빌미를 제공한 여불위에게 유배 명령을 내렸다. 유배지로 가는 도중에 진시황은 여불위에게 편지를 보냈다. 도대체 당신이 무슨 공을 세웠길래 그 많은 권력과 부를 누리고 있으며, 또 당신이 왕실과 무슨 혈연관계이

낙양 동쪽 20km 지점의 하남성 언사시(偃師市)에 남아 있는 여불위의 무덤. 거상의 무덤답지 않게 간소하다. 이는 소박한 장례를 주장한 그의 사상과 관련이 있을 것이다.

기에 내가 당신을 '큰아버지'라고 불러야 하느냐는 내용이었다. 여불위는 더 이상 살아날 가망이 없다고 판단하고 독약을 마셨다.

여불위는 그 많은 변수를 다 점검하고 고려했지만 정작 자신의 첩, 즉 조희가 변수로 작용하리라고는 예상치 못했다. 이를 '옥에 티'라고 해야 할까?

Question

정말 놀랍고 치밀한 계획을 가지고 권력에 한 걸음, 한 걸음 다가서는 여불위가 살아서 움직이는 것 같다. 그런데 앞에서 했던 질문에 대한 답은 없는 것 같다. 여불위가 진시황의 생부냐 아니냐는 질문.

마지막 부분 진시황이 편지 한 장으로 여불위를 자살하게 만드는 장면을 생각해보자. 이런 진시황이 과연 누구의 피를 물려받았을까? 두 차례의 반란을 신속하고 무자비하게 진압한 20대의 진시황, 과연 누구를 닮았을까? 진시황에 대해서는 다른 글에서도 많이 다루었고 필자의 유튜브 〈김영수의 좀 알자, 중국〉에 '진시황에 관한 모든 것'이란 2시간 15분짜리 영상 강의가 있으니 참고하기 바란다. 여불위 이야기도 나오니까 함께 참고하면 두 사람에 대한 정보는 대부분 얻어갈 수 있을 것이다.

한 가지 더 질문하겠다. 내가 알기로는 진시황이 생전에 두 차례 암살 위기를 넘겼다. 영화 〈영웅〉의 모티브가 된 자객 형가(荊軻)와 장량(張良)이 고용한 창해역사(滄海力士), 이 두 사람이 진시황을 암살하려다 실패한 걸로 아는데, 그런가?

일반적으로 잘 모르는 또 한 사람이 있다. 형가와 술친구 사이였던 고점리(高漸離)라는 악사(樂士)가 있다. 물론 그도 실패해서 죽임을 당했다. 그러니까 진시황은 정확하게 세 차례 암살 위기를 넘긴 특별한 이력을 가진 사람이다. 이야기가 나온 김에 〈자객열전〉으로 가보자.

034

낭만시대의 끝자락
- ① 무협 소설의 원조 〈자객열전〉

Question

나야 100% 대환영이다. 역사서에 자객들 이야기가 실렸다는 것 자체만으로도 놀랄 일 아닌가. 처음 《사기》와 관련한 책을 접하면서 이 〈자객열전〉 때문에 정말 놀랐다. 그리고 〈유협열전〉까지 있어서 놀라움은 배가 되었다.

Answer

〈자객열전〉을 보면 그들의 불꽃같은 삶에 감탄하게 된다. 자객들은 암살 행위의 정당성으로 '자기를 알아주는 이를 위해서 목숨을 건다'는 명분을 앞세우고 있다. 그런데 예양(豫讓), 전제(專諸), 섭정(聶政) 등을 보면 정치적 대의명분은 거의 따지지 않고 암살을 결행했다. 자객들은 그들의 행위가 가져올 정의나 선 같은 정

〈자객열전〉은 2003년 작품인 영화 〈영웅 – 천하의 시작〉의 직접적인 소재가 되었다.

〈자객열전〉의 고사는 이후 문학과 예술, 그리고 생활에 적지 않은 영향과 여운을 남겼다. 특히 귀족들의 무덤을 장식하는 '화상전(畵像磚)'이라고 하는 벽돌의 그림으로 장식되기까지 했다. 이 그림은 〈자객열전〉 맨 앞에 등장하는 조말(曹沫)이 제나라 환공을 비수로 위협하는 장면을 표현한 것이다.

당성에는 관심이 없었을까? 보통 상식으론 이해가 되지 않는 부분도 분명히 있다. 이 점을 중심으로 이야기를 해보면 어떨까 한다.

Question

〈자객열전〉은 참으로 낭만적인 사나이들의 행적을 드라마처럼 보여준다는 생각을 많이 하게 된다. 하지만 이들이 자기 목숨을 내놓으면서까지 지키려 한 것이 과연 무엇이었을까? 대답하기가 쉽지 않을 것 같다.

Answer

물론이다. 나 역시 그 질문을 늘 마음에 품고 있다. 그래서 먼저 자객들에 대한 사마천의 논평을 들어보고, 〈자객열전〉에 등장하는 자객들에 관한 정보를 간략하게 표로 만들어 참고자료로 드리겠다. 〈자객열전〉에는 없는, 진시황을 암살하려고 장량이 고용했던 창해역사와 〈오태백세가〉에 나오는, 오왕 요의 아들인 공자 경기(慶忌)를 죽인 요리(要離)까지 넣었다. 어쩌면 사마천의 이 논평 속에 위 질문에 대한 해답이 있을지도 모르겠다.

조말부터 형가(荊軻)에 이르기까지 다섯 사람의 자객들은 그 의협심이 혹은 성공하기도 했고, 혹은 실패하기도 했다. 그러나 그들의 목적은 매우 분명했고, 자신들의 뜻을 욕되게 하지 않았으니 그들의 이름이 후세에 전함이 어찌 망령되겠는가!

자객명 (국적)	시대 (사건 연도)	행적	관련 인물 외
조말(曹沫) 노(魯)	기원전 7세기 (681년)	용맹과 힘. 가(柯) 회맹에서 제환공을 비수로 위협하여 빼앗긴 땅을 돌려받음.	노장공, 제환공, 관중
전제(專諸) 오(吳)	기원전 6세기 (515년)	오자서의 추천으로 공자 광을 도와 오왕 요를 죽임.	오나라의 왕위계승 어복장검(魚腹藏劍)
요리(要離)	기원전 6세기	오자서의 추천으로 합려(공자 광)를 도와 오왕 요의 아들 경기를 암살하고 돌아와 자살함.	사간계(死間計) 〈오태백세가〉 영화 〈무간도(無間道)〉
예양(豫讓) 진(晉)	기원전 5세기 (453년)	자신을 국사로 대우한 지백을 위해 조양자를 죽이려다 실패하여 자결함.	범씨, 중항씨, 친구. 사위지기자사 (士爲知己者死)
섭정(聶政) 위(魏)	기원전 4세기 (374년)	백정인 자신을 깊이 알고 대한 엄중자를 위해 한나라 재상 협루를 죽이고 자결함.	어머니와 누이 영화 〈대자객(大刺客)〉
형가(荊軻) 위(衛)	기원전 3세기 (227년)	연 태자 단의 부탁으로 진시황을 암살하려다 실패하고 살해됨.(역수가)	개섭, 노구천, 고점리, 전광, 국무, 번오기, 진무양, 익명의 친구, 하무저, 영화 〈영웅〉
고점리 (高漸離) 연(燕?)	기원전 3세기 (227년 이후)	축 연주의 전문가로 친구 형가에 이어 진시황을 암살하려다 실패하여 살해됨.	형가, 송자의 주막집
창해역사 (滄海力士)	기원전 218년	장량이 기용한 역사로 진시황의 수레를 습격했으나 실패함.	수배자 신세가 된 장량과 유방의 만남. 〈유후세가〉

이 화상전은 자객 전제가 '물고기 뱃속에 비수를 감춘(어복장검)' 채 오왕 요에게 요리를 바치는 장면을 나타낸 것이다.

Question

사마천은 자신의 뜻과 목적 두 가지가 자객들의 행동을 부추긴 동력으로 본 것 같다.

Answer

그렇다. 사마천은 자객들의 행위를 목적과 뜻이란 두 개의 가치를 갖고 있다며 높이 평가하고 충분히 역사 기록에 남길 수 있다고 보았다. 궁금했던 건, 그들의 목적이 무엇이며, 뜻은 또 무엇인가라는 점이었다.

자신을 알아주는 사람을 위해 목숨까지 바치는 인물들을 통해 사마천은 종래의 주종 관계에서 탈피하여 개인적 은원 관계에 따른 일종의 거래이자, 쌍방의 동등한 선택이라는 변화된 인간관계의 한 단면을 드러내고 있다. 이는 시대에 따라 변화하는 인간관계의 새로운 설정이란 문제에 대해 숙고할 기회를 준다. 이러한 변화는 종실(宗室)의 귀족을 중심으로 한 지배 계층이 시대의 변화를 인지하고 새로운 정보와 지식으로 무장한 사(士) 계층으로 이행하는 것을 반영하고 있다.

〈자객열전〉은 그 자체로 신비로운 영웅 서사시다. 섭정, 예양, 형가는 고용주와 아무런 이해관계가 없음에도 '자기를 알아주는 사람을 위해 몸과 마음을 바친다'는 명분으로 피를 뿌렸다. 이러한 행동은 명리(名利)로는 결코 이해할 수 없는 경지다. 이들이 보여준 경지는 의협(義俠)이란 정신적 세계였다.

이들이 고집한 의협 정신이 남긴 결과 역시 우리를 놀라게 한다. 몸과 마음에 상처를 입는 것은 물론 심하면 목숨까지 희생해야만 했기 때문이다. 하지만 그들은 어떤 대가도 바라지 않았다. 의협에서는 해야 할 것과 하지 말아야 할 것을 구차하게 따지지 않는다. 이들은 일단 '뜻을 세웠고' 죽는 순간까지 그 '뜻을 속이지 않았던' 것이다.

역수(易水)를 건너는 형가의 착잡한 심경을 짐작해보았는가? 돌아올 수 없다는 것을 알면서도 그 길을 가는 형가…, 그런 형가의 의지는 무엇에서 비롯되었으며 그 원동력은 무엇이었을까? 이에 대해서는 사마천도 시원스러운 답을 해주지 않는다. 다만 "뜻을 세

이 벽돌 그림은 요리가 오왕 요의 아들 경기를 죽이는 장면이다. 형 요를 죽이고 오나라 왕으로 즉위한 합려에게 요의 아들 경기는 후환이 아닐 수 없었다. 이에 전제를 합려에게 소개했던 오자서는 다시 요리를 소개하여 경기를 살해했다. 사마천은 경기를 〈자객열전〉에는 넣지 않았지만 〈오태백세가〉에 배치하여 그의 행적을 남겼다. 요리는 경기를 죽인 뒤 돌아와 합려 왕에게 자신이 저지른 잘못을 고백하며 스스로 목숨을 끊었다.

운 자는 자신을 알아주는 사람을 위해 죽고, 여자는 자신을 기쁘게 해주는 사람을 위해 화장한다"는 예양의 말이나, 섭정의 누이가 인용한 "뜻을 세운 사람은 자신을 알아주는 사람을 위해 죽는다"는 대사를 통해 그 동인(動因)을 짐작할 뿐이다. 그것은 마치 거역할 수 없는 대세의 끝자락에 매달려 나부끼는, 가슴 저미는 고점리의 마지막 연주를 떠올리게 한다.(고점리는 형가의 술친구로 형가가 진시황 암살에 실패하자 숨어 지낸다. 진시황이 그의 연주 실력 때문에 눈을 멀게 하여 자기 곁에 두고 축을 연주하게 했지만 고점리는 축에다 납덩어리를 넣고 진시황을 내리쳤으나 명중시키지 못하고 죽었다.)

〈자객열전〉은 전편이 하나의 영웅 서사시이며 '역사의 대세에 비수를 겨눈' 사람들의 이야기다. 그 안에는 이상주의와 낭만주의의 빛이 번득이고 있다. 어쩌면 우리가 애써 잊고 지냈던 원초적 낭만의 한 자락을 건드리고 있는 것은 아닌가 하는 생각을 해본다. 형가가 역수를 건너면서 친구 고점리의 연주에 맞추어 불렀던 〈역수가〉를 읊어보자.

바람 소리 쓸쓸하고 역수는 차구나!
장사 한 번 떠나면 다시 오지 못하리!*

---

*풍소소혜역수한(風蕭蕭兮易水寒), 장사일거혜불부환(壯士一去兮不復還).

그렇다면 이 〈자객열전〉을 단편소설처럼 남긴 사마천에게도 전국시대 '사'의 기풍이 남아 있었다는 말인가?

Answer

그런 것 같다. 〈자서〉에서 자신의 젊은 날을 회고하며 "어디에도 매이지 않는 정신의 자유"란 말을 직접 한 것으로 보아 분명 이런 기풍과 정신이 흐르고 있었다. 그렇게 보아야 〈자객열전〉과 〈유협열전〉이 실린 까닭에 대한 설명이 가능하지 않을까? 그리고 '단편소설'이란 표현을 썼는데, 그 표현이 나온 김에 〈자객열전〉을 비롯하여 《사기》의 열전 여러 편이 중국 소설사에 미친 영향을 언급하는 것으로 〈자객열전〉에 대한 감상을 마무리하자.

자신을 알아준 엄중자를 위해 한(韓)나라의 재상 협루(俠累)를 죽인 뒤 자기 얼굴 가죽을 벗기고 내장을 도려내어 자신을 몰라보게 만들고 죽어간 자객 섭정의 행적을 그린 벽돌 그림이다.

035

낭만시대의 끝자락
- ② 무협 소설의 원조 〈자객열전〉

Question

중국에서는 《사기》를 '역사적 문학서요, 문학적 역사서'로 평가한다는 말을 들었다. 어차피 글로 표현되는 모든 장르의 책들에는 정도는 달라도 문학적 요소가 들어가 있겠거니, 생각은 해보지만 《사기》에 대한 이런 평가는 낯설다.

Answer

문학가 노신(魯迅)은 《사기》를 아예 시와 노래에 비유하며 "사가지절창(史家之絶唱), 무운지이소(無韻之離騷)"라고 평했다. 역사가의 절창이요 가락 없는 이소라는 뜻인데, 〈이소〉는 시인 굴원의 작품 제목으로 '가락 없는 시'로 보면 된다.

간략하게 《사기》가 중국 문학사, 특히 소설에 미친 영향을 소개하고 〈자객열전〉 감상을 마치겠다.

먼저, 무협 소설에 미친 영향력은 거의 절대적이다. 소설의 기본적인 특징들이 《사기》에 대부분 다 나타나기 때문에 소설에 지대한 영향을 주었다고 볼 수 있다. 번호를 매겨 나열하다 보니 다소 딱딱해 보이지만 중요한 몇 가지만 소개한다. 앞에서 감상했던 《사기》의 장면들을 떠올리며 읽어보자.

① 《사기》의 문장은 역사적 사실을 반영하는 외에 사마천이 나타내고자 하는 사상적인 표현이 대단히 많다. 이런 사상은 역사적 사실을 서술하는 과정에서 자연스럽게 드러나기도 하고, 집어넣은 것도 있으며, 심지어 특정한 사상·관점·신념에 따라 선택하여 역사 자료를 가공하거나 재구성한 것도 있다. 이런 방법은 후대 역사 서술에 대한 요구와 아주 다르며 많은 부분이 소설에 가깝다. 그렇다고 허구인 소설은 아니다.

② 인물을 두드러지게 그려내고, 인물의 언어를 설계하고, 인물의 심리와 정신을 묘사하는 데 뛰어나다.

③ 플롯과 드라마틱한 장면을 잘 썼다. 긴장되고 극렬한 모순의 충돌을 표현하는 것이 예술의 공통된 특징인데 《사기》의 표현들이 이에 속한다. 어떤 곳에서는 인물을 묘사하면서 드라마 요소를 집어넣어 장면과 감정을 사실에 가깝도록 표현했다. 〈조세가〉의 조씨고아 스토리가 그렇다.

④ 잘 알려지지 않은 사건을 잘 찾아서 썼고, 기이한 고사까지 잘 써서 작품의 낭만적 색채를 짙게 했다.

⑤ 후대의 소설처럼 장면 배치 등을 편집했다. 물론 완전한 역사 인물의 전기와는 같지 않지만 《사기》의 몇몇 문장은 주제가 뚜렷하

〈자객열전〉 전체의 절반 가까이가 형가의 고사다. 천하를 통일한 최초의 황제에 대한 암살 사건이었던 만큼, 당시 세상에 던진 충격과 여파가 컸을 것이다.

고 제재 선택이 집중되어 있다. 고사의 실마리가 명확하고 스토리의 전개가 '시작 – 무르익음 – 절정 – 대단원 – 여운'의 단계를 밟고 있어 후대의 문어체 단편소설 못지않다.

⑥ 표현 방법들이 후대의 소설과 가깝다. 첫째, 과장에 능숙했다. 둘째, 중요한 인물의 등장과 사건의 발생에 대한 장치를 잘 깔았다. 셋째, 대비와 밑그림 깔기 또는 포장이라 할 수 있는 '친탁(襯托, set off)'을 대량으로 운용했다. 넷째, 노래와 시를 이용하여 인물의 내면세계를 두드러지게 나타냄으로써 문학적 분위기를 높였다.

《사기》가 후대 소설에 미친 영향을 몇 가지 들어보겠다.

① 인물 전기의 구조, 인물과 사건을 묘사하는 방법을 후대 소설에서 계승하고 모방했다.
② 인물들의 형상과 고사는 후대 소설과 희곡의 모델이 되었다.

③ 후대 문어체 소설에 영향을 주었다. 특히 당나라 전기(傳奇) 소설과 청나라 때 소설《요재지이(聊齋志異)》에 큰 영향을 주었다.

④ 사건 기록은 시간이 길고 종류도 많다. 이 점은 후대 소설과 희곡이 창작 소재와 자료를 찾기 위한 보물창고가 되었다.

※이상은《史記通論》(北京師範大學出版社, 1990)에 실린〈《史記》與後代小說〉(韓兆琦 等)이란 글을 참고, 요약했다.

036

최후를 예감한 다섯 번의 탄식
- ① 〈이사열전〉의 절묘한 장치

Question

《사기》가 문학, 특히 소설에 미친 영향에 대한 이야기를 듣고 보니 《사기》가 《삼국지연의》에 미친 영향이 아주 컸다는 이야기가 생각난다.

Answer

물론이다. 어떤 평론가는 "《사기》가 곧 《삼국지연의》"라고 말할 정도다. 《사기》의 내용은 조선 후기의 판소리 사설(대본)에도 많이 등장한다. 다섯 마당 모두에 《사기》의 구절이 다 인용되어 있을 정도다. 이런 전문적인 부분들은 다른 책을 통해 소개할 테니 다음 편으로 넘어가자. 이번에는 〈이사열전〉을 한번 감상하면 어떨까?

Question

이사(李斯, ?~기원전 208)는 진시황의 천하 통일에 가장 큰 역할을 한 인물로 알고 있다. 그러나 분서갱유(焚書坑儒)를 부추겼고, 통일 제국 최초의 승상으로 부귀영화를 한껏 누리다 환관 조고(趙高)에 의해 처참하게 살해당한 인물로 알고 있는데, 맞나?

Answer

중요한 점은 대체로 다 짚었다. 여기에서는 '이사의 탄식'이란 주제로 출세 지상주의자 이사의 일생을 한번 다뤄보려 한다. 오늘날 우리에게 던지는 교훈 같은 것도 생각하면서.

Question

"이사의 탄식"이라고 했는데, 이사가 자신에게 한 탄식인가, 아니면 타인이나 다른 일에 대한 탄식인가?

Answer

말 그대로 이사가 내뱉은 탄식이고 자신을 향한 탄식이기도 하다. 사마천은 〈이사열전〉을 구상하면서 이사가 중요한 순간마다 내뱉은 탄식을 다섯 군데에 배치했다. 이 부분을 잘 살피면 이사의 일생이 어떻게 마무리될지를 예상할 수 있다. 이 얼마나 절묘한 장치인가? 마치 요즘의 소설 기법과 흡사하다. 이런 점에서 〈이사열전〉은 잘 만들어진 단편소설을 방불케 한다.

Question

감탄을 그만하려고 해도 그만할 수가 없다. 이사의 탄식, 다섯 번의 탄식을 통해 이사의 일생이 어떻게 전개되고 끝날 것인가? 그런 장치를 마련한 사마천이라는 분, 참으로 놀랍다.

Answer

간략하게 소제목을 몇 개 붙여서 소개한다.

037

최후를 예감한 다섯 번의 탄식
- ② 통일 제국 최초의 승상

중국 역사에서 이사는 지명도가 아주 높은 인물이다. 그가 진시황에게 올린 〈간축객서〉는 천하의 명문으로 남아 있다. 그는 당대 최고의 지식인이라 할 수 있을 정도로 학식이 뛰어났다. 빈털터리 지식인에서 진시황을 도와 최초의 통일 제국을 이룩하고 '일인지하, 만인지상'의 재상이 된 인간 승리의 표본이었다. 한편 그는 또 자신이 일군 통일 제국을 자신의 손으로 망쳐버린 죄인이었다. 그는 통일 제국의 문물과 제도를 구석구석 정비한 뛰어난 설계자 겸 실행자였으나 결국은 허리가 잘리는 형벌을 받고 처참하게 죽은 비극의 주인공이었다.

평민 출신의 평범한 지식인에서 최초의 통일 제국 재상이 되기까지, 자식을 위한 잔치에 수천에 이르는 수레와 말이 몰릴 정도로 부귀영화를 누렸던 화려한 삶에서 삼족이 멸족당하는 처절한 최후까지, 이사의 인생 유전은 한 편의 드라마이다. 이 때문에 이사의 영욕과 부침은 2천 년 넘게 사람들 입에 오르내리며 이런저런 평가

지금 우리 사회 지도층의 상당수
가 이사와 같은 인간 유형이다.
역사는 이사를 심판했지만 지금
우리 주변의 이사 아류들은 그
평가마저도 피해갈 태세다.

들을 낳았다.

〈이사열전〉을 중심으로 관련 기록인
〈진시황본기〉 등을 통해 이사의 인생
을 전체적으로 개괄해본다. 입신출세
를 위해 노력했던 야심만만한 이사가
황제에 버금가는 막강한 권력을 얻고
난 다음 서서히 변질되어가고 급기야
자신과 삼족, 나아가서는 자신의 손으
로 일군 제국을 망치는 모습을 우리는
목격하게 된다. 그 과정에 최초의 통
일 제국의 탄생이라는 순간도 있었고,
최초의 황제 진시황의 죽음도 있었으
며, 최초의 농민 봉기로 평가받는 진
승의 궐기도 있었다. 이사의 삶은 그
자체로 당시를 관통하는 사회사이자 역사였고 그런 만큼 다양한
평가가 뒤따랐다.

그런데 2천 년 동안 수많은 사람들이 하나같이 품었던 의문 가운
데 하나는 누구보다 많이 배우고 영민했던 이사가 어째서 저급하
고 비열한 조고에게 넘어가 제국을 망쳤는가 하는 점이었다. 말하
자면 이사의 행적을 놓고 인간의 내면세계에 대한 역사적 성찰이
이어오고 있었던 것이다.

038

최후를 예감한 다섯 번의 탄식
-③ 이사의 탄식

사마천은 이사의 삶을 〈이사열전〉에서 비교적 상세히 남겼는데, 흥미롭게 이사가 평생 다섯 번 탄식한 대목들을 발견할 수 있다. 이 다섯 번의 탄식을 통해 이사의 인생관과 그것의 변모 과정에 대한 실마리를 얻을 수 있다. 또 인생에 대한 이사의 성찰에 어떤 문제가 있었는가도 파악할 수 있다.(탄식 부분을 순서에 따라 숫자로 표시해둔다.)

이사의 첫 번째 탄식은 젊은 날 말단 관리 노릇을 할 때 변소에 사는 쥐와 곳간에 사는 쥐가 사람이나 동물을 보고 보인 대조적인 반응 때문이었다. 변소의 쥐는 사람이나 개가 접근하면 깜짝깜짝 놀라고 두려워한 반면, 곳간에 사는 쥐는 전혀 겁내지 않았다. 이에 이사는,

① 사람의 잘나고 못난 것도 쥐와 같으니, 어떤 환경에 처해 있느냐에 달렸을 뿐이다!

고 탄식했다. 이를 계기로 이사는 입신출세에 강렬한 욕망을 갖기

에 이른다.

두 번째 탄식은 통일 제국의 진나라의 재상이 되어 막강한 권력과 부귀영화를 누리고 있을 때 나왔다. 잠깐 언급한 대로 아들 이유(李由)가 휴가를 내서 집으로 오자 이사는 잔치를 열었다. 이 자리에는 고관들은 물론 문무백관들이 모두 참석하여 축하를 올렸는데 하객들이 끌고 온 수레와 말이 수천을 헤아렸다. 이에 이사는 자신의 부귀의 극도에 도달했다면서,

② 만물이 극에 이르면 쇠퇴하거늘, 내가 어디서 멈추어야 할지 난감하구나!

라고 한숨을 쉬며 탄식했다. 현재 누리고 있는 엄청난 부귀와 권력에 대해 두려움을 느끼면서 그 종착점을 예감하는 모습은 출세에 목매고 있는 지식인의 전형적인 자기 성찰이다.

진시황의 갑작스러운 죽음은 나름대로 자신의 미래를 성찰하고 있던 이사의 인생 항로를 급선회시킨 사건이었다. 조고의 회유를 뿌리치지 못하고 무혈 쿠데타에 가담한 이사는,

③ 아아! 어지러운 세상을 만나 나 홀로 죽을 수도 없고, 대체 어디에다 이 목숨을 맡긴단 말인가!

라며 하늘을 우러러 한탄하며 눈물을 흘렸다. 이사의 세 번째 탄식이

다. 이 탄식은 권력과 부귀에 연연해하는 이사의 자기 합리화이다.

유서 조작으로 태자와 그 측근들을 해치고 호해(胡亥)를 황제에 앉힌 조고는 무소불위의 권력을 휘둘렀다. 호해는 조고의 손아귀에서 놀아나는 꼭두각시가 되었고, 이사는 권력의 중심에서 밀려나기 시작했다. 이사는 호해에게 조고의 문제점을 일일이 지적하면서 조고가 장차 변란을 일으킬 것이라고 경고했다. 호해는 이사의 경고를 무시하고 조고에게 이 일을 알렸고, 조고는 이사의 아들이 반란군과 내통한 혐의가 있다며 이사를 모반으로 몰았다. 이사는 포박되어 감옥에 갇혔다. 이사는 어리석은 호해를 원망하며 네 번째 탄식을 내뱉었다.

④ 아아, 슬프구나. 도리를 모르는 군주에게 무슨 계책을 말할 수 있을까!

이사의 마지막 탄식은 처형에 앞서 있었다. 형장으로 끌려가면서 이사는 둘째아들에게,

⑤ 내 너와 함께 누렁이를 데리고 고향 상채(上蔡) 동쪽 교외로 나가 예전처럼 토끼 사냥이나 하려고 했는데 다 허사가 되었구나!

라며 아들을 끌어안고 통곡했다.

039

최후를 예감한 다섯 번의 탄식
-④ 이사에 대한 평가

이사의 일생은 처음부터 끝까지 사리사욕으로 가득 차 있었다. 다만 이사의 개인적 욕망과 진시황의 통치에 따른 필요성이 맞아떨어져 적지 않은 공을 세웠고, 그 대가로 큰 권력과 부귀영화를 누렸을 뿐이다. 하지만 그 필요성이 사라지고 개인적 욕망만 남은 상태에서 이사는 자신의 욕망을 충족시켜 줄 수 있는 길이면 어떤 길이든 상관이 없었다. 조고와 손을 잡는 것은 사실 시간문제였을 뿐이다.

이사는 여기저기 눈치나 보는 변소간의 쥐새끼에서 곳간의 쥐새끼로 변신하는 데에는 성공했지만 최후까지 쥐새끼 신세에서 벗어나진 못했다. 어쩌면 변소간에 살면서 곡식을 먹는 그런 쥐새끼였는지 모른다. 보다 숭고한 가치관은 뒷전으로 한 채 인간의 잘나고 못나고를 그가 처한 상황(물질 환경)으로만 재단하려 한 저급한 인생관에 사로잡혀, 오로지 사사로운 부귀와 영화만을 위해 평생을 눈치 보며 살았던 서글픈 지식인 이사의 모습, 그 위로 오늘날 일그러질 대로 일그러진 우리 사이비 지식꾼들의 모습이 겹쳐진다. 동시에 객관화 시키지 못하고 주관에 매몰된 이사의 '자기 성찰'이 한 개인은 물론 나라까지 망쳤다는 엄연한 사실에 등골이 서늘해진다.

이사는 자신의 운명을 예감했다. 하지만 그는 가지고 있는 부귀와 권력을 버리지 못했다. 부귀와 권력이 곧 그를 죽음으로 이끈 저승사자였다. 사진은 이사의 출신지인 하남성 상채현(上蔡縣)에 남아 있는 그의 무덤이다.

040

'다다익선' 뒤에 숨어 있는 '토사구팽'
- ① 〈회음후열전〉의 복선과 장치들

Question

다섯 번의 탄식을 통해 출세 지상주의자 이사의 삶과 죽음을 감상해보았다. 생각할수록 기가 막힌 역사서가 아닐 수 없다. 이건 완전히 소설 기법 아닌가? 역사서를 이렇게 써도 되는가?

Answer

나 역시 그런 의문들 때문에 고민이 적지 않았다. 그때까지 배운 역사교육, 본격적으로 역사를 전공하면서 접한 기존의 연구 방법과 사관의 영향 때문에 갈등을 겪었다. 특히 학과가 문학, 역사, 철학 이렇게 완전히 나뉘면서 원래는 하나였던 인문학이 서로 경계선을 그어놓고 넘어오지 못하게 하고, 또 넘어갈 생각도 하지 않았기 때문에 사마천의 《사기》는 그야말로 미지의 영역이나 마찬가지였다. 10년, 20년, 30년 이렇게 늘 옆에 두고 읽고 생각하고 고민하면서 많은 것을 얻고 깨달았다. 역사를 연구하는 역사가는 단순히

사마천은 한신의 죽음에 억울한 부분이 있다고 생각했다. 공식 기록에 의문을 품었기 때문이다. 이 의문을 풀기 위해 사마천은 여러 가지 방법을 동원했다. 같은 공신들의 행적을 꼼꼼하게 살펴서 비교하고 대조하는 한편, 한신의 고향을 방문하여 그의 젊은 날 행적을 샅샅이 더듬어보았다. 사진은 한신이 젊은 날 시비가 붙은 백정의 가랑이 밑을 기는 치욕, 즉 '과하지욕(胯下之辱)'을 당했던 현장이다. 지금은 다리는 없고 허름한 패방만 남아 있다.

사료를 해석하는 선에 머물러서는 안 된다는 깨달음이 가장 컸다. 그래서 앞에서 〈굴원열전〉을 감상하면서 말한 대로 '역사에 상상력을 허용하라'고 말할 수 있게 되었다. 범죄 수사에 합리적 의심이 있듯이 역사 연구에는 '합리적 상상력이 필요하다'는 점을 크게 인식한 것은 나의 공부에 있어서 가장 큰 성과이자 둘도 없는 선물이었다.

Question

여전히 낯설고 어려운 말이긴 하다. 하지만 《사기》를 감상하면 할수록 고개가 끄덕여진다. 말 나온 김에 이와 관련한 한 편을 감상해보면 어떨까?

Answer

그렇게 하자. 가장 어울리는 한 편이 있다. 물론 다른 편들도 문학적 성격이 강하고 사마천의 상상력이 발휘되어 있지만 이 편은 특별하다. 여러분이 잘 아는 초한쟁패의 최고 명장 한신(韓信, ?~기원전 196)의 일대기를 그린 〈회음후열전〉이다. 한마디로 말해서 〈회음후열전〉은 복선과 다양한 장치들로 구성된 추리소설을 방불케 한다.

Question

한신 하면 '배수진(背水陣)'과 '토사구팽(兎死狗烹)'이란 고사성어가 떠오른다. 누구보다 큰 공을 세우고도 숙청당하는 비운의 영웅이란 이미지가 강하다.

Answer

그렇다. 〈회음후열전〉에 대한 감상은 한신의 '토사구팽'을 축으로 사마천이 곳곳에 깔아놓은 복선과 다양한 장치들을 끌어내는 방식으로 진행해보자. 그에 앞서 먼저 제목인 〈회음후열전〉부터 알아보자.

한신은 서한 건국의 일등 공신이다. 소하(蕭何), 장량(張良)과 함께 '서한삼걸(西漢三傑)'로 불렸다. 소하는 재상에 해당하는 상국을 지냈기 때문에 〈소상국세가〉라 했고, 장량은 작위인 유후(留侯)를 따서 〈유후세가〉라 했다. 그런데 한신만 세가가 아닌 열전에 편입되어 있다. 원래 한신은 이 두 사람보다 한 등급 위인 '왕'이었다. 제나라 땅을 평정하고 그 곳의 왕인 제왕에 봉해졌기 때문이다. 그러다 모반을 의심 받아 자신의 고향 땅인 회음(淮陰)의 제후로 강등되었다. 그래서 '회음후'라 불렸는데 그럼에도 열전보다 한 단계 위라 할 수

한신의 고향인 강소성 회음시 시내의 회음시 표지석.

있는 세가에 편입하지 않고 열전에 편입시켰다. 사마천의 의도다. 열전에 편입하려면 한신이란 이름을 써서 '한신열전'이라 하면 될 터인데 굳이 작위인 회음후를 붙이고 열전에 편입시킨 것이다. 장량의 전기를 〈유후세가〉라 한 것을 보면 알 수 있다. 말하자면 이런 점들을 부각시켜 제목부터 관심을 끈 장치라 할 수 있다. 반역으로 몰려 열전으로 내려갔지만 회음후라는 작위는 그대로 사용함으로써 일단 의문부호 하나를 던져놓고 시작한 것이다.

Question

편명 하나를 가지고 그렇게 심각하게 생각했었을까?

Answer

한신 하나라면 그럴 수 있지만 이런 예가 또 있기 때문이다. 한나

라 초기의 명장이자 사마천이 가장 존경했던 장수 이광(李廣, ?~기원전 119)의 전기다.

이광의 전기 제목은 〈이장군열전〉이다. 장군이라는 보통명사를 사용했다. 그런데 이광과 함께 활약했던 다른 장수들의 경우, 예를 들어 곽거병(霍去病)과 위청(衛靑)은 그들이 받았던 벼슬을 제목에 붙여 〈위장군표기열전〉이라 해서 두 사람을 한 편에 같이 넣었다. 별것 아닌 것 같지만 이광은 높이고 위청과 곽거병은 깎아내리는 의중이 반영되어 있다. 더욱이 이광이 위청과 곽거병 같은 정치군인들의 박해를 받아 비극적으로 자결했기 때문에 사마천은 제목에도 신경을 썼던 것이다. 따라서 〈회음후열전〉이라는 제목에도 사마천의 속내가 반영되어 있다는 게 내 견해다.

041
'다다익선' 뒤에 숨어 있는 '토사구팽'
- ② 〈회음후열전〉의 복선과 장치들

Question

일리가 있어 보인다. 자, 그럼 〈회음후열전〉을 감상해보자.

Answer

〈회음후열전〉은 상당히 긴 편이다. 그래서 이 장면에선 사마천이 창조한 새로운 역사 서술의 기법을 소개하고, 다음 장면에선 단락들을 다 소개할 수 없어 주요한 사건과 그 안에 깔려 있는 복선과 장치들을 고사성어들과 함께 소략(疏略)하며, 마지막으로 그것들이 한신의 최후와 어떤 관계를 가지는가를 알아보자.

사마천은 과거의 사학과 제자백가의 우량한 전통을 계승함과 동시에 형식과 서술 방법 및 역사가로서의 정신을 새롭게 다듬는 창신(創新)을 이루었다. 우선, 사가의 정신을 계승하면서도 심미적 주체를 창조했다. 고대 사학의 정신은 사건과 말을 객관적으로 기록하는 경향이 강하고 자아의 주체 의식은 대단히 부족했다. 따라서 감정을 표출하거나 역사 기술에 적극적으로 간여하지 못했다. 사마천은 이 한계를 돌파했다.

다음, 《사기》는 사서의 체제를 계승하면서도 스토리텔링 구조를 창신했다. 이는 사마천의 심미적 주체 의식을 나타낸 것으로 역사 인물과 사건들로 그것을 표현해내는 구조였다. 고사, 즉 스토리(story)는 그 자체만으로는 사실의 기록에 불과하지만 그것을 전달하는 방식, 즉 스토리텔링(storytelling)에는 감정과 심미관이 따르게 된다. 사마천의 《사기》는 스토리와 스토리텔링을 구별해서 전해주고 있다. 이것이야말로 창신이 아닐 수 없다. 체제 안에서 새로운 창조를 일구어낸 것이다. 스토리란 일정한 줄거리를 가지고 있는 말이나 글을 가리킨다. 스토리텔링이란 스토리에 재미와 생생함 및 설득력을 가미한 것으로 여기에는 스토리+청자(listener)+화자(teller)가 존재한다. 청자가 화자의 이야기에 참여하는 이벤트라 할 수 있다.

그다음으로, 사마천은 사건을 서술하는 서사를 계승하면서도 사건에서 감정을 느끼고 그 감정을 실어 전달하는 창신을 이루어냈다. 고대의 사관은 '좌사(左史)는 사건을 기록하고 우사(右史)는 말을 기록한다'는 틀에서 벗어나지 못했다. 사건과 말만 기록해서는 단순한 기술에 그치거나 사건 서사 정도에서 머무르게 된다. 그것도 중대한 사건과 인물에만 한정될 수밖에 없다. 그러나 사건과 인물에 느낌을 부여하게 되면 자신의 생활 경험, 생활 속에서의 감수성을 활성화시켜 이로부터 사회와 인생을 파악하게 된다.

《사기》 130권 중 절대다수는 중심 사건과 인물에다 다른 시간과 공간에서 발생한 사건들을 연계시키고 있다. 이는 겉으로 보면 여전히 역사 기술이지만 사마천의 붓끝은 사건과 인물 사이의 내적 발전 논리에 더 많은 관심을 기울이면서 역사상 많은 사건과 인물을 사회생활이라는 큰 화면 속에서 조합한다. 이렇게 역사에도 철학적 이치가 있을 수 있다는 의식을 의도함으로써 역사의 사건 서술에 선명성을 부각시키고 동시에 읽는 사람에게 생각할 여지와 감동을 선사한다.

사건 서술에 자신의 감정을 곁들이는 이런 창작이야말로 《사기》의 큰 장점이자 역사 서술의 일대 혁신이다. 요컨대, 이러한 사학 전통의 계승과 창신은 반대급부로 문학 창작의 풍부함과 발전을 촉진했고 나아가 문학 창작의 제재와 내용, 형식과 기교, 사상과 주제 등에서 새로운 영역을 개척함으로써 사서의 내용과 형식을 모두 일신시키는 계기로 작용했다.

사마천의 역사 서술 방식의 이와 같은 '창신'을 가장 잘 보여주는 편이 초한쟁패의 명장 한신의 일대기를 기술한 〈회음후열전〉이다. 사마천은 진나라 말기 천하가 혼란에 빠진 상황에서 패권의 향배를 결정짓는 데 가장 큰 역할을 했던 명장 한신의 일생을 스토리텔링 기법으로 재구성하는 시도를 하였다. 여기에는 한신이 모반을 꾸몄다고 몰려 억울하게 처형당한 한나라 초기 최대의 사건이 잠복해 있다.

사마천은 황가(皇家) 도서관에 보관되어 있는 한신 모반 사건의 기록에 강한 의문을 품었다. 그래서 그와 관련한 모든 자료, 특히 관련 인물들의 자료를 입수하여 재구성하고, 여기에 한신의 고향에서 탐방과 탐문을 통해 수집한 자료들을 종합하여 한신 모반 사건의 진상을 절묘하게 폭로하고 있다. 즉 한신의 모반과 죽음에 최고 권력자와 공신들이 깊숙이 개입되어 있음을 확인한 것이다.

사마천은 한신의 모반과 죽음 이면에 감추어진 진상을 들추어내기로 결심하고, 한신의 일대기 전체를 고사와 고사성어들로 재구성해내는 전무후무한 방법을 창안했다. 그 고사와 고사성어 안에 한신의 심리, 억울함, 최후를 암시하는 갖가지 장치를 잠복시켜 추리하지 않으면 밝혀낼 수 없는 기법까지 구사하고 있다.

이제 한신의 일생에 얽힌 고사와 고사성어 및 그것들이 암시하는 바를 열전의 내용 순서에 따라 정리해본다.

042

'다다익선' 뒤에 숨어 있는 '토사구팽'
- ③ 〈회음후열전〉의 복선과 장치들

① 과하지욕(胯下之辱)

'가랑이 밑을 기는 치욕'. 이 장면에서 사마천은 한신이 건달의 가랑이 밑을 기기 전에, 건달 얼굴을 한참 동안 빤히 쳐다보았다는 대목을 삽입하여 자존심 강한 성격의 일단을 드러냄과 동시에 한신의 최후에 대한 암시를 복선으로 깔아놓았다.

② 신취요식(晨炊褥食)

한신이 매일같이 친구 집을 찾아와 밥을 얻어먹자 친구의 아내는 '새벽에 밥을 지어 이불을 뒤집어쓰고 (자식들과 함께) 밥을 먹었다.' 이에 한신은 친구에게 욕을 하며 절교했으나 훗날 그 친구를 찾아 돈으로 보상했다. 이 역시 한신 성격의 한 단면을 보여준다.

③ 표모반신(漂母飯信) 일반천금(一飯千金)

한신은 '빨래하는 아주머니에게 밥을 얻어먹고' 훗날 '천금으로 은혜를 갚았다.' 한신의 과거의 처지와 미래, 그리고 한신의 성격 일단을 보여준다.

④ 소하추한신(蕭何追韓信)

'소하가 한신을 뒤쫓아가다.' 한신의 능력을 알아본 소하가 떠나간 한신을 쫓아가서 다시 데리고 온 다음, 유방에게 한 번 더 강력하게 한신을 추천한다.

⑤ 설단배장(設壇拜將)

'단을 설치하여 장군에 임명하다.' 소하의 강력한 건의로 한신을 대장군에 임명한 사건이다. 이후 한신은 군사 전문가로서 탁월한 식견을 선보였고, 한중(漢中)을 나간 다음 모든 전투에서 승리를 거두면서 초한쟁패의 시계추를 유방 쪽으로 돌린다.

⑥ 명수잔도(明修棧道) 암도진창(暗渡陳倉)

'겉으로는 잔도를 수리하는 척하면서 몰래 진창을 건너다.' 궁지에 몰려 있던 유방에게 이 계책을 제시하여 한중을 돌파하고 초한쟁패의 전체 국면을 장악해가는 한신의 활약을 예고하고 있다.

⑦ 배수지진(背水之陣)

'물을 등지고 진을 치다.' 조나라와의 전투에서 명장 한신의 능력을 유감없이 보여준 사건이다.

⑧ 섭한왕족(躡漢王足) 부이어왈(附耳語曰)

'한왕(유방)의 발을 밟고 귓속말을 하다.' 제나라 지역을 평정한 다음 한신은 유방에게 사람을 보내 자신의 임시 왕으로 봉해달라고 요구한다. 유방이 버럭 고함을 지르며 한신을 욕하려는 찰나, 장량이 지금 한신이 없으면 어쩔 것이냐고 했다. 퍼뜩 정신이 든 유방은 임시 왕이 뭐냐며 진짜 제나라 왕으로 봉함으로써 긴박한 상황을 넘겼다. 이 일로 유방은 한신을 경계하기 시작했고, 미움도 자리 잡기 시작했다. 한신의 말로를 복선으로 깐 장면이다.

⑨ 삼분천하(三分天下)

'천하를 셋으로 쪼개라'라며 책사 괴통(蒯通)이 한신에게 충고하는 장면이다. 괴통은 초한쟁패에서 한신이 세운 공이 실제로 유방의 그것보다 더 크다는 사실에 두려움을 품었다. 그래서 한신에게 '공이 주인을 떨게 할(공고진주功高震主)' 정도로 큰 공을 세운 공신은 그 최후가 좋지 않다며 독립할 것을 제안했다. 그러나 한신은 결단을 내리지 못했다. 역시 한신의 말로를 암시한다.

⑩ 다다익선(多多益善)

'많으면 많을수록 좋다.' 유방과의 대화에서 병사를 얼마나 거느릴 수 있겠냐는 질문에 한신이 한 대답이다. 군권을 가진 무장이 장병을 얼마든지 거느릴 수 있다고 했으니 유방의 경계심은 더욱 깊어졌다. 이 '다다익선' 뒤에는 '토사구팽'의 그림자가 어른거리고 있다. 호방하지만 정무감각이 결여된 한신의 성격과 이로 인한 그의 말로를 암시하고 있다.

⑪ 궤기영송(跪起迎送)

'무릎을 꿇었다 일어나 보내고 맞이하다.' 다른 공신들이 한신을 이렇게 대접했다. 같은 공신이라도 한신은 그 위상이 아주 달랐다. 이 또한 한신의 장래에 대한 정보를 암시해준다.

⑫ 수여쾌오(羞與噲伍)

'번쾌와 어울리는 것을 부끄러워하다.' 같은 공신인 번쾌는 평소 한신을 대왕이라 부를 정도로 한신을 존중했다. 그러나 한신은 번쾌를 이렇게 대했다. 한신의 오만함을 보여주는 대목이다.

한신의 고향에는 그와 관련한 유적들이 남아 있다. 사진은 그곳에 조성된 한신 사당 내부의 모습이며 좌우는 공신들이다. 〈회음후열전〉은 한신의 고향을 탐방하고 읽으면 한결 실감이 난다.

⑬ 토사구팽(兔死狗烹)

'토끼가 잡히면 사냥개는 삶긴다.' 한신이 죽기 전에 남긴 말이다.

⑭ 불벌기공(不伐其功) 불긍기능(不肯其能)

'그 공을 떠벌리지 않고, 그 능력을 자랑하지 않다.' 한신의 죽음에 대한 사마천의 안타까움을 나타낸 말이다.

　사마천은 다양한 고사를 스토리텔링 기법으로 재구성하여 한신의 죽음에 얽힌 중요한 진실의 두 자락을 들추어내는 데 성공했다. 첫째, 한신의 죽음은 그 자신이 자초한 면이 적지 않다는 것, 즉 한신의 성격이 권력자의 의심과 공신들의 시기심을 부추겼다는 것이다. 위 고사성어 대부분에 한신의 '오만함'이 복선으로 깔려 있다. 둘째, '주인을 떨게 할 정도로 큰 공'을 세운 한신이란 존재를 부담스러워한 최고 권력자와 그 측근들의 모함이 작용했다는 점이다.

　사마천은 최고의 개국공신이 어째서 삼족이 멸하는 끔찍한 최후를 맞이했는지를 절묘한 방식으로 재구성함으로써 팩트를 넘어 진실에 바짝 다가가는 성과를 이뤄냈다. 그뿐만 아니라 그 과정에서 복잡다단한 인간의 심리까지 드러내는 탁월한 문학적 성취도 일구어냈다.

043

일제와 식민 사관이 짜놓은
'강역 프레임'을 깨라!
- ① 〈조선열전〉을 둘러싼 내홍

《사기》를 세계사로 부르는 학자가 있던데, 일리가 있는 말인가?

Answer

부분적으로는 그렇다. 《사기》에는 이른바 중국 또는 중원의 왕조(하·상·주와 진나라 통일 이후의 한족 왕조들)는 물론, 외국과 소수민족에 대한 기록들이 함께 남아 있기 때문이다. (물론 하·상·주의 주체에 대해서는 논쟁이 많다.) 한나라의 가장 강력한 맞상대였던 흉노(匈奴)에 대한 기록인 〈흉노열전〉을 비롯하여 장건(張騫, ?~기원전 114)의 서역 탐험이 기록되어 있는 〈대완열전(大宛列傳)〉, 지금의 사천성·운남성·티베트 일부 지역에서 활동한 서남이(西南夷)에 대한 기록인 〈서남이열전〉, 중국 남방에서 활동했던 월족(越族)에 대한 기록인 〈남월열전〉과 〈동월열전〉 등이 있다. 그리고 우리 역사와 밀접한 관련이 있는 〈조선열전〉까지 있다. 사마천은 자신의 현장 탐방과 남아 있는 기록들을 총망라하여 당시 한나라의 시야가 미칠 수 있는 모든 지역에 대한 정보를 남긴 것이다. 그런 점에서 세계사라고 하는 것이다.

Question

〈조선열전〉이라고? 처음 듣는 소리다. 국사 시간에도 들어본 바가 없다. 정말인가?

Answer

그렇다. 제115권이 바로 〈조선열전〉이다. 직업이나 교육 정도를 막론하고 이 사실을 아는 사람들이 거의 없더라. 그 까닭을 보니 일단 학교에서 가르치지 않는다. 좀 더 파고들었더니, 내가 보기에, 심각한 상황이란 걸 확인할 수 있었다.

Question

《사기》에 〈조선열전〉이 있다는 사실 자체가 놀랍고, 그 사실을 몰랐다는 것이 부끄럽다. 그렇다면 《사기》에 조선(고조선)에 대해 어떻게 실려 있는지 궁금하다. 사마천은 고조선을 왜 《사기》에 넣었을까? 중국사의 일부라고 생각했나? 사마천의 평가는 어떤가?

〈조선열전〉의 첫 부분은 연나라 사람 위만이 조선으로 건너오는 것으로 시작된다.

질문이 정신없다. 따로 답하기가 만만치 않고 중복되므로 뭉뚱그려 한데 묶어 답하겠다. 특히 고조선은 여러 가지로 미묘한 문제라서 자칫 비생산적인 논쟁을 유발할 수 있다는 점을 먼저 지적해둔다. 일단 《사기》에 〈조선열전〉이 있다는 사실을 널리 알리기 바란다. 그것이 급선무다. 존재를 인식해야 다음 이야기를 진척시킬 수 있지 않겠는가?

그렇긴 하다. 그렇게 말하니까 더 궁금해진다.

국내외 학계의 관련 논쟁이나 미묘한 문제는 가급적 언급하지 않겠다.

사마천은 한나라 당시 주변국에 대한 기록을 남겼다. 그 나름 세계사를 구상했던 것으로 보인다. 편의대로 '외국 열전'이란 이름을 붙여볼 수 있다. 흉노를 비롯한 여러 소수민족과 그 정권들에 관한 기록이고 조선도 그중 하나다. 〈조선열전〉은 기본적으로 고조선 멸망에 관한 기록이다. 기록의 출발은 진나라 말기인 기원전 209년 조선의 정권을 찬탈한 위만에서 시작된다. 사마천 당시 한나라의 강력한 상대는 흉노였다. 그런데 흉노와 가까운 조선의 행보, 즉 조선의 대외 전략이 어떻게 짜여지느냐가 한나라에게는 중요했다.

조선이 흉노와 손을 잡고 한나라를 상대할 경우 대단히 벅찰 수밖에 없게 된다. 따라서 한나라로서는 조선과의 관계를 설정해야만 했다.

개국 후 유방이 흉노와의 전쟁(백등전투白登戰鬪)에서 크게 혼이 난 경험 때문에 한은 흉노에 화친 기조를 유지해오고 있었다. 그런데 무제 때 이 기조가 바뀌었다. 야심찬 무제는 강경 노선을 표방했다. 이럴 경우 흉노와 조선이 손을 잡고 대항하는 것이 큰 문제였다. 무제는 조선을 먼저 공략했다. 기원전 109년이었다. 위만 이후 100년이 지난 시점이었다. 무제는 조선을 정벌하면서 "흉노의 왼팔을 자른다"고 했다. 왼팔이란 동쪽을 말한다. 조선이 흉노의 동쪽에 위치해 있음을 알 수 있다.

기원전 108년, 조선은 내분으로 망했다. 초기 유리한 전세에도 불구하고 한의 이간책이 주효했던 것으로 보인다. 물론 토착인과 외래인이 섞여 있는 정권의 취약성 같은 내부적 요소가 외부의 위협에 직면하여 치명적인 결함을 노출한 탓도 있었을 것이다. 요컨대 조선은 한과 흉노라는 당시 양대 강국의 충돌 상황이라는 와중에 멸망했는데 사마천은 이런 국제 정세를 중대 사안으로 보아 조선의 멸망사를 기록하는 한편, 무제의 정복 전쟁을 의롭지 못한 전쟁으로 여겨 비판적 입장을 보였다.

Question ───────────────────────────────────────

미묘한 문제는 가급적 언급하지 않겠다고 했지만 아무래도 사람들은 조선, 즉 고조선을 둘러싼 논쟁에 관심이 많지 않겠는가? 요점만이라도 짚어주면 안 되겠나?

[Answer]

아직 제대로 정리되지 않은 견해라는 전제를 깔고 이야기해보겠다. 학계의 논쟁에서 가장 큰 문제는 '고조선의 강역' 문제에 집착하는 현상이다. 현재 한·중 사이의 역사 갈등을 일으키는 부분이기도 하지만 그보다 더 큰 문제가 있다. 강역에 대한 집착의 뿌리를 따지고 올라가면 일제의 식민 사학 내지 식민 사관과 만난다는 사실이다.

일제와 식민 사관이 짜놓은 '강역 프레임'을 깨라! - ② 〈조선열전〉을 둘러싼 내홍

이해가 안 된다. 강역 문제에 대한 논쟁은 궁극적으로 식민 사학을 극복하기 위한 논쟁이 아닌가?

Answer

강역 문제는 한사군(漢四郡, 한이 조선을 멸망시키고 식민 통치를 위해 그 땅에다 설치했다는 4개의 군으로 낙랑·진번·현도·임둔을 가리킨다)의 위치 문제로 이어지고, 한사군은 식민 사학에서 대단히 중요한 부분이다. 식민 통치의 논리적·역사적 근거를 마련하는 데 핵심 요소이기 때문이다. 즉 조선의 역사는 한나라에 의한 멸망과 그 뒤로 이어지는 한사군의 식민 통치로 시작되며, 따라서 일제의 식민 통치를 순순히 받아들이라는 논리로 이어지는 것이다. 이 때문에 식민 사학은 한사군의 위치를 비정(比定)하는 데 온 힘을 쏟은 결과 사군의 위치를 대체로 압록강과 두만강 이남, 즉 한반도 이내로 한정했다.

이를 위해 일제는 엄청난 자료를 수집하여 이른바 '지명(地名)의 고증', 좀 더 정확하게는 오랜 시간을 통해 지명의 위치가 바뀌었다는 전제하에 지명의 변천을 치밀(?)하게 고증하여 사군의 위치를 비정했다. 말이 고증에 따른 비정이지 사실은 모두 추정에 지나지 않는 고증이었다. 예컨대 고조선의 위치 비정에서 있어서 핵심인 패수(浿水)가 지금의 어디냐를 둘러싼 논쟁을 보면, 전통적인 설인 '대동강설'을 비롯하여 청천강, 압록강, 요하(遼河), 대릉하(大陵河), 난하(灤河) 등 중구난방이다. 그런데 식민 사학에서 주장한 '패수=대동강설'과 한사군이 한반도 이내에 있다는 설의 위세가 아직까지 여전한데, 이 주장은 이른바 재야 사학에 의해 식민 사관으로 몰리며 학문적 주장을 벗어나 감정적 대립으로 변질되고 법적 공방으로까지 이어졌다. 나는 이것이 일제의 식민 사관이 짜놓은 프레임에 갇힌 결과라고 본다. 무엇보다도 그것을 정교한 프레임으로 인식하지 않고 있다는 것이 더 큰 문제라는 게 내 견해다.

Question

소위 강단 사학과 재야 사학의 충돌은 잊을 만하면 나오고 해서 잘 안다. 듣고 보니 일제의 식민 사학이 짜놓은 강역 프레임에 갇혔다는 말에 수긍이 간다. 그렇다고 강역 문제가 덜 중요한가? 그건 아니잖나?

Answer

물론이다. 문제는 강역 문제에 갇혀 다른 분야의 연구가 외면당하고 있는 현실이다. 이 문제를 가지고 명성과 사욕을 얻으려는 비양심적인 자들이 넘쳐난다. 이 때문에 강역 문제를 다른 관점에서 풀수 있는 다양한 시각이 이 프레임에 의해 차단당했다. 게다가 건전한 학문적 토론과 논쟁을 한참 벗어나 감정 대립은 물론, 상호 비방과 법정 공방으로까지 비화된 현실은 결국 일제 식민 사학의 교묘한 논리와 프레임에 갇혀서 빠져나오지 못한 결과 아니겠는가?

Question

그렇다면 일제 식민 사학의 학문적 논리의 문제점은 무언가?

Answer

논리의 문제도 그렇지만 그 방법이 더 문제라고 생각한다. 수천 년전의 지명과 그 변천을 가지고 오늘날 지명에 꿰맞추는 방법은 과학적인 학문 방법이라 할 수 없다는 것이 내 생각이다. 아주 명징한 예를 들어보겠다. 신라가 삼국을 통합한 뒤 한화(漢化), 즉 중국화에 박차를 가한다. 이에 따라 종래 고유의 이두식 지명들을 한자지명으로 바꾸었다. 그 과정에서 중국의 지명들이 그대로 이식되었다. 그래서 지금 우리 한자 지명들 중 상당수가 중국의 지명과 똑같다. 경남 하동군에 악양(岳陽)이란 면이 있다. 중국 호남성의 악양과이름이 같다. 하동군 악양면에는 또 동정호(洞庭湖), 고소성(姑蘇城), 한산사(寒山寺) 등과 같은 중국 지명이 그대로 남아 있다. 우리의 한자 지명 대부분이 중국 지명인 것이다. 이런 예를 들자면 한도 끝도 없다. 한사군 위치 비정을 위한 방법과 꼭 일치하지는 않지만, 지명을 가지고 연구하는 문제와 한계는 분명하다고 지적하겠다.

Question

중국의 지명들과 그 위치는 어떤가?

Answer

글자의 변화와 개명 및 위치상 약간의 이동은 있지만 크게 달라지지 않고 위치를 유지해오고 있다고 보면 된다. 앞서 '회차항'을 소개할 때 언급했던 하북성 한단(邯鄲)이란 이름은 약 3천 년 전 감단(甘鄲)이란 이름으로 시작하여 약 2,300년 전인 전국시대 때 조나라 수도 한단으로 정착했다. 이후 그 위상은 부침을 겪었지만 위치는 변하지 않았다. 다른 지명도 비슷하다.

중국 지명이 집중적으로 남아 있는 경남 하동군의 악양면 앞으로 흐르는 섬진강의 모습이다. 섬진강 뒤쪽의 작은 호수가 동정호이다.

일제와 식민 사관이 짜놓은 '강역 프레임'을 깨라! - ③ 〈조선열전〉을 둘러싼 내홍

본연의 이야기에서 조금 벗어나는 것 같지만, 이 대목에서 현재 우리 지명이 중국식, 즉 한자로 바뀌는 역사적 배경을 알고 싶다.

Answer

우리 지명이 중국식으로 바뀐 것은 앞서 말한 대로 삼국 통합 이후 거의 100년이 지난 757년, 경덕왕이 단행한 본격적인 한화 정책의 일부였다. 그러나 우리 지명이 한자로 표기된 것은 훨씬 이전부터였다. 약 75년 전인 685년(신문왕 5)에 전국의 행정조직을 개편하면서 이른바 '9주 5소경' 체제가 수립되었는데, 이 중 9주의 이름들이 대부분 중국의 지명들과 일치한다. (그 하부에 딸린 450개의 군현의 이름들 중 상당수도 중국식으로 바뀌었을 것이나 일일이 살피기에는 번잡하므로 생략한다.) 신라 9주의 이름은 다음과 같고, √표시가 있는 일곱 곳은 현재 중국에 지명이 존재한다.

1. 한주漢州(√)

2. 삭주朔州(√)

3. 명주溟州(√)

4. 강주康州(√)

5. 웅주熊州(√)

6. 전주全州(√)

7. 무주武州(√)

8. 상주尙州

9. 양주良州

이상 9주 중 굵게 표시한 삭주, 강주, 웅주, 무주의 4개 주는 당나라 고조 무덕(武德) 연간인 618년에서 626년 사이에 중국 내에 설치된 지명들이란 점이 눈길을 끈다. 신라 9주의 이름을 이 지명들에서 따왔을 것이라는 증거는 없지만 나름 참고는 될 것이다. 이와 관련하여 신라 지명의 한화 과정에서 또 하나 알아야 할 것은 지명을 비롯한 전반적인 한화 정책의 역사가 경덕왕은 물론, 신문왕 이전으로 거슬러 올라간다는 사실이다. 이에 대해서는 역사적 배경을 좀 살펴볼 필요가 있다.

7세기 들어서면서 한반도는 삼국의 전쟁이 본격화되었다. 신라는 백제의 공세에 밀려 건국 후 최대의 위기에 직면했다. 이에 김춘추는 고구려에 들어가 군사 지원을 요청했으나 실패했다. 644년부터 당나라는 고구려를 공격하기 시작했고, 645년에는 신라와 합세하여 고구려를 공격했으나 뚜렷한 성과를 올리지 못했다. 이 상황은 647년까지 이어졌고 양국의 군사동맹의 필요성은 더욱 커졌다. 신라는 백제를 견제하기 위해, 당나라는 고구려를 치기 위해 서로를 필요로 했던 것이다.

이런 상황에서 648년 12월, 김춘추가 당나라 도성 장안(長安)을 방문하여 태종 이세민(李世民)과 정상회담(?)을 가졌다. 김춘추는 이보다 앞서 646년 겨울, 일본을 방문한 바 있고, 647년에는 김유신과 함께 비담의 난을 진압하고 진덕여왕을 옹립하여 신라를 위기에서 구할 영웅으로 떠올랐다. 따라서 648년의 당나라 방문은 신라의 확실한 실세 자격으로 이루어졌다고 말할 수 있다. 신라와 당, 두 나라 권력자의 만남에 대한 기록은 중국 측 기록인 《구당서(舊唐書)》와 《신당서(新唐書)》가 기본인데, 뜻밖에 우리 기록인 《삼국사기》가 좀 더 상세한 편이다. 이들 자료를 바탕으로 두 정상의 만남과 그 내용을 복원해보면 이렇다.

김춘추는 당나라의 국학(國學)을 먼저 방문하여 유교 제사인 '석전(釋奠)'과 강론을 참관했다. 당 태종은 자신이 지은 〈진사비(晉祠碑)〉 탁본과 역사서 《진서(晉書)》를 하사했다. 그런데 두 사람의 만남에 대한 다음 기록은 묘한 분위기를 전한다.

어느 날 (춘추를) 불러 사사로이 만나 금과 비단을 매우 후하게 주며 물었다.

"경은 무슨 생각을 마음에 가지고 있는가?"

공식 사절인 김춘추를 '사사로이' 불러 만나야 할 이유는 무엇이며, 무슨 이야기가 오고갔을까? 이세민은 김춘추에게 "경은 무슨 생각을 마음에 가지고 있는가"라고 물었다. 이는 표현을 바꾸자면 '대체 무슨 생각으로 당까지 왔는가'라는 질문이었고, 이 질문 하나에 향후 나·당 관계의 미래가 얹혀 있었다. 이에 대한 김춘추의 답은 이랬다.

신의 나라는 바다 모퉁이에 치우쳐 있으면서도 천자의 조정을 섬긴 지 이미 여러 해 되었습니다. 그런데 백제는 강하고 교활하여 여러 차례 침략을 마음대로 하였습니다. 더욱이 지난해에는 군사를 크게 일으켜 깊숙이 쳐들어와 수십 개 성을 쳐서 함락시켜 조회할 길을 막았습니다. 만약 폐하께서 당나라 군사를 빌려주어 흉악한 것을 잘라 없애지 않는다면 제 나라 인민은 모두 사로잡히는 바가 될 것이고 산 넘어 바다 건너 행하는 조공마저 다시는 바랄 수 없을 것입니다.(《삼국사기》〈신라본기〉)

요점은, 당나라 군대를 보내달라는 것이었다. 그런데 이듬해인 649년, 당 태종이 사망하는 뜻밖의 사건이 발생했다. 이 때문에 두 정상의 밀담에서 오고갔을 밀약은 묻혔고, 돌연 양국 관계가 긴장 국면에 돌입했다. 그러나 두 나라는 절박한 서로의 필요 때문에 군사동맹을 맺어 이른바 나·당 연합군을 꾸렸다.(이 군사동맹이 당 태종과 김춘추의 밀약에 따른 것인지는 분명치 않지만 그럴 개연성은 충분해 보인다.) 그리고 잘 아는 바대로 신라는 고구려와 백제를 멸망시키고 삼국을 통합했다.

당시 김춘추는 군사원조의 대가로 몇 가지를 약속했다. 아들 둘을 당나라에 숙위(宿衛, 사실상 인질)시키고 신라의 문물제도 등을 당나라 식으로 바꾸는 '당화(唐化)'였다. 김춘추는 방당(訪唐)을 마치고 귀국하자마자 바로 신라 조정을 대대적으로 변모시키기 시작했다.

당나라 방문으로부터 불과 한 달 뒤인 649년 정월, 신라는 문무백관들에게 당나라 복장을 입도록 했다. 법흥왕 7년인 520년에 제정한 백관들의 공식 복장이 130년 만인 이때에 와서 당나라 풍으로 바뀐 것이다. 김춘추의 방당을 계기로 신라는 '당화' 정책을 본격화한 것인데, 마치 오래전부터 기다렸다는 듯 정상회담이 끝나기 무섭게 전격적으로 실행에 옮긴 점이 흥미롭다. 김춘추가 이세민과 밀담을 마친 뒤 자청한 것이긴 하지만 대단히 급하게 진행된 일임에는 틀림없다. 그뿐만 아니었다. 650년에는 당나라의 연호를 사용하기 시작했고, 651년에는 정월 초하루에 하정례(賀正禮)를 치렀다. 모두 중국의 전통이었다. 그리고 654년 김춘추가 왕으로 즉위하니 바로 태종무열왕이다.

요컨대 지명을 한자로 바꾸는 등 신라의 한화 정책의 출발은 다름 아닌 김춘추와 당 태종의 정상회담과 밀담에 따른 것이었다. 복장 등을 당나라 식으로 바꾸면서 관련 이름들까지 한자로 바꾸었는지는 확실치 않다. 그러나 김춘추 이후 약 30년 뒤인 신문왕 때 전국 행정조직의 명칭을 한자로 전면 개정한 것으로 보아 꾸준히 한화 과정을 밟아왔다고 보는 쪽이 합리적일 것이다. 따라서 지명을 포함한 한화의 출발은 종래 757년 경덕왕 때가 아니라 이미 100여 년 전인 649년부터 시작되었다고 보아야 할 것이다. 정확하게는 고구려와 백제를 공격하기 위한 군사원조의 대가였다.

정리해보면, 지명을 한자로 바꾼 것은 전반적인 한화 정책의 일환이었고, 그 출발은 김춘추의 당나라 방문 때 당 태종 이세민과의 정상회담이었다. 이 회담에서 김춘추는 군사원조의 대가로 복식을 비롯한 국가의 문물제도를 '당화(唐化)'하겠다고 약속했다. 그해가 649년이었고 이후의 한화 과정은 앞에서 서술한 바와 같다.

지명을 한자로 바꾸기는 685년(신문왕 5)에 전국의 행정조직을 개편하면서 본격화되었다. 9주 5소경 체제가 수립되었는데 이 중 9주의 이름들이 대부분 중국의 지명들과 일치한다. 그 아래에 딸린 450개의 군현의 이름들 중 상당수도 중국식으로 바뀐 것으로 보인다.

고유한 지명을 한자로 바꾸는 방식은 여러 가지였을 것으로 추정한다. 음과 뜻, 심지어 어감까지 고려해서 개명했을 것이다. 예컨대 전라남도 보성군의 보성(寶城)은 백제의 복홀군(伏忽郡)에서 바뀐 이름이다. 음을 고려하고 좋은 뜻을 가진 보배 보(寶)로 대치한 경우다. 홀(忽)은 성이나 고을을 뜻하는 고구려 계통의 언어로 보고 있다. 지명의 한화 과정은 대체로 이런 방식으로 진행된 것으로 보이지만 아예 새롭게 한자로 지은 경우도 있고, 기존의 지명을 버리고 완전히 한자로 개명한 경우도 있었다.

특히 기존의 지명을 버리고 완전히 한자로 개명할 경우 중국에 이미 사용하고 있는 지명을 가져온 경우가 적지 않았던 것 같다.

212

예컨대 강원도 오대산(五臺山)의 경우, 중국 산서성(山西省)에 똑같은 이름의 산이 있다. 여기에는 당나라에서 불법을 공부한 신라의 자장율사가 귀국하여 전국을 순례하던 중 이 산의 형세가 중국 오대산과 너무 닮아서 이름을 오대산으로 불렀다는 전설이 전한다. 그 이전에는 어떤 이름으로 불렸는지 기록이 없기 때문에 알 수 없지만, 기존의 이름을 완전히 버리고 중국 오대산이란 이름을 그대로 가져다 개명한 경우라 할 수 있다. 이밖에 한자로 지명을 바꾸면서 뜻이 좋은 글자로 그 지역의 풍토와 사람들을 고려하여 만들어진 이름이 중국의 지명과 일치한 경우가 있을 것이다.

생각해볼 점은, 새롭게 지명을 짓거나 기존의 이름을 버리고 개명할 때 오대산의 경우처럼 중국의 지명을 염두에 두었을 경우다.

강원도 오대산이란 이름은 중국 산서성 오대산에서 그대로 가져온 경우다. 같은 이름을 가진 한·중 두 나라의 지명과 관련한 유적 등에 대한 보다 깊고 전문적인 연구가 필요하다. 사진은 중국의 오대산.

그때 해당 이름을 가진 중국에 대한 기초 정보를 파악한 다음 작명 또는 개명했느냐 여부다. 관련 자료가 전혀 남아 있지 않아 추측의 범위를 넘어설 순 없지만, 개명이나 작명에 따른 관련 기구가 있었을 것이고, 그 기구에서 중국의 지명에 대한 최소한의 정보를 파악하고 있지 않았겠나 싶다. 이런 점들을 염두에 두고 한국과 중국에서 같은 이름을 가진 지명의 역사와 관련 정보를 파악하는 작업이 제대로 이루어진다면 중국과의 자매도시(우호도시) 선정에 나름 좋은 참고가 될 수도 있을 것이다.

Question

새로운 사실들을 많이 알게 된다. 언젠가 전라북도 전주의 '풍남문(豊南門)'과 객사 현판인 '풍패지관(豊沛之館)'이 유방의 고향인 강소성 패현(沛縣) 풍양리(豊陽里)와 관련이 있다는 이야기를 들은 적이 있는데, 그것 말고도 많다는 걸 이번에 알게 되었다.

Answer

전주는 우선 조선왕조를 연 태조 이성계의 본향이고, 강소성 패현은 한 고조 유방의 고향이라는 공통점이 있다. 그리고 속된 말로 이성계는 유방의 '광팬'이었다. 그래서 전주의 성문을 유방의 고향인 풍양리에서 '풍' 자를 따서 풍남문이라 했고, 객사 이름의 현판은 아예 패현과 풍양리에서 한 글자씩 따서 풍패지관이라고 썼다. 이 현판의 글씨는 명나라의 문장가이자 서예가인 주지번(朱之蕃)이 쓴 것이다. 또 전주의 오목대(梧木臺)는 이성계가 1380년 남원 운봉의 황산대첩에서 승리하고 개선하면서 하룻밤 묵었던 곳인데 여기서 이성계는 자신의 심경을 시로 남겼다. 이 시가 바로 〈대풍가(大風歌)〉인데, 그 연원을 따지고 올라가면 역시 한 고조 유방이 경포(黥布, 영포英布)의 반란을 진압하고 돌아오던 중 고향에 들러 마을 사람들과 술자리를 가지면서 불렀던 노래 〈대풍가〉가 바로 그 노래다. 이밖에도 더 있지만 이 정도로 해두자.

한 고조 유방의 고향인 강소성 패현 풍양리 광장에 조성되어 있는 유방의 석상.

일제와 식민 사관이 짜놓은 '강역 프레임'을 깨라!
- ④ 〈조선열전〉을 둘러싼 내홍

Question

아무튼 좀 더 체계적이고 깊은 연구가 필요하다는 생각이 든다. 국가나 지자체가 나서야 할 필요성도 있겠다 싶고. 다시 고조선으로 돌아와서 중국 역사서에 기록된 조선의 지명들에 대한 고증은 어떤가?

Answer

《사기》에 대한 주석서들이 워낙 많기 때문에 제대로 연구하려면 오랜 시간이 필요하다. 그 문제는 너무 전문적이라 지금은 넘어갔으면 한다. 자칫 주제와는 다른 길로 빠진다.

Question

그러니까 일제 식민 사학은 조선에 대한 효과적인 통치를 위해 역사를 왜곡 내지 조작하기로 하고 우리 역사의 출발을 한나라에 침공을 당해 식민 통치를 받았다는 것을 강조한다, 그 일환으로 식민지에 설치되었다고 하는 한사군의 위치를 한반도 이내로 비정하여 우리 역사에서 대륙을 제거했다, 또 위치 비정을 위해 고증학을 내세웠지만 과학적인 학문 접근이랄 수 없는 방법으로 위치를 추정했는데 그들의 강역 프레임에 우리 사학계가 걸려들었다…, 이렇게 이해하면 되나? 그런데 여기서 한 가지 의문이 생긴다. 고조선의 멸망과 한사군의 설치는 분명한 역사적 사실 아닌가?

Answer

고조선의 멸망 자체까지 부정하는 경우가 없는 것은 아니다. 하지만 《사기》 기록의 신뢰성과 역사가 사마천의 자질로 보아 고조선의 멸망과 한사군의 설치는 사실일 것이다. 다만 일제 식민 사학과 지금 학계의 여러 논쟁들과 관련해서 〈조선열전〉의 기록을 자세히 살펴보면 적지 않은 의문과 문제점들이 떠오른다.

Question

무슨 말인가?

Answer

첫째, 〈조선열전〉의 마지막 구절은 이렇게 끝난다.

그리하여 마침내 조선을 평정하고 사군(四郡, 한사군을 말함)을 두었다.

여기서 한사군과 그것들을 둘러싼 논쟁 및 문제가 비롯되었다.

그런데 "사군을 두었다"고만 했지 사군의 이름이 없다.

둘째, 조선 정벌에 나섰던 한나라 장수 대부분이 처형당했다. 그렇다면 한의 고조선 정벌에는 무엇인가 우여곡절이 있다는 것 아니겠는가?

Question

사군의 이름이 없다면 우리가 지금까지 배운 한사군은 다 무엇인가?

Answer

《사기》보다 약 150년 늦게 나온 《한서》를 비롯한 후대의 기록에 나온다. 일제 식민 사학은 후대 기록에 나오는 사군의 이름을 가지고 위치를 비정한 것이다.

Question

사마천이 누락한 것 아닌가? 그리고 후대에 그 이름이 나왔다면 실재했었기 때문 아닌가?

Answer

〈조선열전〉기록의 신뢰성에 근본적인 문제가 있다는 증거가 나오지 않는 한, 기록을 믿는 그 위에서 여러 가능성을 탐색해야 하지 않겠나? 사군의 이름이 없고 장수들이 처형당했다는 기록을 단서로 삼아서, 한나라의 고조선 정벌의 전체 과정과 그 이후의 상황을 면밀히 검토하여 그 까닭을 유추해야 하지 않겠는가?

Question

〈조선열전〉 자체가 고조선 멸망을 포함한 한국 고대사가 안고 있는 여러 문제들을 풀 수 있는 실마리라는 생각이 밀려든다. 이번 문답이 있기 전까지 〈조선열전〉의 존재는 물론, 그 기록이 그렇게 중요한지 전혀 몰랐다.

Answer

말이 나온 김에 〈조선열전〉의 중요성에 대해 알아보고 이 문제에 대한 논의를 마쳤으면 한다. 대단히 복잡하고 미묘한 문제이자 논쟁 거리인 만큼 이후에 별도의 지면을 통해 상세히 밝혀볼 수 있으면 좋겠다고 생각한다.

문제의 핵심은 〈조선열전〉의 중요성이다. 고조선은 기원전 108년에 멸망했다고 알려졌다. 연표에 빠지지 않고 등장하는 중요한 연도다. 사건의 전개는 이렇다. 기원전 109년 한 무제가 조선 정벌에 나섰다. 초기 전황은 조선에 유리했고, 협상이 오고갔으나 결국 조선의 내분으로 맥없이 멸망했다. 그해가 기원전 108년이다…. 그런데 그해가 중요한 또 하나의 이유가 있다. 다름 아닌 사마천의 나이다. 사마천은 기원전 145년에 태어났다는 것이 정설이다. 그렇다면 기원전 108년은 우리 나이로 38세였다.

그렇군! 왜 그 사실을 놓치고 있었지? 사마천의 나이와 고조선의 멸망 연도를 연계시키지 못했을까? 서른여덟에 고조선이 망한 것을 목격한 일은 사마천에게 있어서 매우 중차대한 사건이었을 테고, 그런 만큼 〈조선열전〉이 대단히 중요했다는 뜻 아닌가?

바로 그것이다. 〈조선열전〉이 1차 사료라는 뜻이다. 사료로서의 가치가 가장 높다. 특히 〈조선열전〉은 앞부분 조선 정벌 이전의 간략한 역사를 제외하고는 모두 당대사 기록이다. 사마천 나이 서른여덟에 조선이 멸망했다, 그해가 기원전 108년, 아버지의 삼년상을 치른 사마천은 아버지에 이어 태사령에 올라 본격적으로 사관의 일을 시작한 해이기도 하다.

아니, 일반인들은 그렇다 해도 전문가들이 그 점을 간과했다는 것이 말이 되나? 이해가 안 된다. 고의란 말인가?

'미필적 고의'다. 나는 그렇게 본다. 고조선을 둘러싼 여러 문제를 해결할 수 있는 실마리인 〈조선열전〉의 중요성을 인식한다면 강역 프레임은 무너진다. 아니, 그 프레임 자체가 나올 수 없었을지 모

220

른다. 일제 식민 사학자들이 〈조선열전〉의 중요성을 누락시켰고 이들에게서 학문을 배운 사람들도 그대로 답습했던 것이 아닌가, 그런 의문이 든다. 결국 교과서에도 반영되지 않았고 가르치지도 않았다.

고조선 논쟁을 보면서 늘 답답했는데 일단 속이 확 뚫린다. 훤해지는 느낌이다. 〈조선열전〉을 정독해보고 널리 알려야겠다.

Answer

이런 말을 덧붙여 강조한다. 〈조선열전〉의 중요성을 인식하고 깊게 검토하고 연구도 해야겠지만 더 필요한 일은 식민 사관이 짜놓은 프레임을 부수는 일이다. 식민 사관과 이에 물든 학자들이 해방 이후 학계는 물론 나라를 어떤 방향으로 오도했는지를 정확하게 알아야 한다. 청산되지 못한 역사의 후유증은 학문과 학계에만 한정되지 않는다. 국민의 역사의식과 민족정신에까지 나쁜 영향을 준다. 지금도 여전한 친일 논쟁이 그 단적인 예다. 일제 침략자들의 논리와 입장을 그대로 대변하는 우리 학자와 지식인들, 그리고 거기에 동조하는 사람들이 적지 않다.

그것 못지않게 심각한 현상은 이른바 '민족주의'를 앞세워 비학문적인 방법으로 기존의 연구 성과를 매도하고 무작정 식민 사학으로 몰아 명성을 얻으려는 사이비들도 있다는 사실이다. 이들은 민족을 내세우지만 반민족적인 매체와도 야합하고, 심지어 친일 식민 사학자들을 칭송하는 등 억지 논리와 마타도어로 논쟁을 난장판으로 만드는 자들이다. 더 심한 짓도 많이 있지만 차마 입에 올리기 민망해 이 정도만 하겠다.

〈조선열전〉의 마지막 부분은 "그리하여 조선을 평정하고 사군을 두었다"는 대목과 원정에 출전했던 장수들의 처형으로 끝난다.

047

'강아지'와 세기의 러브 스토리
― ① 아주 특별한 〈사마상여열전〉

〈조선열전〉을 둘러싼 '심각한' 이야기를 해보았다. 좀 가벼운 이야긴 없나?

Answer

러브 스토리에 관한 것 한번 해볼까?

Question

러브 스토리?

Answer

2천 년 전의 역사서로는 참으로 귀하게 두 남녀 간의 애틋한 러브 스토리가 전하고 있다. 4천 명 이상 등장하는 《사기》 전체를 통틀어 유일한 러브 스토리일 것이다.

두 주인공은 한나라 무제 때의 문장가 사마상여(司馬相如, 기원전 약179~기원전 약118)와 그의 아내 탁문군(卓文君)이다. 그런데 이 러브 스토리의 배경에 한나라 초기 상업과 상인의 모습이 투영되어 있어 흥미를 자아낸다. 〈사마상여열전〉에 묘사된 두 사람의 이야기와 한나라 초기의 상업과 상인들 모습을 스케치해본다. 참고로 〈사마상여열전〉에는 사마상여의 작품이 수록되어 있는데, 이에 대한 소개와 사마상여의 생애 말년 부분은 생략한다. 일단 작은 제목들을 달아 장면들을 바꿔가며 두 사람의 러브 스토리를 재구성해보겠다.

048

'강아지'와 세기의 러브 스토리
– ② 백수 멋쟁이 사마상여

사마상여는 지금의 사천성인 촉군(蜀郡) 성도(成都) 사람이다. 어릴 적부터 책 읽기를 좋아하고 검술도 익혔다. 그런데 상여의 부모는 어린 아들을 '견자(犬子)', 즉 '개새끼'라 불렀다. 말하자면 '개똥이'나 '강아지' 정도가 되겠다. 옛날에는 어린 나이에 전염병 따위로 일찍 죽는 일이 많아서 천한 이름으로 불러 역병을 피해 오래 살라는 염원을 담아 그렇게 지었다고 한다. 상여는 당연히 '견자'라는 이 이름이 마음에 들지 않았다. 공부를 어느 정도 마치자 전국시대 조나라의 외교관으로 언변과 용기가 뛰어났던 인상여의 이름을 따서 상여(相如)라고 지었다. 그런데 역설적이게도 훗날 사람들은 뛰어난 문장가로 청사에 남은 사마상여의 어릴 적 이름을 본떠 자녀들에게 '견자'라는 이름을 많이 지어주는 풍습이 생겨났다.

사마상여가 나중에 자기 이름을 상여로 지은 데에는 또 다른 까닭이 있었다. 그는 '말을 더듬었다'고 하는데 그래서인지 언변이 뛰어난 인상여를 본받고 싶은 마음에서 상여로 지은 것이 아니었을까?

'모인상여(慕藺相如)', 인상여를 사모한다는 성어가 여기에서 나왔다.

성인이 된 상여는 황제 경제(景帝)를 섬겼으나 경제는 문장을 좋아하지 않았다. 그러던 차에 조정에 입조한 양(梁) 효왕(孝王)과 인연이 되어 벼슬을 버리고 그의 식객 노릇을 하게 되었다. 효왕은 상여를 우대했고, 상여는 이 무렵 〈자허부(子虛賦)〉라는 문장을 지어 이름이 알려졌다. 그러나 효왕이 죽자 하는 수 없이 고향 성도로 돌아왔다.

빈털터리였던 상여는 마땅히 할 일도 없어 그냥 백수로 지냈다. 그런데 성도에서 가까운 임공(臨邛)의 현령 왕길(王吉)이 상여를 몹시 좋아하여 늘 챙겼다. 심지어 매일 상여를 찾아와 문안을 드리다시피 했는데 부담을 느낀 상여가 만나길 꺼려 하니 더더욱 감읍하며 상여를 공경했다.

고향에 돌아온 상여는 이렇게 백수로 유유자적 지내고 있었다.

사마상여의 삶은 그의 문장처럼 풍류 그 자체였다. 많은 글을 쓰고 많은 책을 읽었지만 죽을 때 단 한 권의 책도 남기지 않았다. 그림의 아래쪽은 사마상여이고, 위쪽은 사마상여와 탁문군이 '야반도주(夜半逃走)'하는 모습이다.

049

'강아지'와 세기의 러브 스토리
- ③ 임공의 부유한 상인 집안들

촉 지방, 특히 왕길이 현령으로 있던 임공 지역에는 부유한 상인들이 많았다. 그중에서 탁씨(卓氏) 집안이 대표적이었다. 탁씨의 선대는 조나라 사람인데 제철업으로 부호가 되었다. 진나라가 천하를 통일한 뒤 탁씨 집안의 재산을 모두 몰수하고 촉 지방으로 이주시켰다. 망한 조나라 사람들이 결탁하여 진나라에 반발하지 않을까 하는 염려 때문이었다. 이 때문에 이주 대상은 주로 정치·군사적으로 영향력이 있는 집안이나 부유한 상인이었다.

이런 조치에 따라 탁씨 집안은 머나먼 사천 지역으로 옮겨오게 되었다. 탁씨 부부 두 사람은 작은 수레를 밀고 사천까지 왔다고 한다. 함께 이주 대상이 된 사람들 중에서 재산이 조금이라도 남은 사람들은 관리에게 뇌물을 주고 가까운 곳으로 가게 해달라고 했고 그래서 그 사람들은 (사천성의) 도회지 성도와 가까운 가맹(葭萌)에 거주하게 된다. 탁씨는 이들과 달랐다. 탁씨는 '가맹은 땅이 좁고 척박하다. 들자 하니 민산(汶山) 아래는 땅이 기름져 큰 감자(甘

蔗, 사탕수수)가 잘 되어서 굶지 않으며 주민들은 거래를 아주 잘 하여 장사하기에 쉽다'고 판단하여 되도록 멀리 보내달라고 했다. 그렇게 해서 이주한 곳이 임공이었다.

탁씨는 이곳에서 집안 사업이었던 제철업을 시작했다. 그는 우선 철광을 찾아 철광석을 채굴해 철을 제련한 뒤 그릇 따위를 만들었다. 탁씨는 그 지역의 지리를 면밀히 파악한 뒤 다양한 판매로를 개척하였고 압도적인 부를 축적했다. 노비를 1천 명이나 부리는 등 임금 못지않은 삶을 누렸는데 이 부자가 주인공 탁문군의 아버지 탁왕손(卓王孫)이었다.

임공에는 탁왕손 외에 같은 제철업을 하는 집안이 또 있었다. 〈화식열전〉에 정정(程鄭)이란 이름으로 소개된 인물인데, 그는 산동에서 옮겨온 포로 출신이었다. 정정은 탁왕손과 같은 제철업으로 치부했지만 판로가 달랐다. 그는 머리카락을 방망이 모양으로 틀어 올린 오랑캐와 교역을 하여 탁씨에 버금가는 부를 축적했다.

제철업으로 거부가 된 탁왕손은 사업적 안목과 수완이 탁월했다.

228

050

'강아지'와 세기의 러브 스토리
④ 두 사람의 운명적인 만남과 야반도주

탁왕손과 정정은 현령 왕길로부터 임공에 귀한 사람이 있다는 이야기를 듣고는 술자리를 열어 현령과 상여를 초빙하기로 했다. 아침부터 잔치를 베푸니 두 상인의 손님들은 반나절이 안 되어 100명이 넘었다. 현령도 도착했다. 정오 무렵 사람을 보내 상여를 초빙했으나 상여는 병을 핑계로 사양했다. 상여의 '광팬' 왕길은 마음이 다급해 요리에는 손도 못 대고 상여를 찾아갔다. 현령의 체면도 있고 해서 상여는 마지못한 척 따라나섰다. 이윽고 탁왕손의 집에 도착한 상여의 풍채에 사람들은 넋이 나가고 말았다. 사마천은 이 장면을 '일좌진경(一坐盡傾)'이란 네 글자로 표현했는데, 자리에 있던 모든 사람이 뒤로 자빠졌다는 뜻이다. 상여가 얼마나 잘생겼는지를 나타낸 표현인데, 뛰어난 미남의 풍채를 본 사람들이 모두 놀라거나 넋이 나간 상태를 비유하는 성어가 되었다.

술자리가 무르익자 왕길이 거문고 연주를 자청하고는 연주를 마치자 상여에게 한 곡을 청했다. 상여는 사양하다가 앵콜까지 받

거문고 연주로 탁문군의 마음을 사로잡는 사마상여의 모습을 나타낸 그림. 흔히 〈봉구황(鳳求鳳)〉이라 한다. 수컷 봉황새가 암컷 봉황새를 찾는다는 뜻이다.

아 두 곡조를 연주했다. 그런데 이런 상여의 모습을 몰래 훔쳐보는 여성이 있었으니 탁왕손의 딸 탁문군이었다. 평소 음악을 좋아하던 그녀는 소리에 끌려왔다가 상여의 우아한 자태를 보게 된 것이다. 이 낌새를 눈치 챈 상여는 혼을 쏙 뺄 만한 거문고 연주를 하였다.(여기에서 거문고 소리로 서로의 마음을 전한다. 즉 애정을 표시한다는 뜻의 '금심상도琴心相挑'라는 고사가 나왔다.)

사마천은 사마상여가 현령 왕길의 배려로 수레와 말을 뒤따르게 하면서 임공으로 행차하는 모습을 묘사하면서 "그 자태가 더할 수 없이 차분하고 우아했다"*고 했다. 이런 외모에 거문고를 멋들어지게 연주하는 상여의 모습을 본 탁문군은 그만 넋이 나가버리고 말았다.

---

*옹용한아심도(雍容閒雅甚都).

상여는 상여대로 문군의 마음을 헤아리고는 연회가 끝나자마자 시종을 시켜 문군에게 선물을 전하게 하여 자신의 마음을 표현했다. 문군은 그날 밤으로 상여의 손을 잡고 성도에 있는 상여의 집으로 도망쳤다. 속된 말로 첫눈에 눈이 맞아 야반도주를 한 것이다. 탁문군이 과부였다는 사실도 놀랄 일이다.

051

'강아지'와 세기의 러브 스토리
- ⑤ 그 아버지에 그 딸

그러나 사랑은 사랑, 현실은 현실이었다. 탁문군을 맞이한 성도 상여의 집은 한심했다. 사마천은 이 대목에서 '가도사벽(家徒四壁)'이란 절묘한 표현을 썼다. '집에 있는 것이라곤 네 벽뿐'이라는 뜻이다. 집에 벽 외에 아무것도 없는 가난함을 비유하는 표현이다.

아버지 탁왕손은 난리를 쳤다. 딸이 허우대만 멀쩡한 백수 놈을

임공은 문군의 흔적이 많이 남아 있다. 사진은 문군고리(文君故里), 즉 문군이 살았던 마을의 입구이다.

232

따라 도망을 쳤으니 화가 날 수밖에 더 있겠는가? 탁왕손은 "딸년이 쓸모가 없구나. 내 차마 죽이지는 못하겠지만 한 푼도 주지 않을 것이다"며 씩씩거렸다.

네 벽밖에 없는 상여와 탁문군은 앞날이 막막했다. 그도 그럴 것이 상여는 읽고 쓰고 술 마시고 거문고나 타는 그런 풍류객이지 돈 버는 일은 젬병이었다. 한편 부잣집에서 귀하게 자란 탁문군에게도 이런 생활은 처음이었다. 연인과의 달콤한 시간도 하루 이틀이지 마냥 이렇게 지낼 수는 없는 노릇, 문군은 상여에게 임공으로 가자고 했다. 임공이라면 친척들도 있고 하니 생활은 유지할 수 있을 것이라고 설득했다. 상여도 뾰족한 수가 없었다.

두 사람은 임공으로 갔다. 문군은 상여와 야반도주할 때 가져온 패물과, 상여의 말과 수레를 팔아 술집을 사들였다. 상여도 팔을 걷어붙이고 장사에 나섰다. 문군에겐 주방에서 술을 팔게 하고 자신은 '독비곤(犢鼻褌)'을 입고 술잔을 닦는 등 잡일을 했다. 독비곤이란 짧은 소매에 7부 바지 모양의 간편한 작업복을 말한다. 상여에게는 위선적인 체면 따윈 없었다. 두 사람은 열심히 술장사를 하는 한편 달달한 신혼 재미도 즐기고 있었다.

탁왕손은 딸과 사위가 술장사를 하고 있다는 소식에 더 부끄러워 문을 걸어 닫은 채 밖에 나가지 않았다.('두문불출杜門不出'이란 표현이 여기서 나온다.) 친인

독비곤을 입은 사람을 표현한 벽돌 그림.

척과 노인들이 번갈아가며 두 사람이 술장사를 하고 있지만 사위는 현령이 아낄 정도로 재능이 있는 사람이니 더 이상 욕하지 말라고 설득에 나섰다. 탁왕손은 결국 이를 받아들였고 이 부부에게 재산을 나누어주었다. 문군과 상여는 다시 성도로 돌아가 논밭을 사들여 부자가 되었으며 상여는 걱정 없이 공부에 몰두할 수 있었다.

처음에 부유한 집안의 딸인 탁문군은 가난한 생활을 견딜 수 없었다. 남편 상여를 인정하지 않는 것이 아니라 가난을 인정할 수 없었다. 왜? 돈이야 벌면 되니까. 돈 버는 일이야 집안 일 아니던가? 과부의 몸으로 생전 처음 보는 남자를 따라나섰다는 사실은 문군이 얼마나 당찬 여성인가를 보여준다. 그런 그녀이기에 망설임 없이 술장사를 시작했고, 이런 당찬 아내에게 탄복한 남편 상여는 발 벗고 나서서 도왔다. 탁왕손은 딸을 부끄러워했지만 딸을 말릴 수 없다는 사실을 인정했다. 그럴 바에야 자금을 대주는 쪽이 현명

문군고리의 시장 모습. 자전거 인력거꾼의 등 뒤에 찍힌 '문군차(文君茶)'란 글자가 인상적이다.

한 일이었다. 그 아버지에 그 딸인 셈이다.

사마상여와 탁문군의 '도발적인' 사랑 이야기 속에는 이렇듯 당찬 아내 문군의 사업가적 기질이 번득이고 있다. 그녀는 사업을 성공시켜 자신의 사랑을 완성했다. 두 사람의 야반도주는 최고의 도주였다. 사마천이 인정할 정도니까.

Question

재미있다. 이 이야기가 《로미오와 줄리엣》보다 얼마나 앞섰나?

Answer

셰익스피어의 그 작품이 1597년에 나왔다고 하고, 사마상여가 기원전 약 197년에 태어나 기원전 약 118년에 세상을 떠났으니까 단순 비교로 1,750년 먼저인 셈이다.

Question

사마상여가 그렇게 미남이었나? '일좌진경'이라니. 아직도 그 말이 귓가에 맴돈다.

Answer

그를 본 모든 사람이 뒤로 자빠졌다니까 보통 미남이 아니었나 보다. 게다가 문장에 음악까지 잘했으니. 어쩌면 말을 더듬는 것마저 매력으로 보였는지도 모르겠다.

지금 우리의 검찰과 사법부를 떠올리게 하는 혹리들
- ① 〈혹리열전〉의 현재성

《사기》에 공직자들 이야기는 없나? 그 얘길 한번 들었으면 한다.

Answer

당연히 있다. 직간접적으로 따져 모두 4편이나 된다. 나라와 백성을 위해 자기 직분을 다했던 너그러운 관리들 기록인 〈순리열전〉, 가혹한 법 집행으로 악명 높았던 정치 관리들의 기록인 〈혹리열전〉이 대표적이다. 그사이에 급암(汲黯)과 정당시(鄭當時)라는 엄정한 관리들을 기록한 〈급정열전〉과, 권력자의 눈치를 보고 복지부동했던 관리들을 기록한 〈유림열전〉이 놓여 있다. 〈유림열전〉은 유학자들을 가리킨다. 여기에는 사마천의 의중이 숨겨져 있는데, 바로 복지부동의 관료들 대부분이 유학자였다는 사실을 그 편명으로 보여주었다.

이 4편을 다 소개할 수는 없고 〈혹리열전〉 하나만 소개할까 한다. 이 편에 나오는 혹리들의 행태는 '법비(法匪, 법 도적)'라는 멸칭으로 불리는 지금의 우리의 '정치' 검사와 '정치' 판사의 행태를 방불케 한다. E. H 카의 말을 빌리지 않더라도 역사는 그 자체로 현재성을 내포하고 있다. 〈혹리열전〉은 이 점을 아주 잘 보여준다.

Question

시민들이 최근 우리 일부 검찰과 사법부의 행태에 대해 분노하고 있다. 어쩌면 적폐의 주범은 저들이 아닌가, 이런 생각마저 든다. 해방 이후 일제 식민 잔재를 청산하지 못한 과거사가 80년이 다 돼가는 지금까지도 우리 사회 곳곳에서 발목을 세게 잡고 있다. 〈조선열전〉 부분에서도 크게 느꼈지만 그릇된 과거사 청산의 중요성을 절감하는 중이다.

Answer

그렇다. 2천여 년 전의 관리들, 특히 법을 다루고 집행했던, 오늘날로 말하자면 검찰·경찰·판사들 중에서 권력자의 눈치를 봐가며 백성을 가혹하게 처벌했던 혹리들의 행태를 보도록 하자. 이를 통해 우리의 실상도 비춰보고 해결책을 모색해보았으면 좋겠다.

역사적으로 비리와 부정부패를 척결하는 데 앞장 선 인물들을 사마천은 '혹리'라는 다소 부정적인 단어로 표현했다. '가혹한 관리'란 뜻이다. 권122 〈혹리열전〉은 이런 지독한 관리들의 행태들을 모아 놓은 독특하고 흥미로운 편이다. 혹리란 오늘날로 보자면 주로 검찰청장과 검사들에 해당한다. 넓게 보면 경찰과 경찰청장 및 각급

법원의 법관들까지 포함한다. 이 혹리들은 주로 권세가, 토호, 상
인들을 대상으로 법을 집행했다. 법대로 집행한 혹리가 있는가 하
면, 어떤 혹리는 최고 권력자의 의중을 헤아려 그에 맞는 법 집행
을 했고, 어떤 혹리는 이권 세력과 결탁, 법을 빙자하여 도리어 법
을 어지럽히기까지 했다.

지금 우리의 검찰과 사법부를 떠올리게 하는 혹리들
- ② 혹리들의 다양한 행태

사마천이 소개하고 있는 혹리는 20여 명에 이르는데, 일일이 다 소개할 수 없어 표로 정리해보았다.(연도는 모두 기원전)

이름/생몰	벼슬	특징	비고
급암(汲黯) ?~112	알자, 도위	직언과 큰 정치, 강직함. '사직지신'으로 평가받음.	천자도 그 앞에서는 예를 갖춤.
정당시 (鄭當時) 미상	태자사인	인재 추천, 청렴결백. 급암과 정신적 교류.	5일제 근무의 효시.
질도(郅都) 미상	중랑장	용감, 기개, 공정, 청렴. 보라매라는 별명으로 불림.	경제의 태자 임강왕의 자살 사건으로 처형.
영성(寧成) 약185~약124	낭관	각박, 간교, 상관 압도, 부하 핍박. 혹리의 전형으로 꼽힘.	거부가 되어 그 권위가 태수를 능가.
주양유 (周陽由) 미상	태수	외척 특권, 난폭, 잔혹, 오만방자. 법을 왜곡해서 적용함. 법질서가 더욱 문란해짐.	기시형으로 죽음.
조우(趙禹) ?~약100	중도관	불고지죄에 해당하는 '견지법(見知法)'으로 법의 집행을 각박하게 만듦.	불고지죄의 효시.

이름/생몰	벼슬	특징	비고
장탕(張湯) ?~116	장안현리	판결문의 명수. 황제 심기 파악에 능숙. 탈세 고발법인 '고민령(告緡令)'으로 상인들과 호족들을 압박.	어릴 때 쥐새끼 판결. 자살.
의종(義縱) ?~117	중랑	강도질, 과감하고 신속한 일처리, 무자비, 청렴. 영성을 처벌하는 악연. 질도를 모범으로 삼음.	지방관 감찰직 '직지(直指)' 벼슬 출현. 기시형으로 죽음.
왕온서 (王溫舒) 미상	어사	죄인 살상에 희열을 느낌. 법조문 왜곡으로 권세에 아부. 범죄자 체포수가 미달일 경우 관리를 죽이는 '침명법(沈命法)'을 제정함. 실적 조작이 만연함.	기혈(嗜血) 심리. 자살, 5족 멸족.
윤제(尹齊) 미상	어사	직선적 성격. 지나치게 엄하고 가혹하여 관리 통솔에 실패.	원수가 시체를 불태우려 함.
양복(楊僕) 미상	어사	과감하고 흉포함. 윤제를 모범으로 삼음.	기원전 109년 고조선 정벌에 참가.
감선(減宣) ?~102	어사	어려운 사건 해결. 작은 일에 충실하여 큰 일 처리.	자살.
두주(杜周) ?~95	정위	신중하여 결단이 느림. 관대해 보이나 냉혹함이 골수에 박힘.	자식들 역시 흉포하고 잔혹함.
풍당(馮當)	촉 태수	포악하고 남을 학대함.	
이정(李貞)	광한	멋대로 사람의 사지를 찢음.	혹리들의 대거 출현과 서한시대 정치의 난맥상을 드러냄. 모두 생몰 미상.
미복(彌僕)	동군	톱으로 목을 자름.	
낙벽(駱璧)	천수	억지 자백을 잘 받아냄.	
저광(褚廣)	하동	인명을 마구 살상함.	
무기(無忌)	경조	지독하기가 독사, 흉포하기가 매와 같음.	
은주(殷周)	풍익		
염봉(閻奉)	수형도위	구타, 뇌물 수수.	

표에 소개된 혹리들은 모두 서한시대의 인물인데, 사마천은 초기

에 강직하고 직언을 잘했던 반듯한 혹리들이 시간이 지날수록, 특히 한 무제 때 오면 법을 자의적으로 해석하여 집행하는 것은 물론, 각종 악법을 만들어 백성을 못 살게 구는 악질로 변질되어가는 과정을 보여주고 있다.

앞 표에서의 두 인물인 급암과 정당시는 〈혹리열전〉에는 소개되지 않았지만 대체로 '정통' 혹리의 모범으로 꼽는다. 두 사람은 권 120 〈급정열전〉에 함께 수록되었다. 바로 앞 편이 〈순리열전〉이어서 〈혹리열전〉으로 넘어가는 과도기적 인물임을 암시하고 있다. 먼저 소개할 급암은 강직한 성품과 직언의 대명사였다.

급암은 성품이 거만하고 예의를 갖추지 않아 면전에서 반박을 잘했고, 다른 사람의 과오를 용서할 줄도 몰랐다. 자기와 부합되는 자에게는 잘 대우했지만, 자기와 부합되지 않는 자는 아예 보기조차 싫어했다. 이 때문에 부하 관리들은 그를 따르지 않았다. 그러나 학문을 좋아하고 의협심이 있어 지조를 지키고 평소 행동도 결백했다. 직언하기를 좋아해 여러 번 무제와 대신들을 무안하게 만들었다.

무제는 이런 급암의 강직함에 불편해 하면서도 그를 "사직을 떠받칠 신하"라며 공경심을 잃지 않았다. 평소 자유분방하여 신하들을 만날 때도 복장을 풀어헤친 채 만나던 무제가 급암이 나타나면 장막 뒤에 숨어서 의관을 정제한 다음 만날 정도였다고 하니 급암의 존재감이 어느 정도였는지 알 만하다.

정당시 역시 강직하고 청렴하기로는 급암에 버금갔으나 스타일은 달랐다. 정당시에 대해 사마천은 이렇게 묘사했다.

정당시는 청렴하며 집안을 챙기지 않았다. 녹봉이나 하사품을 받으면 여러 손님들에게 나누어주었다. 그러나 그가 선물하는 것은 대나무 그릇의 음식물 정도에 지나지 않았다. 또한 조회 때마다 틈나는 대로 무제에게 천하의 훌륭한 사

사마천은 관리들이 변질되어가는 모습을 〈혹리열전〉을 통해 적나라하게 펼쳐 보여주었다. 그에 앞서 모범 관리의 상을 배치하여 서로 비교할 수 있도록 했다. 그림은 급암의 초상화다.

람에 대해서 칭찬을 했다. 그가 관리를 추천할 때에는 항상 진지하고 흥미 있게 그 사람을 칭찬했고, 언제나 자기보다 훌륭한 점을 들었다. 관리의 이름을 부르지 않았고, 부하 관리와 이야기할 때에도 혹시 마음이 상할까 걱정했다. 또 좋은 이야기를 듣고 그것을 무제에게 전하면서도 늦지 않았나 두려워했다. 산동(山東)의 모든 선비들과 여러 손님들은 이 때문에 하나같이 정당시를 칭찬했다.

사마천은 이 두 사람을 같은 열전에 함께 소개한 다음 이들을 이렇게 평가했다.

급암과 정당시는 구경(九卿)의 지위에 올랐어도 청렴하고 사생활이 결백했다. 이 두 사람이 중도에 파면되자 집이 가난해서 빈객들은 하나둘 흩어졌다. 군 하나를 통치했으나 죽은 뒤에 남긴 재산이라고는 하나도 없었다.

사마천은 혹리들을 본격적으로 소개하기에 앞서 급암과 정당시의 열전을 안배하여 '모범적인' 혹리 이미지를 먼저 제시했다. 이랬던 관리들이 욕심 많은 권력자와 얽혀 어떻게 변질되어가는지를 그다음 편에서 보여주려 한 것이다.

지금 우리의 검찰과 사법부를 떠올리게 하는 혹리들
─③ 걸리면 죽는다, 질도

사마천이 맨 처음 소개한 혹리는 경제 때의 질도(郅都)라는 인물이다. 질도의 별명은 '창응(蒼鷹)'이었다. 보라매란 뜻이다. 그만큼 사나웠다. 황제 앞에서는 바른 소리를 하기로 유명했다. 급암과 같은 직언 스타일이었다. 권력을 믿고 백성을 못살게 구는 권세가들에게 특히 인정사정이 없었다. 법을 무시하고 제멋대로 구는 제남군의 호족인 간씨(瞷氏) 일가를 몰살시킬 정도였다. 급암이나 정당시의 스타일을 유지하고 있었던 질도가 지킨 또 하나의 원칙은 '청탁 거절'이었다. 개인의 사사로운 편지는 열어보지도 않고 반송해버렸고, 예물을 보내면 즉시 되돌려보냈다.

질도는 청관(淸官) 그 자체였지만 지나친 점이 많았다. 법적으로 처리해 벌금을 물리거나 감옥에 보내는 게 아니라 그 죄가 다소 무겁다 싶으면 집안을 통째로 몰살시켰다. 지위고하를 막론하고 걸리기만 하면 최고형으로 다스리니 그를 보고 모두 피해갔다.

개국공신인 주발의 아들 주아부(周亞夫)에게도 반란죄를 적용해

244

죽게 만들었다. 아버지 장례식 부장품으로 무기를 무덤에 넣어주려던 것을 누가 반란의 음모라고 밀고를 하자 지금은 반란을 일으키지 않을지 모르지만 나중에 죽어서 저승에 가서 반란을 일으키려는 의도라는 죄목이었다. 그는 주발과 악연이 있었다. 생전에 주발은 질도에게 걸려 한 번 당한 뒤로는 평상시에도 갑옷을 입고 잠을 잤다. 백만 대군의 총사령관이던 아들 주아부도 백만 대군보다 더 무서운 게 질도라며 혀를 내둘렀다.

이렇게 질도가 대쪽처럼 법을 처리하자 경제의 치세 때는 국가의 기강이 나름대로 잡혀졌다. 그러나 두태후의 인척인 임강왕(臨江王, 유영劉榮)을 가혹하게 처리했다 하여 태후에 의해 괘씸죄로 처형당하고 말았다.

질도는 순리(循吏)에서 강직한 혹리, 그리고 타락한 혹리로 완전히 넘어가기 바로 직전의 공직자 모습을 보여준다. 그리고 경제를 지나 다음 황제인 무제 때 권력자의 눈치를 보고 권력과 부를 탐하는 '정치적' 혹리들과 대비되는 형상으로 〈혹리열전〉의 첫 페이지를 장식했다. 그의 이미지는 순리들 및 급암, 정당시에게서 공통적으로 발견되는 청렴에다 사나움과 가혹함을 합쳐진 것을 특징으로 한다. 특히 그에게는 권력자들에게도 가차 없이 법을 적용하는

가혹하지만 청렴했던 질도의 모습이다.

엄정한 이미지가 강하다. 약자에게 강하고 강자에게 맥을 못 추는 전형적인 '간신형 정치 혹리'와는 차원을 달리했다. 어쩌면 질도야 말로 지금 우리 사회에 가장 필요한 공직자가 아닐까 하는 부질없는 생각도 해본다.

혹리 가운데 가장 유명한 인물은 조우와 함께 견지법을 만든 장탕
(張湯)이다. 분량도 가장 많다. 장탕이 혹리가 되는 데 가장 큰 자극
을 준 경험이 소개되어 있는데, 사마천이 대체 어디서 이런 이야기
를 채록했는지 감탄하게 만든다.

어린 시절, 아버지가 외출하면서 장탕에게 곳간을 잘 지키라는
분부를 내렸다. 소홀히 지킨 틈을 타 쥐가 음식을 먹어치웠다. 아버
지가 돌아와 장탕을 꾸짖었고 화가 난 장탕은 온 집 안을 뒤져 쥐를
잡아 꽁꽁 묶은 다음 영장을 발부하고 진술서를 작성하더니 법조문
에 근거하여 고문을 가하고 찢어죽이는 책형(磔刑)을 판결했다. 장
탕의 판결문을 본 아버지는 기가 막혔다. 마치 노련한 형리가 직접
작성한 것 같았기 때문이다.

장탕은 혹리로서 명성을 날리기 시작했다. 먼저 황제의 친인척
비리 문제를 전담했다. 황제의 친인척 문제는 황제의 의중에 따라
판결이 달라졌다. 중죄를 범했어도 황제가 봐주고 싶은 사람이 있

고 가벼운 죄를 범했어도 황제가 봐주기 싫은 사람이 있다. 장탕은 황제의 이런 의중을 기가 막히게 잘 알아챘다.

법에 따르면 명백하게 사형이지만 황제가 살려주고 싶어 하면 장탕은 무제가 좋아하는 유학 경전을 인용하여 법조문 앞뒤에 배치해놓고 황제로 하여금 구실을 삼게 만들었다. 그 반대도 마찬가지였다. 법을 왜곡하는 것은 물론, 그 왜곡을 위해 유가의 경전을 끌어다 그럴듯하게 꾸며낼 줄 알았던 영악한 혹리였다.

장탕의 수법 가운데 천부적인 것이 있었다. 문서 보고는 한 번 올라가고 나면 더 이상 돌이킬 수 없지만 구두 보고는 나중에 황제의 검토에 따라 달라질 수가 있었다. 장탕은 황제에게 말로 보고할 것과 문서로 보고할 것을 기가 막히게 구분하였다.

그가 또 하나 나쁜 선례를 남겼으니 바로 처세술이었다. 그는 욕

2002년 극적으로 발굴되어 복원된 장탕의 무덤과 그 주변의 모습이다.(섬서성 서안시 장안구)

을 얻어먹지 않으면서 호의호식했다. 선물 보내고, 때만 되면 인사하는 겉치레 처세를 기가 막히게 잘했다. 이렇게 해서 관료들끼리 서로를 봐주고 이용하는 비리와 부패가 조정에 가득 차게 되었다.

황제는 이런 그를 굉장히 총애하여 행정·경제·재정 등 조정의 거의 모든 문제를 장탕과 의논했다. 법과 시스템으로 다스리지 않고 '인치'에 의존했던 것이다. 사마천은 혹리의 큰 문제는 법을 가장 잘 지켜야 할 그들이 법을 악용, 왜곡함으로써 '인치'의 빌미를 제공한 당사자라는 사실을 상기시키려 했다. 장탕 이후의 혹리들은 더 저질이 되어 온갖 추잡한 행동을 서슴지 않았다. 자세한 내용은 〈혹리열전〉의 본문을 참고하기 바란다.

지금 우리의 검찰과 사법부를 떠올리게 하는 혹리들

- ⑤ 지금 우리에게 필요한 혹리는?

공자(孔子)는 무슨 일이든 "법으로 이끌고 형벌로만 다스리려 하면 백성들은 무슨 짓을 저질러도 부끄러워하지 않는다"면서 덕(德)과 예(禮)로 이끌어 부끄러움을 알게 해야 범법이 줄어든다고 했다. 노자(老子)는 "법령이 많아질수록 도둑도 많아진다"고 비꼬았는데, 물 한 방울 샐 틈 없는 촘촘한 법 조항과 가혹한 처벌이 능사가 아니라는 지적이다. 크게 보아 공자와 같은 맥락이다.

공자는 또 "자신의 몸가짐이 바르면 명령을 내리지 않아도 시행되며, 자신의 몸가짐이 바르지 않으면 명령을 내려도 따르지 않는다"면서 법을 집행하는 자와 통치자가 최소한 갖추어야 할 요건들을 제시했다.

사마천도 "법이 통치의 도구이기는 하지만 백성들의 선악, 청탁까지 다스릴 수 있는 근본적인 장치는 아니다"면서, 법망이 가장 치밀했던 때 간교함과 속임수가 가장 많았다고 지적하고 있다. 그러면서 "법을 집행하는 관리들과 법망을 빠져나가려는 백성들 사이의 혼란이 구제할 수 없을 정도로 극에 달하자 결국 관리들은 책임을 회피하고 백성들은 법망을 뚫어 나라가 망할 지경에 이르렀다. 관리들은 타오르는 불은 그대로 둔 채 끓는 물만 식히려는 방식으로 대처했으니, 가혹한 수단이 아니면 그 임무를 감당할 수 없었다"고 했다.

법 조항이 갖추어지지 않아서 범법자가 많아지는 것이 아니라는 지적들이다. 그렇다면 문제는 사회적 기풍이다. 공자의 말대로 부끄러움을 아는 사회적 기풍이 우세하다면 굳이 소란을 떨며 비리와 부패 척결을 외칠 필요조차 없을 것이다. 그런 점에서 한나라 초기의 법은 배를 삼킬 만한 고기도 빠져나갈 정도로 느슨했지만 통치는 순조로웠고 백성들은 편안했다는 사마천의 지적을 귀담아들을 필요가 있다. 나라의 안정은 도덕의 힘에 있지 가혹한 법령에만 의존할 수는 없는 일이다.

하지만 지금 우리의 현실은 도덕 운운할 상황이 못 된다. 법치조차 제대로 실천하지 못하고 있기 때문이다. 우리는 법치가 충실하게 이행되지 못하고 '인치'가 만연했기 때문에 근대에 들어와 서양에 밀려 뒤떨어졌다는 평가가 있다. 현 상황을 보면 상당히 일리가 있는 주장이 아닐 수 없다. 좋은 법을 만들어서 그 법을 제대로만 적용한다면 백성들이 억울해 할 일이 없을 것이다. 고관대작이라도 나쁜 짓을 하면 법에 따라서 처벌해야 하는데, 그렇지 않고 일반 백성들에게만 법을 과도하게 적용했다. 형평에 크게 어긋났다. '유전무죄, 무전유죄'라는 말이 괜히 나온 게 아니었다. 결국은 검찰이나 법관을 비롯한 공직자들이 권력자와 재력가의 눈치를 보게 되고, 지도층은 서로서로 끼리끼리 봐주는 '인치'로 나라를 망쳐왔던 것이다.

인치에는 전통적인 유가 관념이 큰 역할을 하였다. 혹리 장탕은 법관으로서의 문제점을 모두 안고 있었다. 오늘날에도 장탕과 같은 공직자가 판을 치고 있다. 사마천은 '이상적인 관료'의 모습을 보여주기 위해 〈순리열전〉과 〈급정열전〉을 썼다. 읽을 때마다 급암과 정당시, 아니 백 보 양보해서 질도 정도의 공직자가 과연 우리에게도 있을까 하는 의문에 싸인다. 권세가나 토호들을 엄격하게 처벌했던 한나라 초기의 혹리들 모습만이라도 오늘날 볼 수 있다면 국민들은 최소한 절망하지 않고 살 수 있지 않을까?

법원에 가면 법의 여신 리케의 상이 있다. 한쪽에는 칼을, 한쪽에는 저울을 들고 있다. 저울은 만인에게 법을 평등하게 적용하겠다는 의미이고, 칼은 그 법에 따라 한 치의 사심 없이 정확하게, 엄격하게 처벌하겠다는 의지의 형상이다. 그런데 여신은 왜 눈을 감고 있을까? 흔들리지 않고 공평무사하게 적용하겠다는 뜻이다.

그렇다면 지금 우리 상황에서 비리·부패 척결에 적합한 혹리는 어떤 모습일까? 또 적폐의 주범으로 지목되어 청산의 대상이 된 일부 정치 검찰을 대체 어떤 방법으로 개혁해야 할까? 노자, 공자, 사마천이 언급했던 법의 본질과 한계를 다시 떠올리면서 고민해봐야 할 문제다.

057

슬픈 웃음, 〈골계열전〉의 미학
- ① 막장에서 길어올린 휴먼 스토리

Question

다음은 어떤 편을 감상하나?

Answer

《사기》 130편 전체 가운데 나에게는 가장 슬픈 편이 하나 있다. 그런데 이 편을 관통하는 주제가 웃음이다. 나는 이 편을 '슬픈 웃음'이라고 표현한다. 바로 〈골계열전〉이다. 정말 안타까운 말이지만 '최악의 시간'이 없었다면 이 작품은 탄생하지 못했을지도 모른다. 사마천의 삶에서 특히 궁형을 전후로 한 마지막 10년은 처절한 고통과 슬픔 그 자체였다. 그런데도 사마천은 〈골계열전〉을 통해 웃음과 유머, 풍자와 해학을 이야기했다. 〈골계열전〉을 쓸 당시 사마천의 심경은 어땠을까? 상상이 되는가? 그래서 '슬픈 웃음'이란 표현을 해보았다. 이 〈골계열전〉에 대해서는 언젠가 라디오 방송에서 진행자와 나눈 대화가 있어 그 대본을 소개한다.

Q_《사기》 130권의 제목들을 죽 훑어보았더니 제목만 봐서는 알수 없는 것들도 있고, 또 제목 자체가 흥미로운 것들도 있었다. 〈영행열전〉이라고 있던데 어떤 내용인가?

A_아첨쟁이들에 관한 이야기다.

Q_권력자에게 아부한 자들에 관한 이야기란 말인가?

A_권력자가 듣기 좋아하는 말만 골라서 하고 또 권력자가 좋아하는 것이라면 무엇이든 할 수 있게 비위를 맞춘 사람들 이야기다. 훗날 중국 역사서에 빠지지 않고 들어가게 되는 '간신전'의 원조라 할 수 있다.

Q_재미있다. 또 〈골계열전〉이란 것이 있던데, '골계(滑稽)'라면 문학에서 말하는 '골계미'와 관련된 것인가?

A_그렇다. 골계란 원래 말을 막힘없이 유창하게 잘한다는 뜻인데, 이것이 유머나 해학의 의미로까지 발전하고, 거기서 또 문학이나 예술 방면에서 말하는 골계미가 나왔다. 유머나 해학, 그리고 익살 따위에서 느껴지는 미를 말한다. 골계극, 골계소설, 골계화도 있다.

Q_풍자소설이나 풍자극과 비슷한 개념인가?

A_그렇게 볼 수도 있다. 풍자보다 익살이 더 들어간 것으로 보면 적절하지 않을까?

Q _ 〈골계열전〉이 있다니 더 놀라게 된다. 그럼 유머, 풍자, 해학, 익살에 능했던 사람들의 이야기란 말인가?

A _ 세태나 권력에 대한 풍자가 주축을 이룬다고 보면 된다. 권력자들에게 유머와 풍자로 그들의 폐부를 찌른 수준 높은 코미디언들 이야기, 이 정도로 보면 되지 않을까?

Q _ 세상사 살아가기 힘든데 그들의 유머와 풍자에서 웃음을 찾고 용기를 얻어 보는 것도 괜찮겠다.

A _ 몇 사람 소개한다. 전국시대 사람인 순우곤(淳于髡)과 서문표(西門豹)를 비롯하여 춘추시대의 우맹(優孟), 진나라의 우전(優旃), 한나라 무제 때의 곽사인(郭舍人), 동방삭(東方朔), 동곽선생, 왕선생까지 8명인데 핵심은 순우곤, 우맹, 우전 세 사람이다. 나머지 사람들은 저소손(褚少孫)이란 사람이 후대에 추가했다.

Q _ 동방삭이란 이름은 귀에 익다. 혹시 '삼천갑자동방삭' 할 때 그 동방삭이 아닌가?

A _ 바로 그 사람이다. 훗날 도교의 신으로까지 추앙되고 장수(長壽)의 대명사가 되었다.

058

슬픈 웃음, 〈골계열전〉의 미학
- ② 오리지널 캐스팅, 순우곤 (1)

Q_먼저 누구 이야기부터 할까?

A_순우곤과 관련된 일화가 여러 개 나오니까 그부터 소개하겠다. 순우곤은 전국시대 제나라의 대신이었는데 주로 외교관 역할을 많이 한 것 같다. 또 당시로서는 천시되던 데릴사위 출신으로 왕에게 의미심장한 수수께끼를 통해 충고하는 데 능숙했다. 물론 유머와 풍자는 기본이었고.

　순우곤이 위왕(威王)을 모실 때의 이야기다. 순우곤은 키가 작고 외모가 볼품이 없었지만 익살스럽고 말을 잘해 여러 차례 사신으로 파견되었다. 사신으로서 그는 아무리 강한 나라라도 쉽게 굽히지 않았고, 또 자기 나라를 욕되게 하는 행동은 하지 않았다. 위왕은 밤새워 술 마시기를 좋아해 술과 놀이에 빠져 조정 기풍이 엉망이 되고 나라꼴이 말이 아니었다. 이에 순우곤은 평소 위왕이 수수께끼를 좋아한다는 점에 착안하여 왕을 찾아가 수수께끼를 냈다. 이 수수께끼는 《사기》에 두 번을 비롯하여 다른 문헌에도 나오는 걸로 봐서 오랫동안 유행했던 것 같다.

Q_수수께끼야 그 생명력이 무한하지 않나? 지금 우리 아이들도 보니까 옛날 우리가 즐겨 풀었던 수수께끼를 여전히 풀면서 놀고 있더라.

A_수수께끼 속에 삶의 지혜가 내포되어 있어 그럴 것이다.

Q_그래, 순우곤은 어떤 수수께끼를 냈나? 2천여 년 전 사람들 수수께끼는 어떤 것이었을지 갑자기 궁금해진다.

A_순우곤이 낸 수수께끼는 고사성어가 되어 지금까지 전한다. 바로 '불비불명(不飛不鳴)'이다. 즉 날지도 않고 울지도 않는다는 뜻인데, 새에 관한 수수께끼였다. 순우곤은 위왕에게 "나라 안에 큰 새가 있어 대궐 뜰에 내려앉았는데, 어찌된 일인지 이 새가 3년이 되도록 날지도 않고 울지도 않습니다. 이 새가 어떤 새인지 아시겠습니까?"라는 수수께끼를 냈다.

Q_절묘하다. 왕이 좋아하는 수수께끼를 내서 왕의 방탕한 생활을 풍자한 것 아닌가?

A_3년 동안이나 나랏일은 돌보지 않고 술에 빠져 살고 있는 왕을 꼬집은 것이다. 이 수수께끼는 오래전부터 유행하던 수수께끼로 순우곤보다 훨씬 앞서 초나라 장왕(莊王) 때 오거(伍擧)라는 충신이 장왕 앞에서 낸 것과 똑같다. 큰 새는 왕을 가리키고, 대궐 뜰에

앉았다는 것은 왕 자리에 올랐다는 의미다. 그런데 일은 하지 않고 놀고만 있으니 어찌된 일이냐는 힐난이었다. 장왕은 오거의 수수께끼에 이렇게 답했다.

"이 새는 날지 않으면 모르겠으나 한 번 날았다 하면 하늘까지 오르고, 울지 않으면 그만이나 한 번 울었다 하면 세상 사람을 깜짝 놀라게 만들 새이다."

Q_수수께끼도 멋지고 대답도 멋지다. 왕은 내심 나름대로 큰 포부를 가졌던 모양이다.

A_장왕의 그 멋진 대답을 대개는 줄여서 한 번 울었다 하면 사람을 깜짝 놀라게 만든다는 뜻의 '일명경인(一鳴驚人)'과 한 번 날았다 하면 하늘까지 오른다는 '일비충천(一飛冲天)'이라고 표현한다. 순우곤과 위왕의 경우도 마찬가지인데, 순우곤의 수수께끼는 두 가지로 풀이될 수 있다. 하나는 왕의 방탕한 생활에 대한 지적이다. 3년 동안 놀았으니 이제 일해라, 이런 식으로 말이다. 그러나 왕의 대답을 가만히 음미하면 또 다른 해석도 가능하다. 왕은 3년 동안 마냥 먹고 마시고 방탕하게 지낸 것이 아니라 조정의 분위기와 정치적 형세를 면밀히 살피고 있었던 것으로 보인다. 그러던 차에 마침 순우곤의 충고도 있고 보니 이제는 자신의 정치를 실행할 때가 되었다고 판단한 것으로. 순우곤도 위왕의 이런 의도를 알고 이제 그만 떨쳐일어날 때가 되지 않았느냐는 뜻에서 이 수수께끼를 낸 것이 아닐까 싶기도 하다.

Q_그것을 뒷받침할 만한 근거가 있나?

A_순우곤의 충고를 받은 위왕은 바로 조정을 개혁하기 시작했다. 그 일환으로 위왕은 추기(鄒忌/騶忌)라는 유능한 인재를 재상에 임명했다. 이 과정에서 순우곤은 재상에 임명된 추기에게 역시 비유의 방식으로 다섯 가지 충고를 했는데, 이 대목도

史記卷一百二十六

漢 太 史 令 司馬遷 撰
宋中郎外兵曹參軍裴駰集解
唐國子博士弘文館學士司馬貞索隱
唐諸王侍讀率府長史張守節正義

滑稽列傳第六十六

〈골계열전〉의 첫 부분이다.

참 재미있다. 다만 이 대목은 열전이 아닌 〈전경중완세가〉에 나온다. 두 사람의 대화를 들어보면서 그 의미를 음미해보자.

순우곤 제가 보니 말씀을 참 잘하시오. 제가 선생께 드릴 말씀이 있는데 한 번 들어보시겠습니까?

추기 삼가 가르침을 받들겠습니다.

순우곤 신하된 사람이 군주에 대한 예의를 다하면 그 몸과 명예가 번창하겠지만 그렇지 않으면 모두 잃을 것입니다.

추기 절대 그 말씀을 멀리하지 않겠습니다.

순우곤 돼지기름을 가시나무에 발라서 바퀴 축에 칠하는 것은 바퀴가 잘 돌아가게 하기 위한 것인데, 바퀴 구멍을 각이 지게 뚫으면 기름을 발라도 잘 돌아가지 않지요.

추기 측근들로 하여금 잘 받들도록 하겠습니다.

순우곤 활을 만들 때 잘 마른 나무에 아교를 칠하는 것은 잘 들어맞게 하기 위한 것인데, 공간이 비고 틈이 생기면 메울 수가 없지요.

추기 제 스스로 백성들과 거리를 두지 않도록 하겠습니다.

순우곤 늑대 가죽으로 만든 옷이 해어졌다고 누런 개가죽으로 기우면 안 되지요.

추기 군자를 임명하고 잡소인배가 끼어들지 않도록 하겠습니다.

순우곤 큰 수레라도 균형을 바로 잡지 않으면 원래 실을 수 있는 무게만큼 못 싣고, 현악기는 음을 조율하지 않으면 다섯 음을 제대로 낼 수 없지요.

추기 법률을 잘 정비하고 간사한 관리들을 제대로 감독하겠습니다.

Q_모두가 정치에 관한 비유이고 추기가 그 의미를 제대로 파악한 모양이다.

A_순우곤은 말을 마친 다음 급히 그 자리를 떠나면서 "내가 다섯 가지 비유를 들어 말했음에도 불구하고 선생께서는 질문에 꼭 들어맞는 대답을 하셨습니다. 머지않아 큰 상을 받으실 것입니다"라고 예상했고, 일 년 뒤 추기는 하비(下邳, 강소성 비현)라는 땅과 성후(成侯)라는 작위를 받았다.

Q_마치 선문답 같지만 알아듣지도 못하는 허황된 비유가 아니라 하나하나가 모두 정치에 필요한 방법이나 원칙을 말하는 것 같다.

A_사실 유머나 비유, 풍자와 해학이 통할 정도라면 그 사회는 매

우 성숙한 사회일 것이다. 정치에서도 마찬가지다. 이렇게 순우곤의 충고를 받아들인 위왕은 그 뒤 제나라를 36년 동안 아무도 넘보지 못하게 키웠다. 수준 높은 유머의 힘이다.

059

슬픈 웃음, 〈골계열전〉의 미학
- ③ 오리지널 캐스팅, 순우곤 ②

Q_《사기》의 코미디언들이 너무 재미있고 뜻이 깊다. 좀 더 들어봤
으면 좋겠다.

A_순우곤 한 사람만 소개하려니 좀 섭섭했는데 다른 풍자가들 이
야기도 해보겠다.

Q_사실 유머는 우리 인생의 윤활유와 같다. 여성들이 유머 있는
남성을 선호한다는데, 그런 면에서 본다면 〈골계열전〉의 남성들은
다 일등 신랑감이 될 것 같다.

A_그렇다. 조지 메리디스(G. Meredith)라는 영국의 소설가이자 시인
은 〈희극론〉이란 글에서 유머를 '한 나라의 문화를 저울질'하는 가
장 좋은 방법이라고 했다. 《생활의 발견》으로 유명한 중국의 수필
가이자 소설가 임어당(林語堂, 린위탕)도 〈유머론〉이란 글에서 '한 나
라의 문화가 상당한 수준에 이르면 반드시 유머 문학이 나타난다'
고 했다. 이 말은 문화 수준이 상당해야만 유머가 통용된다는 뜻이

기도 하다. 이들의 말에 일리가 있다면 지금 우리 모습을 한번 되돌아볼 필요가 있지 않나 하는 생각이 든다.

사마천은 〈골계열전〉 첫머리에서 유가 경전들의 작용을 공자의 말을 빌려 소개한 다음, 이렇게 크고 넓은 우주에서 그렇게 딱딱하고 근엄한 잣대로 우리 삶을 재단해서야 무슨 재

〈희극론〉을 통해 유머의 의미를 강조한 조지 메리디스

미로 살겠느냐는 취지의 말을 한 뒤, "웃으면서 나누는 이야기 속에도 절묘한 이치가 함축되어 있어 어려운 문제와 다툼을 해결할 수 있다"*고 했다. 정색을 하지 않고 유머를 통해 고차원적으로 문제를 해결할 수 있다는 말이다.

순우곤 이야기 하나만 더 하고 가자. 이번에는 순우곤이 외교 사절로 나갔을 때의 일화다. 왕이 순우곤에게 고니 한 마리를 주면서 초나라에 갖다 바치게 했다. 초나라는 당시 강대국이었다. 고니를 새장에 넣고 장도에 오른 순우곤은 가다가 무슨 생각이 들었는지 고니를 새장에서 꺼내 날려 보냈다. 그러고는 빈 새장만 들고 초나라 왕을 만났다. 당시 상황이 어땠을지 한번 상상해보자.

Q_분위기가 썰렁했을 것 같다. 빈 새장만 덜렁 들고 온 외국 사신

---

*담언미중역가이해분(談言微中亦可以解紛).

을 맞이하는 초나라 왕으로서는 황당했을 것 같고.

A_아무튼 빈 새장만 들고 온 이유를 순우곤으로서는 해명해야 했을 것이다. 왕이 예물로 보낸 새를 잃어버렸으니 보통 일이 아니었을 테고.

Q_익살맞고 유머 넘치는 순우곤이 뭐라 해명했나?

A_먼저 순우곤은 "물 위를 지나는데 새가 하도 목말라 하는 것 같아 꺼내 물을 마시게 해주었더니 그냥 날아가버렸습니다"라면서 빈 새장만 들고 온 경위를 설명했다. 그리고 이어지는 해명이 기가 막히다. 순우곤은 왕이 예물로 드리라고 한 새를 잃어버렸으니 큰일이다 싶어 배를 찌르고 목을 매어 죽을까 생각했지만 우리 왕이 변변찮은 새 한 마리 때문에 신하의 목숨을 끊게 했다는 숙덕거림이 두려워 그만두었다고 했다. 그래서 같은 놈을 한 마리 사서 바꿔치기를 할까 생각도 해보았으나 이는 왕을 속이는 신의 없는 행동이라 그만두었으며, 아예 다른 나라로 도망칠까도 생각했지만 잘못하면 두 나라의 외교가 단절될까 걱정이 되어 그것도 하지 못하고 이렇게 솔직하게 자백하고 왕께 죄를 받으려 한다고 했다.

Q_그 정도라면 누구라도 용서할 것 같다. 말이 정말 기가 막히다. 초나라 왕은 순우곤을 어떻게 했나?

A_초나라 왕은 제나라에 이렇게 훌륭한 인재가 있었냐며 감탄하고는 고니 값보다 몇 배나 더 나가는 예물을 내렸다.

Q_그런데 궁금한 것은 순우곤이 왜 고니를 일부러 날려 보냈을까 하는 것이다. 만에 하나 초나라 왕이 단단히 화가 나서 순우곤을 처벌하거나, 그것을 꼬투리로 두 나라의 외교 관계를 단절이라도 하면 어쩌려고?

A_이 대목은 순우곤의 말솜씨에 초점을 맞추고 있기 때문에 깊은 내막을 짐작하기가 쉽지 않다. 다만 이것을 기회로 삼아 초나라 왕 앞에서 자신의 능력을 보여줌으로써 초나라가 제나라를 깔보지 못하게 하려고 했던 것이 아닐까 하는 추측을 해본다.

Q_순우곤의 말솜씨는 오늘날 논술 시험에 임하는 입시생들이 활용해도 좋겠다는 생각을 해본다.

A_실제로 《사기》에는 논리 정연하게 상대를 압박하거나 설득하는 대목들이 많다. 학생들이 읽기에 아주 유익한 역사책이다.

060
슬픈 웃음, 〈골계열전〉의 미학
- ④ 오리지널 캐스팅, 우전

Q_다음으로 소개할 코미디언은?

A_이번에는 진짜 코미디언을 소개하겠다. 노래하고 춤추는 연예인이었던 진나라의 우전이란 사람인데, 이 인물 역시 키가 작은 난쟁이였다. 직업으로나 외모로나 사람들에게 멸시당하기 십상이었지만 이치에 맞는 우스운 이야기를 잘했다. 특히 진시황 앞에서 당당하게 유머를 통한 충고를 서슴지 않았던 특별한 존재였다.

Q_진시황이라면 독재자의 전형으로 흔히들 알려져 있는데, 연예인으로부터 충고를 들었다니 의외다. 충고를 듣고 받아들였나?

A_그렇다. 《사기》〈골계열전〉의 우전에 관한 에피소드가 세 개인데 두 개는 진시황이 우전의 충고를 알아듣거나 받아들인 것으로 나온다. 진시황의 또 다른 면모를 볼 수 있다. 먼저 비를 맞으며 진시황의 술자리를 경호하던 군사들을 쉬게 한 일화다.

진시황이 술자리를 베풀었는데 공교롭게 비가 내렸다. 경호 군

266

사들은 비를 맞으며 추위에 떨었다. 이 모습을 본 우전은 경호원들이 불쌍해서 이들에게 쉬고 싶으냐고 물었다. 병사들은 당연히 쉬고 싶다고 했다. 그러자 우전은 병사들에게 "내가 너희들을 부르면 지체 없이 '예' 하고 대답해라"고 일러주었다. 얼마 뒤 어전 쪽에서 황제의 장수를 비는 만세 소리가 들려왔다. 그 소리가 끝나기 무섭게 우전이 난간에 몸을 기댄 채 큰 소리로 "경호 병사들아!"라고 불렀다. 병사들도 일제히 목청껏 "예!"하고 대답했다. 그러자 우전은 "덩치 큰 너희들은 무슨 덕을 보려고 그렇게 비를 맞고 있느냐? 나는 보잘것없는 난쟁이에 지나지 않지만 이렇게 편히 쉬고 있지 않느냐?"라고 했다. 이 말을 들은 진시황은 경호하는 병사들을 반반씩 나누어 교대하며 쉬게 해주었다.

Q _ 재치가 넘친다.

A _ 싱긋이 미소 짓게 만들지 않는가? 고단수다. 또 이런 일도 있다. 진시황이 황가의 동물원과 식물원을 크게 넓히려 했다. 그러자 우전이 이렇게 빈정거렸다. "잘하셨습니다. 이제 금수들을 그 안에 잔뜩 풀어서 도적이 동쪽에서 쳐들어오면 고라니와 사슴으로 하여금 뿔로 막게 하시면 될 겁니다."

Q _ 그래서 어떻게 됐나? 진시황이 그 일을 중단시켰나?
A _ 그렇다.

Q _ 진시황의 판단력이 살아 있다는 것을 보여주는 일화 아닌가?

A _ 막연히 분서갱유와 같은 끔찍한, 사상과 언론의 탄압자이자 독재자로 알려져 있지만 기록들을 다 종합해보면 진시황의 새로운 면모를 발견할 수 있다. 적어도 리더는 사리를 분별할 수 있어야 한다. 사마천은 《사기》 첫 권부터 이 사리 분별을 강조하고 있다. 사리 분별 못하는 사람들을 우리 주위에서 숱하게 보고 있지 않은가? 그리고 한 가지 더 중요한 것이 있다. 시대적 분위기다. 인간의 지혜는 자유로운 분위기에서 나름대로의 성령을 펼치고 크게 빛을 내는 법이다. 그런 유머가 통하는 세상과 그 분위기가 없다면 아무리 수준 높은 유머를 갖고 있어도 무용지물이 아니겠는가? 유머라는 것이 무엇인가? 세상사 이치를 통찰한 다음에야 가능한 경지다. 그렇기 때문에 상대의 마음을 상하게 하지 않으면서 상대를 설득하거나 감동시킬 수 있다. 사마천은 〈골계열전〉을 지은 까닭에 대해 이렇게 말했다.

세속에 흐르지 않고 권력과 이익을 다투지도 않고 위아래 아무런 막힘도 없었지만 누구에게도 해를 주지도 않았으니, 이는 그들이 임기응변의 도를 제대로 운용했기 때문이다. 그래서 〈골계열전〉 제66을 짓는다.

061

이 편을 읽지 않고 《사기》를 읽었다 하지 말라
– ① 저주 받은 걸작 〈화식열전〉

Question

최근에 본 글과 유튜브 〈김영수의 좀 알자, 중국〉 영상에서 근대 이후 《사기》 130편에서 가장 주목을 받고 있는 한 편이 〈화식열전〉이라는 사실을 알게 되었다. 경제와 상인들에 관한 아주 특별한 기록이라고 들었다. 이번 기회에 〈화식열전〉에 대해 들었으면 한다.

Answer

우리가 지금까지 상당히 많은 이야기를 나누었다. 사실 〈화식열전〉을 소개하고 그 내용이나 의의에 대해 이야기하려면 책 한 권으로도 모자랄 판이다. 그래서 여기서는 간략

저주 받은 명편 〈화식열전〉 중 고리대금업자로서 한나라 초기 오초칠국의 난(기원전 154년) 때 황실에 막대한 돈을 빌려주고 원금의 10배를 이자로 받아 당시 관중과 맞먹는 부를 소유했던 무염씨(無鹽氏) 관련 부분이다.

하게 소개하고 자세한 내용, 특히 사마천의 경제관을 비롯하여 거상들의 치부법, 이 편이 갖는 의의 등에 대해서는 책 한 권과 유튜브 영상 하나를 소개하는 것으로 대신할까 한다. 물론 내 책이고 내 영상이다. 책은《제자백가, 경제를 말하다》중 '사마천, 〈화식열전〉에 담긴 사마천의 경제사상'이고, 영상은 유튜브 〈김영수의 좀 알자, 중국〉의 '저주받은 걸작이자 신의 한수, 〈화식열전〉 총정리'다. 영상 시간이 3시간 50분이나 되기 때문에 이 영상을 보면 〈화식열전〉에 대해 전반적인 정보를 충분히 얻을 수 있을 것이다.

Question

'저주 받은 걸작'이라고 했나? 그 부분을 먼저 설명해주시라.

Answer

〈화식열전〉은《사기》가 세상에 공개된 뒤 가장 많은 공격을 받았다. 그런데 근대 이후에 들어와서는 읽지 않으면 안 될 명편으로 평가 받는다. 그래서 '저주받은 걸작'이라고 했고, 강의나 글을 통해 "〈화식열전〉을 읽지 않고《사기》를 읽었다고 하지 말라"고 강조하고 있다. 그럼, 〈화식열전〉에 대한 기본적인 정보를 간단하게 소개한다.

062

이 편을 읽지 않고 《사기》를 읽었다 하지 말라
- ② 〈화식열전〉 소사(小史)

《사기》는 2,100여 년 전에 나온 역사서로 총 130권에 526,500자로 이루어진 3천 년 통사이다. 사마천은 이 130권 중에 전문적으로 경제와 관련된 편을 두 편 안배했는데 이는 당시로는 생각하기조차 어려운 일이었다. 전문적인 경제론을 담고 있는 〈평준서〉와, 경제사상과 경제인(부자)에 관한 기록인 〈화식열전〉이 바로 그 둘이다. 이 두 편을 통해 사마천은 당시 경제 상황은 물론, 경제와 정치의 함수관계, 역대 부자들의 치부법 등을 날카로운 필치로 기록했다.

하지만 이 두 편에 대한 평가는 가혹했다. 2천 년 가까이 혹평과 비난이 쏟아졌다. 이에 대해서는 잠시 뒤에 살펴보도록 한다. 사실 사마천 당시나 《사기》가 세상에 나온 지 얼마 되지 않았을 때에는 이런 비난은 없었다. 오히려 사마천을 '사마자(司馬子)'로 높여 부르면서 사마천의 경제관을 적극 옹호 내지 수용했다. 사마천의 경제관이나 경제사상이 적어도 서한시대까지는 전혀 이단시되지 않았던 것이다.

사마천의 경제관과 진취적인 경제사상에 처음 문제를 제기하고 비난한 사람은 두 번째 정사인 《한서》를 편찬한 반표(班彪)·반고(班固) 부자였다. 이들은 《사기》에 대해 논평하면서,

시시비비가 성인의 말씀과 어긋나고, 큰 도를 논하면서 황로 사상을 앞세우고 육경(六經)을 뒤로 밀쳤으며, 유협을 말하여 처사를 물러나게 함으로써 간웅들이 세상에 나오게 했고, 화식을 기술하여 권세와 이익을 숭상하고 가난과 비천함을 부끄러워했다.

라고 했다. 경제에 관련된 언급은 뒷부분인데, 〈화식열전〉을 통해 돈과 이익을 밝힘으로써 사람들이 가난하고 천하게 사는 것을 부끄럽게 여기게 만들었다는 것이다.

사마천의 경제사상에 대한 반표·반고 부자의 비판은 그 뒤 정통주의에 매몰된 수구 학자들에게 금과옥조처럼 받들어졌다. 금나라 때 학자 왕약허(王若虛)는 사마천이 〈화식열전〉에서 "선비입네 하는 자들이 동굴에 숨어 살면서 세상에 명성을 드러내려 하는 것은 무엇을 위함인가? 결국은 부귀를 위한 것이다"라는 대목과, "세상을 등지고 깊은 산에 사는 것도 아니면서 벼슬을 거부하는 이상한 사람들의 행동이나 오래도록 빈천한 처지로 살면서도 말로만 인의(仁義)를 부르짖는 것 역시 부끄러운 일이다"라고 한 대목을 트집 잡아, 인의를 무시하고 빈천을 부끄럽게 여긴 사마천의 죄악은 죽여도 시원찮다고 극언을 했다.

또 송나라 때 진관(秦觀) 같은 자는 사마천이 〈화식열전〉을 통해 부와 이익을 강조한 것은 그가 사형을 면할 수 있는 돈이 없어 궁형을 자청할 수밖에 없었던 처지에 대한 불만의 표시라고 조롱했다. 사마천이 자기 개인의 울분을 〈화식열전〉을 통해 발설했다는 속된 인식이었다.

〈화식열전〉에 대한 비난은 그 뒤로도 끊이지 않다가 중국이 근대에 들어와 서구 열강의 침략을 받은 후 경제력의 중요성을 절감하면서 이러한 비난은 사그라지기 시작했다. 사마천의 진보적 경제사상도 자연히 주목의 대상이 되어 본격적으로 의미 있는 연구가 이루어지기 시작한 것이다.

〈화식열전〉과 〈평준서〉 이후 중국의 역대 관찬 사서에서 경제관과 경제사상은 자취를 감추고 그저 인구나 재정 상황 정도를 무미건조하게 기술한 '식화지(殖貨志)' 정도만 남게 되었다. 적어도 이 점에서 중국 역사서의 수준과 역사의식은 《사기》보다 후퇴했다는 게 내 생각이다.

오늘날 〈화식열전〉과 〈평준서〉는 '기적의 저술'이라고 평가 받을 정도로 그 위상이 높아졌다. 말 그대로 2천 동안 저주를 받아온 명편이었던 것이다. 그 결과 《사기》의 가치와 사마천의 역사의식은 2천 년이 지난 지금 이 '저주 받은 명편'으로 인해 더욱 빛나고 있다. 부에 대한 추구를 인간의 본성이라고 본 사마천의 경제사상은 지금 우리에게 부에 대한 성숙된 논의를 강하게 촉구하고 있는 것 같다. 그의 말을 들어보자.

부에 대한 추구는 인간의 본성이라 배우지 않아도 모두들 추구할 수 있다. (중략) 농사를 짓는 사람이든, 물건을 만드는 사람이든, 물건을 사고 파는 사람이든 이들이 재물을 모으고 불리는 것 역시 본래 재산을 더욱 늘리려는 것이다. 자신이 아는 것과

〈화식열전〉에서 사마천은 경제가 의식을 지배한다는 '소박한 유물론'을 선보였다. 또 화폐관에 대해서도 진취적이었다. 사진은 한나라 초기에 널리 통용되던 오수전(五銖錢)이다.

능력을 한껏 짜내서 무슨 사업을 이루려는 것은 결국 전력을 다해 재물을 얻기 위함이다.

063

《사기》의 마지막 편이자 전체의 서문
- 〈태사공자서〉

Question

〈화식열전〉이 129편이다. 마지막 한 편이 남았는데 〈태사공자서〉다. 이미 말했듯이 편명으로 보면 사마천의 서문 같다.

Answer

그렇다. 여기에는 사마천의 집안, 자신의 생애, 《사기》 전체에 대한 소개 등으로 이루어져 있다. 또 사마천의 역사관을 볼 수 있는 중요한 기록이기도 하다.

Question

'서문'이라면 맨 앞에 와야 하는데, 왜 맨 마지막에 배치했나?

Answer

첫 편이 무엇인가? 〈오제본기〉다. 다섯 제왕들에 대한 기록이다.

그런데 자신과 집안 이야기를 맨 앞에 갖다놓기에는 그렇지 않았 겠나? 겸양의 뜻에서 맨 뒤로 돌린 것 같다.

Question
그렇겠다. 그럼 마지막 편 〈태사공자서〉에 대한 이야기를 들어보자.

Answer

간략하게 내용을 소개하고, 하나의 숫자로 〈태사공자서〉가 품고 있 는 깊은 뜻과 의의를 부각시켜 볼까 한다. 그 숫자는 526,500이다. 이 숫자는 《사기》 전체의 글자 수이다.

064

130권 526,500자

이렇게 해서 총 130권에 52만 6,500자에 《태사공서》라는 이름을 붙였다.

사마천은 《태사공서》(《사기》의 원래 이름, 이하 《태사공서》)의 마지막 편을 〈태사공자서〉(이하 〈자서〉)라 명명하고 그 말미에 자신의 책을 이렇게 소개했다. 아마 문자가 발명되고 서적이 출현한 이래 자신의 책 총 편수는 물론, 글자 수를 구체적으로 밝힌 최초의 사례일 것이다.

〈자서〉는 《태사공서》 총130권의 서문이자 열전 70권의 마지막이다. 그렇다면 사마천은 전례가 없는 서문을 왜 쓰려고 했을까? 또 열전의 마지막에 배치한 까닭은 무엇일까?

책이나 작품에 서문을 쓰는 사례는 근현대의 일이다. 고대에는 주로 글로 석별의 정을 대신하는 '증서(贈序)'의 형식이 있었고, 내용은 대부분 친구나 선후배에 대한 칭찬, 추천, 격려였다. 이와는 별도로 시가(詩歌) 앞에다 붙인 '시서(詩序)'가 있었다. 그 내용은 대부분 시가와 관련한 고사와 시가 창작에 따른 사연 등이었다. 이밖에 사마천과 동시대 사람인 공안국(孔安國)이 《상서(尙書)》에 서문을 달기는 했지만 자신의 저서에다 서문을 쓴 경우는 사마천이 처음인 듯하다.

065

〈자서〉의 의미
─ ① 사관 집안의 자부심과 아버지의 유훈

태사공은 부자가 대를 이어 그 자리를 맡게 되었는데 일찍이 아버지께
서는 "오호라! 내 선조께서 일찍부터 이 일을 주관하여 당우(唐虞, 요 임금
과 순 임금) 때부터 이름이 났고, 주 왕조에서도 다시 그 일을 맡았으니 사
마씨는 대대로 천문을 주관하게 되었다. 이제 그 일이 우리에까지 왔으
니 너는 단단히 명심해야 할 것이다! 단단히 명심해야 할 것이다!"라고
하셨다.

사마천은 바로 이어서 이렇게 기록했다.

이에 천하에 흩어진 오랜 이야기들을 두루 모아 제왕들이 일어나게 된
자취를 살폈는데, 그 처음과 끝을 탐구하고 그 흥망성쇠를 보되 사실에
근거하여 결론을 지었다.
삼대(하·은·주) 이상은 간략하게 추정하고, 진·한은 상세하게 기록하
되 위로는 황제 헌원으로부터 아래로는 지금에 이르기까지 12편의 본기

제1부_130권 52만 6,500자의 《사기》, 어떤 책일까? 279

로 저술되었는데 모두 나름대로의 뼈대를 제시했다.

사건은 많은데 발생한 시간이 달라 연대가 분명치 않은 사건들이 있다. 그래서 10편의 표를 지었다.

예악의 증감, 율력의 개역, 병가의 지혜와 모략, 산천 지리의 형세, 귀신에 대한 제사, 하늘과 인간의 관계, 각종 사물의 발전과 변화를 살피기 위해 8편의 서를 지었다.

28수의 별자리가 북극성을 중심으로 돌고 수레바퀴 살 30개가 바퀴 안에 모여 끊임없이 돌고 도는 것처럼, 제왕의 팔다리와 같은 신하들의 충성스러운 행동과 주상을 받드는 모습을 30편의 세가에다 담았다.

정의롭게 행동하고 자잘한 일에 매이지 않으면서 시기를 놓치지 않고 세상에 공명을 세운 사람들을 위해 70편의 열전을 남긴다.

사관 집안의 후손으로서의 자부심과 책임감, 그리고 아버지의 유훈이 《태사공서》를 쓰게 된 동기였다. 특히 아버지의 사상을 아버지의 글로 알려진 〈논육가요지(論六家要旨)〉를 〈자서〉에서 소개하고 있는 것도 이를 뒷받침한다. 요컨대 〈자서〉는 이런 동기를 밝히기 위한 사마천의 의도가 반영된 결과였다. 사마천은 바로 이어서 이렇게 말한다.

이렇게 해서 총 130권에 52만 6,500자에 《태사공서》라는 이름을 붙였다. 간략한 서문(서략序略)을 통해 여기저기 흩어져 있는 자료들을 모으고 빠진 곳을 보충하여 나름의 견해를 밝혔다.

또 서문을 통해 나름의 생각을 밝히고 싶었다고 말하면서 이렇게 덧붙였다.

아울러 육경(六經)의 다양한 해석을 취하고, 제자백가의 서로 다른 학설도 절충했다. 그리하여 정본은 명산에 감추어두고, 부본은 서울에 남겨 나중에 성인군자들이 참고할 수 있게 했다.

사마천에게 〈자서〉는 《태사공서》가 어떤 책인지를 알리기 위한 빼놓을 수 없는 장치였던 것이다. 그렇다면 그는 〈자서〉를 왜 열전에다 배치했으며, 그것도 왜 마지막 편에 안배했을까?

역사서의 완성을 당부하는 아버지 사마담의 유언을 받드는 사마천의 모습을 그린 기록화이다.

066

〈자서〉의 의미
- ② 열전의 의미에 기대다

먼저 사마천이 〈자서〉를 《태사공서》의 맨 마지막에 안배한 까닭을 이해하기는 어렵지 않다. 자신의 집안과, 《태사공서》의 서술 동기 및 취지 등을 첫 편인 〈오제본기〉 앞에다 배치할 수는 없지 않은가? 그렇다고 이 한 편을 위해 별도의 체제를 마련하기도 곤란했을 것이고. 그렇다면 자연스럽게 위치는 마지막 편이 될 수밖에 없다. 그것도 열전의 마지막 편으로.

그렇다면 〈자서〉의 위치는 의도와는 상관없이 순서에만 따른 것일까? 〈자서〉의 마지막을 보면 그렇지 않다는 것이 확인된다.

나 태사공은 말한다.

"내가 황제로부터 태초(한 무제 때의 연호) 연간에 이르기까지의 역사를 편찬하고 서술하였으니 모두 130권이다."

《태사공서》의 모든 편 마지막 단락은 거의 '태사공왈'로 마무리된다. 〈자서〉 역시 그렇다. 그렇다면 형식상 〈자서〉는 《사기》 편제를 따랐고 열전의 마지막 권에 놓여 있으므로 내용상 사마천 본인 역시 열전의 대상이 된다. 이 대목의 바로 윗부분을 보자.

이것이 열전의 마지막 권인 제70 〈태사공자서〉다.

사마천은 열전을 짓는 동기와 취지에 대해 말한 바 있다.

정의롭게 행동하고 자잘한 일에 매이지 않으면서 시기를 놓치지 않고 세상에 공명을 세운 사람들 위해 70권의 열전을 남긴다.

사마천은 집안의 내력과 자부심, 아버지의 유훈, 그리고 자신이 《태사공서》를 저술한 의미 등을 종합적으로 고려한 끝에 〈자서〉가 열전에 들어갈 자격이 충분하다고 판단하여 이렇게 안배했다. 그 자부심의 결정체가 다름 아닌 〈자서〉였던 것이다.

067

〈자서〉의 의미
- ③ 개인적 원한

사마천이 이렇게 의도적으로 〈자서〉를 마련한 또 하나의 까닭은 지극히 개인적인 이유에서였다. 사마천은 억울하게 옥에 갇혀 사형 선고를 받고는 살아남기 위해 자신의 성기를 자르는 궁형을 자청했다. 평생을 준비해온 역사서를 완성하지 못한 상태에서 그가 할 수 있는 최선이자 최악의 선택이었다. 저주스러운 결정이었다. 《태사공서》는 이런 사마천의 억울함을 통째로 대변한다. 사마천은 당시의 상황을 〈자서〉와 〈보임안서〉에서 이런 말로 전하고 있다.

그러나 제 생각을 다 밝힐 수 없었으며 주상께서도 제 뜻을 이해 못하시고 제가 이사 장군(이광리)을 비방하고 이릉을 위해 유세한다고 생각하셔서 결국 법관에게 넘겨졌습니다. 간절한 저의 충정은 끝내 드러나지 못했고 근거 없이 황제를 비방했다는 판결이 내려졌습니다. 집안이 가난하여 사형을 면할 수 있는 재물도 없었고, 사귀던 벗들도 구하려 하지 않았으며, 황제의 측근들은 한마디도 해주지 않았습니다.

남을 위해 좋은 일을 하려다 도리어 벌을 받는 일보다 더 참혹한 화는 없으며, 마음을 상하는 것보다 더 고통스러운 슬픔은 없으며, 조상을 욕되게 하는 것보다 더 추한 행동도 없으며, 궁형을 받는 것보다 더 큰 치욕은 없습니다.

이리하여 《사기》를 저술하기 시작했다. 그리고 7년 뒤 태사공은 이릉의 화를 당하여 감옥에 갔혔다. 나는 "이것이 내 죄란 말인가! 이것이 내 죄란 말인가! 몸은 망가져 더 이상 쓸모가 없어졌구나!"라며 깊이깊이 탄식했다. 그러나 물러나와 다음과 같은 사실을 깊이 생각해보았다.

사마천은 궁형을 자청하고 풀려났으나 엄청난 육체적·정신적 고통에 시달렸다. 하지만 생각하고 생각한 끝에 자신의 울분과 한을 저술에 쏟아 '태산보다 무거운 죽음'을 택하기로 결심했다. 친구 임안에게 보낸 편지의 한 대목이다.

그러니 제가 법에 굴복하여 죽임을 당한다 해도 아홉 마리 소에서 털오라기 하나가 없어지는 것과 같고, 땅강아지나 개미 같은 미물과도 하등 다를 것이 없습니다. 게다가 세상은 절개를 위해 죽은 사람처럼 취급하기는커녕 죄가 너무 커서 어쩔 수 없이 죽었다고 여길 것입니다. 왜 그렇겠습니까? 평소에 제가 해놓은 것이 그렇게 만들기 때문입니다. 사람은 누구나 한 번 죽지만 어떤 죽음은 태산보다 무겁고 어떤 죽음은 새털보다 가볍습니다. 이는 죽음을 사용하는 방향이 다르기 때문입니다.

사마천은 《태사공서》의 완성을 통해 자신의 울분을 풀고 나아가 자신에게 치욕을 안긴 자들에게 복수하기로 했다. 이것이 바로 개인적 차원의 복수를 승화시킨, 누구나 인정할 수 있는 보편적 차원의 '문화복수'라는 것이다. 다시 사마천의 말이다.

천한 노복이나 하녀도 얼마든지 자결할 수 있습니다. 하물며 저 같은 사람이 왜 자결하지 못했겠습니까? 고통을 견디고 구차하게 목숨을 부지한 채 더러운 치욕을 마다하지 않은 까닭은 제 마음속에 다 드러내지 못한 그 무엇이 남아 있는데도 하잘것없이 세상에서 사라져 후세에 제 문장이 못 드러나면 어쩌나 한이 되었기 때문입니다.

사마천은 〈자서〉를 통해 후세에 '문장을 전하려는' 자신의 심경을 이렇게 밝혀놓은 것이다.

52만 6,500자에 박힌 메시지
- 3천 년 통사에 아로새긴 '압축 파일'

사마천은 〈자서〉를 통해 《태사공서》가 말하고자 하는 메시지를 간결하게 요약하여 전달하고자 했다. 이렇게 해서 역사상 최초로 글자 수를 밝힌, 그리고 최초로 서문 형식을 가진 역사서 《태사공서》가 탄생한 것이다.

그런데 마지막 부분에 편 수는 물론 글자 수를 밝힌 이유는 무엇일까? 추측이지만 무엇보다 자신의 역사서에 대한 자부심을 대변한 것이 아닐까 하는 생각을 해본다. 이 숫자는 단순히 《태사공서》의 글자 수를 가리키는 것이 아니다. 투옥되어 사형을 선고 받고, 죽음보다 치욕스러운 궁형을 자청하고, 천신만고 끝에 풀려나 《태사공서》를 완성하기까지, 그가 겪은 모든 육체적·정신적 고통의 결정체에 다름 아니다. 그는 이 모든 것들을 3천 년 통사에 집어넣었다. 요컨대 52만 6,500자는 사마천의 삶과 정신을 장장 3천 역사에다 알알이 새겨 넣은 전무후무한 압축 파일이라 할 것이다. 사마천의 문장이 그 어떤 문장과 격을 달리 하는 이유가 여기에 있다.(《사기》 전편에 네 글자로 이루어진 사자성어만 600항목이 넘는다는 사실만 보아도 '압축 파일'로서 《사기》의 콘텐츠가 얼마나 월등한지 잘 보여준다. 이는 또 사마천의 생사를 넘나드는 집필 과정과도 연관이 있을 것이다.)

한 가지 더, 사마천이 굳이 글자 수를 밝힌 현실적 이유 중 하나는 어쩌면 후대에 어떤 식으로든 훼손될 수도 있다는 우려에서 나온 것이 아닐까 하는 생각도 해본다.(실제로 사마천 사후 약 반세기 뒤에 저소손褚少孫이 《사기》의 결손된 부분을 보충한다는 구실로 손을 댔다. 지금 남아 있는 《사기》 판본의 글자 수는 55만 5,660자로 사마천이 밝힌 52만 6,500자와 약 3만자의 차이가 난다. 전문가들의 연구에 따르면 51만 440자 정도를 《사기》의 원문으로 보는데, 그렇다면 후세 보완된 글자 수가 4만 5,220자에 이른다. 사마천이 글자 수를 밝힌 유의미한 근거로 삼을 수도 있겠다.)

《태사공서》는 사마천 개인의 삶과 정신세계를 역사에 반영한 주관적 역사서이며, 〈자서〉는 그런 취지를 간결하게 피력한 저자의 서문이다. 사마천의 의도를 간파한 사람은 많지 않다. 노신(魯迅)이 《사기》를 "사가(史家)의 절창이요, 가락 없는 이소(離騷)"라고 평한 것과, 이장지(李長之)가 "지금까지 이렇게 작자 개인의 색채를 갖춘 역사서는 없었다. 사마천 자신의 생활 경험과 생활 배경이 있고, 자기 정감의 작용이 있고, 자신의 오장육부와 심장이 그 안에 있다. 따라서 이 책은 과거와 현재를 포괄하는 역사서일 뿐만 아니라 사마천 자신의 기가 막힌 전기이기도 하다"라고 평한 것이 그나마 사마천의 의도와 생각을 제대로 짚어낸 것이었다.

결론적으로 〈자서〉는 사마천이 창안한 작가 정신의 발로이며 《태

사공서》의 정신적 명맥(命脈)
이자 문장의 격을 만끽할 수
있는 또 하나의 명편이다. 사
마천은 우리가 이것을 알아주
었으면 하고 바랐을지도 모른
다. 지난 2천 년 동안 선학(先
學)들이 그래왔듯이, 우리는
지금도 그리고 앞으로도 계속

대문호 노신의 흉상.

그가 남긴 52만 6,500자의 압축 파일을 풀어내야만 하는 숙명인지
도 모르겠다.

Question

이상으로 《태사공서》, 즉 《사기》에 관한 기본적인 정보를 시작으로 총 130권
중에서 명편에 속하는 십수 편을 감상해보았다. 표 8권과 서 10권을 빼고 나머
지 112권 가운데 1/3도 채 소개하지 못했지만 《사기》의 매력, 특히 사마천의 매
혹적인 정신세계와 필치를 충분히 느낄 수 있었다. 이제 사마천 이야기로 넘어
간다.

Answer

관련하여 함께 읽을 만한 책 몇 권을 소개한다. 물론 내가 쓴 책이
다. 우선 초보자들이라면 《사기를 읽다》와 《난세에 답하다》를 권한
다. 그다음은 《사마천, 인간의 길을 묻다》를 추천하는데 지금 개정

판을 준비 중이니 조금 기다리셨다가 읽으면 좋겠다. 이밖에《사기, 정치와 권력을 말하다》가 있고,《사기》를 관통하는 중요한 정신, 즉 노블레스 오블리주 정신과 그 실제 사례를 소개한《사마천과 노블레스 오블리주》가 있다. 또 이번의 대담과 중복되는 부분이 있지만 사마천과《사기》에 대해 좀 더 깊은 정보를 원하시면《사마천과 사기에 대한 모든 것》(①, ②)도 있다.《사기》의 내용을 칼럼 형식으로 쓴《리더의 역사 공부》, 각계각층의 리더를 위한《리더의 망치》와《리더와 인재, 제대로 감별해야 한다》와《오십에 읽는 사기》라는 대중서도 있으니 참고 바란다.

이제 사마천의 삶으로 화제를 옮겨보자.

"죽음을 사용하는 방향이 다르기 때문이다."
사마천의 이 말이 우리 곁을 떠나지 않는다.
이로써 그는 해탈과 영생을 얻었다.

사마천은 보통 사람이라면 겪지 않을, 겪을 수 없는, 겪지 않아도 될 고난을 겪었다. 그것도 어쩔 수 없이 자청했다. 살아남기 위해서, 살아남아 역사서를 완성하기 위해서였다. 그럼으로써 자신의 억울함을 밝히고 하고 싶은 말을 남기기 위해서였다.

그는 시대가 부여한 책임을 회피하지 않았다. 얼마든지 회피할 수 있었고 그런다고 뭐라할 사람도 없었다. 그가 당한 고난과 고통에 비추어본다면 그는 모든 책임을 면제 받을 자격이 있었다. 하지만 그는 숨지도, 도망치지도 않았다. 그러기에 그의 고귀한 정신과 업적은 위대하다는 말만으로는 부족하다.

그는 55년을 살았다. 47세 이후의 후반 10년은 지옥이나 다름없었다. 그러나 그 '지옥 속'에서 그는 값지고 소중한 유산을 인류에게 남겼다. 그 유산은 그의 피를 먹고 태어났다. 그가 말했다.

"사람은 누구나 한 번은 죽는다. 어떤 죽음은 태산보다 무겁고, 어떤 죽음은 새털보다 가볍다. 죽음을 사용하는 방향이 다르기 때문이다."

이제부터는 그가 걸었던 길, 즉 삶과 죽음 그리고 사색의 길을 함께 걸으며 그의 정신세계를 더듬어보려 한다.

제2부

사마천,
위대하다는 말로는 부족한 역사가

누구나 묻는 피할 수 없는 질문, 궁형(宮刑)
- 사마천의 마지막 10년

Question

사마천 이야기로 넘어간다. 사람들은 사마천에 대해 아는 것이 거의 없으면서 궁형 이야기는 빼놓지 않고 묻는다. 그만큼 극적인 일이라 궁금증이 큰 모양이다. 사마천께는 죄송스럽지만 나 역시 궁형 이야기를 먼저 묻게 된다.

Answer

사마천과 《사기》를 공부해온 나로서도 그 질문만큼은 늘 곤혹스럽다. 거론하지 않을 수도 없다. 그래서 나는 사마천 일생을 제대로 그려낸 뛰어난 영화 한 편이 나와 모두가 보았으면 좋겠다는 생각을 늘 한다. 그러면 이런 질문에 대한 답은 그 영화에 넘길 수 있을 테니까.

  궁형을 자청한 그 장면으로 돌아가 보자. 시간순으로 중요한 대목만 말하겠다. 때는 기원전 99년, 사마천의 나이 47세였다. 그해 5월, 무제는 한 해 전인 기원전 100년 대완(大宛) 정벌에서 승리한 여세를 몰아 이광리(李廣利)에게 3만의 기병을 주어 흉노를 공격하게 했다. 결과는 3만 기병 대부분을 잃는 처참한 패배였다. 패배를 인정하기 싫었던 무제는 병사들을 다시 결집시켜 흉노를 공격하게 했다. 이때 명장 이광의 손자인 이릉(李陵)은 보병 5천을 이끌고 흉노 진영 깊숙이 들어갔다. 내부의 갈등 때문에 무리하게 적진 깊숙이 들어간 것이었다. 이릉의 5천 병사는 3만이 넘는 흉노 기병과 사투를 벌여 적병 수천을 죽였다. 놀란 흉노는 8만의 군사를 증원하여 이릉의 군대를 포위했다. 중과부적(衆寡不敵), 막다른 골목에 몰린 이릉은 결사대를 조직하여 포위를 뚫으려 했으나 결국 포로 신세가 되었다.

이릉의 패배 소식이 전해졌다. 승전보를 알려올 때마다 술잔을 들며 축하하던 조정의 분위기는 최근 푹 가라앉았다. 흉노와의 전투에서 번번이 실패를 거듭하던 때라 더 그랬다. 무제는 음식을 거부하는 등 불편한 심기를 노골적으로 드러냈고, 대신들은 안절부절 어쩔 줄 몰라 했다. 답답했던 무제는 사마천에게 의견을 물었다.

사마천은 황제의 노기를 조금이나마 가라앉히려고 충정으로 응답했다. 이릉의 항복은 어쩔 수 없는 상황이었고 훗날을 기약하기 위해 벼르고 있을 것이라고 했다. 이 충정어린 변호가 역효과를 내고 말았다. 그렇지 않아도 패배의 책임을 물을 희생양을 찾고 있던 차에 패장을 두둔하고 더욱이 대장군 이광리의 작전에 문제가 있다고 지적하고 나섰으니 그야말로 안성맞춤 먹잇감이었다.

성이 난 무제는 이광리의 공을 훼손하려 했다며 사마천을 옥에 가두어버렸다. 한순간의 화를 참지 못하고 취한 조치였기 때문에 화가 풀리면 옥에서 풀려날 것처럼 보였다. 그런데 별다른 전과를 올리지 못하고 돌아온 공손오(公孫敖)란 자가 이릉이 흉노에게 군사 훈련을 시키고 있다는 보고를 올렸다. 무제는 진위 파악도 하지 않은 채 이릉의 일가족을 몰살시켰고, 사마천에게는 역적을 두둔했다는 죄명으로 사형을 선고했다. 이후의 과정은 익히 알려진 그대로다. 사마천은 궁형을 자청함으로써 사형을 면하였다. 기원전 97년, 사마천의 나이 49세였고 그가 변호한 이 사건을 가리켜 '이릉의 화(禍)'라 부른다.

070

죽음보다 치욕스러운 천형(天刑)
- 궁형

사마천이 자청한 궁형에 대해 설명을 들었으면 한다. 대부분 성기를 자르는 반인간적인 형벌 정도로만 알고 있지 않나? 그래서 실감이 잘 나지 않는다.

궁형은 동서양 모두에 존재했던 반인륜적인 악형이다. 특히 중국의 궁형은 더 잔혹해서 고환을 포함한 성기 전체를 잘라내는 극형이다. 통계는 없지만 대부분 형벌을 받다가 사망했을 것이다. 사마천은 이 형벌을 자청했다. 그런데 사마천의 궁형 자청에는 더 치욕스러운 점이 있었다. 무엇보다 궁형 자체가 치욕스러웠다. 오죽했으면 사형보다 더 치욕스럽다고 했겠나. 또 하나는 궁형을 자청하는 것 자체가 치욕이었다. 더욱이 이것을 황제가 받아주어야 그나마 가능하다는 것도 치욕이었다. 한마디로 치욕 덩어리였다.

한 무제 때까지 궁형을 자청하여 허락을 받은 경우는 단 두 경우

밖에 없었다고 한다. 허락하지 않은 경우가 훨씬 더 많았다는 말이다. 궁형의 청이 거부당하는 것, 그것도 치욕 아니었겠나? 〈보임안서〉에서 사마천이 '욕(辱)'이란 글자를 열여덟 번, '치(恥)'란 글자를 두 번 반복한 것도 다 이 때문이었다. 〈보임안서〉의 다음 대목을 보면 잘 알 수 있다.

저는 비천한 처지에 빠진 불구자입니다. 무슨 행동을 하든지 남의 비난을 받으며, 잘하려고 하여도 반대로 더 나빠질 뿐입니다. 그래서 저는 홀로 우울하고 절망적이고, 함께 이야기를 나눌 사람도 없습니다.

하지만 저는 몸이 벌써 망가졌으니 아무리 수후(隨候)나 화씨(和氏)의 주옥과 같은 재능이 있다 한들, 또 허유(許由)나 백이와 같이 깨끗하게 행동한다 한들, 영예는커녕 도리어 남의 비웃음 거리가 되어 치욕을 당하는 일이 고작일 것입니다.

그러므로 남을 위하여 좋은 일을 하려다 도리어 벌을 받는 일보다 더 참혹한 화는 없으며, 마음을 상하는 것보다 더 고통스러운 슬픔은 없으며, 조상을 욕되게 하는 것보다 더 추한 행동은 없으며, 궁형을 받는 것보다 더 큰 치욕은 없습니다.

아아! 아아! 저 같은 인간이 새삼 무슨 말을 하겠습니까? 새삼 무슨 말을 하겠습니까?

간절한 저의 충정을 끝내 드러나지 못하였고, 근거 없이 이사 장군(이광리)을 비방하였다는 판결이 내려졌습니다. 집안이 가난하여 사형을 면할 수 있는 재물이 없었고, 사귀던 벗들도 구하려 들지 않았으며, 황제의 측근들은 한마디도 하지 않았습니다. (중략) 이릉은 살아서 항복함으로써 그 가문의 명성을 무너뜨렸고, 저는 거세되어 잠실에 내던져져 또 한 번 세상의

궁형의 후과는 상상을 초월한다. 몸의 변화는 물론 정체성의 변화까지 초래하는 극단적 트라우마를 동반하기 때문이다. 그림은 궁형 이후 고통을 견디고 있는 사마천의 모습을 그린 기록화이다.(사마천 사당 내 전시관)

웃음거리가 되었습니다. 슬픕니다! 슬픕니다! 이런 일을 일일이 아무에게나 말하기란 쉽지 않습니다.

그러니 제가 법에 굴복하여 죽임을 당한다 하여도 아홉 마리 소에서 털 오라기 하나가 없어지는 것과 같고, 땅강아지나 개미 같은 미물과도 하등 다를 것이 없습니다. 게다가 세상은 절개를 위하여 죽은 사람으로 대접하기는커녕 죄가 너무 커서 어쩔 수 없이 죽었다고 여길 것입니다. 왜 그렇겠습니까? 평소에 제가 쌓은 것이 그렇게 만듭니다.

사람으로서 가장 좋기로는 조상을 욕되게 하지 않는 것이며, 그다음이 자신을 욕되게 하지 않는 것이며, (중략) 가장 못한 것이 극형 중의 극형인 부형(궁형)을 당하는 것입니다.

그러니 하루에도 아홉 번이나 장이 뒤틀리고, 집에 있으면 망연자실 넋을 놓고 무엇을 잃은 듯하며, 집을 나가도 어디로 가야 할지 모릅니다. 이 치욕을 생각할 때마다 식은땀이 등줄기를 흘러 옷을 적시지 않은 적이 없습니다.

이 당시 사마천의 심경은 〈보임안서〉 전체에 짙게 배어 있으니 《사기》나 관련 글들을 읽기 전에 이 글을 꼭 먼저 읽기를 권한다.

071
죽음과 궁형이
두려운 것이 아니었다

사마천이 궁형을 자청했을 때 나이가 49세라고 했다. 얼핏 드는 생각이 과연 그 나이에 그런 형벌을 견뎌낼 수 있었을까 하는 의문이다. 어디선가 듣기에 조선시대 남성들의 평균수명도 50을 넘기지 못했다고 하던데.

Answer

그렇다. 사마천이 이 선택을 두고 고뇌할 수밖에 없는 지점도 바로 거기에 있었을 것이다. 궁형을 당하다가 죽었을 경우를 생각하지 않을 수 없다. 전문가들 말로는 그 나이에 거세하다가 죽을 확률이 80%는 넘었을 것이라고 한다. 궁형으로 죽는다면 궁형 자체보다 더 큰 치욕이 될 수 있다.

일생의 업이자 자신의 운명과도 같은 역사서를 남기지 못하고 거세 중에 죽는다고 가정해보자. 스스로에게 면목이 없고 아버지, 조상, 후손에게 욕된 사람으로 남게 된다. 바로 죽음보다 더 두려웠던 지점이다. 만에 하나 기록에 남는다면 '한 무제 때 태사령 벼슬에 있던 사마천이란 자가 반역죄를 짓고 구차하게 살아남기 위해 궁형을 자청했다가 죽었다.' … 이랬을 거 아닌가! 궁형이란 선택을 두고 절박하고 처절하게 고뇌했을 것이라고 표현한 건 바로 이런 점들 때문이었다.

Question

사마천이 그런 지옥에서 살아남은 것은 '천운'이란 말 외에 표현할 길이 없을 것 같다. 정말 대단한 분이다. 사형선고를 받았을 때 죽고 싶다는 마음은 없었을까?

Answer

당연히 생각했을 것이다. 그것도 셀 수도 없이…. 당시의 생사관에서는 자신의 존엄성을 지키기 위해 자결하는 것은 결코 죄가 아니었다. 《사기》에 자살과 자결 대목이 많은 것도 같은 이유다. 〈보임안서〉에서 사마천은 심경을 이렇게 토해낸다.

천한 노복이나 하녀도 얼마든지 자결할 수 있습니다. 하물며 저 같은 사람이 왜 자결하지 못하겠습니까? 고통을 견디고 구차하게 목숨을 부지한 채 더러운 치욕을 마다하지 않은 까닭은 제 마음속에 다 드러내지 못한 그 무엇이 남아 있는데도 하잘것없이 세상에서 사라져 후세에 제 문장이 드러나지 못하면 어쩌나 한이 되었기 때문입니다.

'문장을 드러내기 위하여', 즉 역사서를 써야 하는 일이 남아 있었기 때문에 차마 죽지 못했다. 거기에 더해 아버지의 유언도 있었다.

아버지 사마담의 죽음과 마지막 유언 부분을 듣지 않을 수 없겠다. 앞서 〈조선열전〉을 이야기하면서 기원전 108년 고조선이 멸망하던 그해에 사마천의 나이가 38세였고, 또 아버지 사마담의 삼년상을 치르고 태사령에 취임에 때도 바로 그해라고 했으니, 아버지 사마담은 사마천 나이 36세 때인 기원전 110년에 세상을 떠났다는 셈이 나온다.

Answer

그렇다. 기원전 110년 사마천은 소수민족이 많이 살고 있던 지금의 사천성과 운남성 일대의 서남이(西南夷) 지방에 대한 시찰을 마치고 돌아오던 중 아버지가 위독하다는 전갈을 받고는 낙양으로 가서 아버지의 임종을 지켰다. 〈태사공자서〉에는 당시 상황을 이렇게 전하고 있다.

태사공(사마담)은 아들 천의 손을 잡고 눈물을 흘리며 이렇게 당부하셨다.

"우리 선조는 주나라 왕실의 태사(太史)를 지냈다. 그 위 세대는 일찍이 하나라 때 천문에 관한 일을 맡아 공업을 크게 떨쳤다. 그 뒤로 쇠퇴했는데, 내 세대에 와서 끊어지는 것이 아닌지 모르겠다. 하지만 네가 다시 태사가 된다면 우리 선조의 유업을 이을 수 있을 것이다. 지금 천자께서 천 년 동안 끊어졌던 대통을 이어받아 태산에서 봉선 의식을 거행하게 되었는데 내가 수행하지 못하다니, 운명이로다, 운명이로다! 내가 죽더라도 너는 틀림없이 태사가 되어야 한다. 태사가 되거든 내가 하고자 했던 논저를 잊지 않도록 해라. (중략) 이제 한나라가 일어나니 천하는 통일되었다. 그동안 역사적으로 많은 명군·현군·충신·지사 들이 있었다. 그런데 내가 태사령이란 자리에 있으면서도 그것을 기록으로 남기지 못해 천하의 역사를 폐기하기에 이르렀구나. 나는 이것이 너무나 두렵다. 그러니 너는 이런 내 심정을 잘 헤아리도록 해라!"

아버지 사마담은 두 번이나 역사서 완성의 중요성을 강조하면서 신신당부하고 있다. 사마천은 고개를 떨군 채 눈물을 흘리며 "소자가 비록 못났지만 아버지께서 정리하고 보존해온 중요한 기록들을 빠짐없이 다 편찬하도록 하겠습니다"라며 아버지의 유언을 받들었다. 이렇게 볼 때 사마천의 처절한 선택, 즉 궁형을 자청하면서까지 살아남아 역사서 저술을 완수하려 했던 데에는 아버지의 유언도 크고 깊게 작용했던 것이다.

072

사마천은
왜 살아남아야 했나?

Question

그런데 아무리 생각해도 역사서가 무엇이길래 목숨을 걸면서까지 살아남으려 했을까, 이런 의문이 들지 않을 수 없다.

Answer

사마천은 〈보임안서〉에서 "후세에 제 문장이 드러나지 못하면 어쩌나 한이 되었기 때문"이라고 했다. 사마천이 말한 '문장'이 바로 역사서 아니겠는가? 그는 평생을 이 역사서를 위해 살아왔다고 해도 과언이 아니다. 어려운 처지에 있으면서도 문장을 남긴 문왕, 공자, 굴원, 좌구명, 손빈 등을 거론한 다음 "이 사람들은 모두 마음속에 그 무엇이 맺혀 있었지만 그것을 밝힐 길이 없었기에 지난 일을 서술하여 후세 사람들이 자신의 뜻을 볼 수 있게 한" 것이라고 했다. 이런 사마천의 의지를 좀 더 확대시켜 보자면, 자신에게 주어진 한 시대의 책무를 기꺼이 짊어지고, 그 어떤 고난과 굴욕에도 무릎 꿇지 않고 그 책무를 수행한 지식인의 모범이라고 할 수 있다. 노블레스 오블리주, 즉 '고귀한 만큼 책임과 의무'를 다했던 것이다. 실제로 사마천은 《사기》 전편을 통해 노블레스 오블리주를 실천한 역사적 인물들에게 아낌없는 찬사를 보내고 있다.

사마천은 옥에 갇혀 풀려날 때까지 3년 사이에 생각이 바뀌었다. 처음에는 역사서를 완성하기 위해 살아남아야겠다고 생각했지만 시간이 흐를수록 역사서의 내용을 바꾸기 위해 살아남아야겠다고 마음을 먹었다. 그러면서 생사를 해탈한 깨달음을 얻게 되었다. 앞에서도 거듭 인용한 바 있는 대목이다.

사람은 누구나 한 번은 죽습니다. 어떤 죽음은 태산보다 무겁고 어떤 죽

사마천은 지독한 좌절을 극복한 선례들에서 큰 용기를 얻었다. 그가 궁형을 자청할 수 있었던 것은 이런 선구자들이 있었기 때문이다. 사진은 시력을 다 잃고도 끝내 《좌전》이란 역사서를 마무리했던 좌구명의 무덤이다. 산동성 비성시(肥城市)에 있다.

음은 새털보다 가볍습니다. 죽음을 사용하는 방향이 다르기 때문입니다.

Question
그 대목은 언제 들어도, 언제 읽어도 가슴을 울린다. 이제 옥에서 풀려난 다음의 이야기를 해 달라.

Answer

사마천이 옥에서 풀려날 무렵 또 하나의 기가 막힌 일이 터진다. 사마천에게 씌워졌던 반역죄의 근거, 즉 이릉이 흉노 군사들에게 훈련을 시키고 있다는 보고가 허위 보고였음이 밝혀진 것이다. 이 릉이 아닌 이서(李緖)라는 자였다. 이럴 때 하는 말이 '기도 안 찬다' 고 하지 않나? 물론 이광리를 무고했다는 죄명은 남아 있었기 때문에 결과를 달라지지는 않았을 테지만 억울함은 어쩔 수 없었을 것 이다. 아무튼 50세 때인 기원전 96년 사마천은 사면을 받아 옥에서 풀려났다. 이런 사마천에게 한 무제는 환관에게만 주는 중서령(中書令)이란 벼슬을 내린다. 이것도 치욕스럽긴 마찬가지다. 실컷 때 려놓고 사랑한다고 속삭이거나 재물 따위로 달래는 꼴 아닌가? 사 마천은 이 치욕도 담담하게 받아들였다. 이미 생사를 초월한 몸, 사마천의 심경을 〈보임안서〉는 이렇게 전한다.

저도 불손하지만 가만히 무능한 문장에 스스로를 의지하여 천하에 이 리저리 흩어진 지난 이야기들을 모아 그 사건을 대략 고찰하고 그 처음과 끝을 정리하여 성공과 실패, 흥기와 멸망의 요점을 살핀 바, 위로는 황제 헌원부터 따져 지금에 이르기까지 10편의 표, 12편의 본기, 8편의 서, 30편의 세가, 70편의 열전, 총 130편을 저술하였습니다. 아울러 하늘과 인간의 관계를 탐구하고, 과거와 현재의 변화를 꿰뚫어 일가의 문장을 이루고자 하였습니다. 그러나 초고를 마치기도 전에 이런 화를 당하였습니다만 완성하지 못한 것을 안타깝게 생각하였기 때문에 극형을 받고도 부끄러운 기색을 드러내지 않았던 것입니다. 이제 이 일을 마무리하고 명산에 깊이 보관하여 제 뜻을 알아줄 사람에게 전하여 이 마을 저 마을로 퍼져나가 지난날 치욕에 대한 보상이라도 받을 수 있다면 얼마든지 벌을 받는다 하여도 후회는 없습니다.

Question

사마천이 중서령이란 벼슬을 받아들인 것은 아무래도 생계 때문이 아니었을까? 이런 속물적인 생각을 해보게 된다.

Answer

당연히 그렇게 생각할 수 있다. 중서령 녹봉은 태사령보다 높았다니까. 그런데 나는 더 중요한 이유가 있었다고 추정한다. 다름 아닌 황가 도서관이다. 단정할 수는 없지만, 사마천과 사마담 2대에 걸쳐 수집한 자료들과 한나라 건국 이후 민간에 보관되어 있던 책들을 정부 차원에서 수집하여 도서관에 소장된 기록물들은 사마천이 역사서를 기술하는 데 절대적인 자료가 되었을 것이다. 그러니 역사서를 마무리하려면 황궁을 출입해야만 했다. 이것이 중서령 벼슬을 받아들인 근본적인 까닭이 아니었을까? 더욱이 사마천의 억울함이 밝혀지면서 황제는 아마 미안한 마음에 사마천에게 기회를 주지 않았을까, 이런 추측도 해보게 된다.

073

처절하고 위대한
선택의 결실

그렇다면 《사기》는 언제 완성되었나?

Answer

여러 설들이 있지만 대체로 사마천이 세상을 떠나기 직전인 기원전 91년, 사마천 나이 55세 무렵으로 추정한다. 그리고 그 이듬해인 기원전 90년, 56세를 일기로 세상을 떠난 것으로 본다. 기원전 104년, 42세 무렵부터 집필을 시작하여 약 14년에 걸쳐 완성한 셈인데, '이릉의 화' 사건으로 큰 곡절을 겪었기 때문에 42세부터 궁형을 자청한 49세까지 7년, 그 뒤 55세까지 7년, 이렇게 나누어서 들여다볼 필요가 있다.

Question

전반 7년과 후반 7년 중 당연히 후반 7년이 중요했을 것 같다. 그런데 전반 7

년 사이에 많이 써놓았을지 궁금하다.

그건 알 수 없다. 다만 궁형을 기점으로 한 전후 10년, 즉 47세부터 56세 때 세상을 떠나기까지의 10년은 고독하고 고통스럽고 고뇌에 찬 처절한 시간이었을 것이다. 〈보임안서〉를 읽으면서 확인했다시피 울분에 찬 시간이었다. 분노는 사람을 변하게 한다. 좋은 쪽으로든 안 좋은 쪽으로든. 사마천은 그 분노와 울분을 역사서 서술로 승화(昇華)시켰다. 중국의 학자들은 이런 정신을 '발분저술(發憤著述)'이라고 한다. 울분을 표출하되 저술로 발산한다는 뜻이다.

이 10년은 사마천이 경계를 깨는 과정이기도 했다. 사마천은 인간의 한계를 넘어섰다. 그런데 한계를 돌파하는 것보다 경계를 깨는 일이 훨씬 힘들다. 한계는 개인적인 차원이지만 경계는 사회적인 차원이다. 한계에는 나 하나만 버티고 있지만 경계에는 수많은 것들이 버티고 있다. 한계는 보이지만 경계는 보이지 않는다. 《사기》가 위대한 또 다른 이유가 바로 여기에 있다. 사마천이 개인적 한계를 넘어선 것은 물론 그가 살았던 사회, 봉사했던 왕조, 모셨던 권력자 등등과 같은 당대의 근본적인 벽(경계)마저 넘어보려 했기 때문이다.

말씀이 좀 어렵다. 그럼에도 '사마천 최후의 10년'이란 말의 느낌은 확 와 닿는다. 실로 엄청난 시간이었을 것이다. 더욱이 몸이 완전히 망가진 상태 아니었나. 정신적 트라우마는 말할 것 없고.

Answer

그렇다. 사마천이 궁형을 자청한 가장 중요한 이유는 표면적으로는 역사서를 완성하기 위해서였지만 실질적으로는 역사서의 내용을 바꾸고 싶었기 때문이다. 궁형을 전후로 한 약 3년이란 시간이 이전까지 갖고 있었던 생각을 완전히 바꾸어놓았다. 역사서가 토대부터 질적인 전환을 이룬 지점이었다. 만일 이 시련이 없었더라면 《사기》는 지금과는 아주 많이 달라져 있을 것이다.

Question

결국 한 지식인의 강렬한 사회적 책임감의 결실이 역사책 《사기》라는 것인데, 대체 그 책임감의 실체는 무엇이라 생각하나?

Answer

사마천은 사회적 존재로서 인간의 가치를 실현한 사람들을 크게 칭송했다. 최고 권력자부터 보통 사람에 이르기까지 소신을 지키며 공명을 세운 사람들에 대해 차별 없이 기록으로 남겼다. 그것이 자신이 해야 할 일임을 분명히 밝혔는데, 한마디로 '노블레스 오블리주'의 실천이었다. 그런데 사마천의 '노블레스'에는 부자나 권력자만이 아니라 책임과 의무를 다한 사람이라면 신분에 관계없이 누구나 고귀한 존재라는 보편적인 의미가 함축되어 있다. 바로 그러한 것들을 기록해야 한다는 책임감이 극한의 고통을 견뎌내고 '발분저술'하게 했고, 그 결과 전대미문의 '문화복수'까지 완성해냈다.

'문화복수'라…. 정말 고상한 복수가 아닐 수 없다. 그런데 그런 사마천이라는 존재를 받아들인 그 시대의 정신적 토양에 대해서도 생각하지 않을 수 없다. 전제 왕권 시대였음에 불구하고.

Answer

물론이다. 우리가 생각하는 것과는 달리 상당히 자유분방한 분위기도 있었을 것이고, 또 당대 최고의 지식인 사마천이 3천 년 통사를 집필하고 있다는 사실을 웬만한 사람이라면 다 알고 있던 터라 그의 역사서 완성을 기다리고 있었음직하다.

074

하늘과 인간의 관계를 탐구하고, 과거와 현재의 변화를 통찰하다

사마천의 역사관이랄까, 그 자신만의 원칙과 방법 같은 것은 없었나?

Answer

그 질문에 대한 답을 사마천의 노블레스 오블리주 정신을 연계하여 설명해보려 한다. 사마천은 역사서를 쓰는 자신의 소원을 이렇게 말했다.

하늘과 인간의 관계를 탐구하고,

과거와 현재의 변화를 꿰뚫어,

일가의 말씀을 이루고 싶습니다.*

＊구천인지제(究天人之際), 통고금지변(通古今之變), 성일가지언(成一家之言).

314

역사학은 공간과 시간 그리고 인간의 학문이다. '언제, 어디서, 누가'가 가장 기본이다. 사마천은 이 관계를 통찰하여 '일가지언(一家之言)', 즉 나 자신의 말을 하고 싶다고 했다. 역사 연구의 본질을 이렇게 간결하게 규정한 명언이 또 있을까? 이 '일가지언'은 단순한 기록(팩트)을 넘어 진상과 진실을 찾고자 했던 사마천의 의지와 소원을 말한다. 이런 점에서 사마천은 진정한 '사가(史家)'의 출현을 알리는 이정표였다. 그것만이 아니다. 춘추전국시대를 풍미한 제자백가가 이 사가의 출현으로 완결되었다는 것이 내 생각이다.

사마천은 자신의 역사관이 당대는 물론 후대에도 온전히 받아들여지지 않으리라 예견했다. 그래서 "제가 죽고 나야 시비가 가려지겠지요"라는 말로 그 파장을 예감했다. 이 때문에 한 벌 더 써서 감추어둔다고 했다. 또 누군가 첨삭할 것을 예상하여 글자 수를 52만 6,500자라고 밝혔다.(실제로 적지 않은 사람들이 《사기》에 손을 대어 보태거나 덜어냈다. 글자 수를 밝히지 않았다면 이조차 밝혀낼 수 없었을 것이다.)

궁형을 자청하면서까지 역사서를 남기고자 한 데에는 다른 요인들도 작용했다. 첫째, 평생을 지켜온 자신의 지조다. 뜻을 세운 사람은 지조가 굳건해야 한다. 수시로 바뀌는 의지는 지조가 아니다. 그래서 우리나라의 조지훈 선생은 철들어 뜻을 바꾼 것은 다 변절이라고 잘라 말했다. 사마천의 지조는 고스란히 책임감으로 이어졌다. 그가 모진 풍파와 시련에 굴복하지 않았던 것도 이런 숭고한 지조 때문이었다. 이것은 노블레스 오블리주 실천이라 할 수 있는데, 그것이 가능했던 까닭은 역경을 극복한 선인들의 사례에서 용기와 격려를 얻었기 때문이다. 그가 역사를 공부하고 연구한 덕분이었다. 사마천은 이런 사례들을 관통하고 있는 고귀한 정신을 부각시켰다. 그 정신 또한 노블레스 오블리주였다. 사마천은 자신에게 가장 큰 영향을 준《춘추》에서 다음과 같은 정신을 보았다.

《춘추》는 위로는 삼왕의 도를 밝히고 아래로는 인간사의 기강을 가리고, 의심스러운 바를 구별하고 시비를 밝히며, 결정하지 못하고 있는 것을 결정하게 하고, 선은 장려하고 악은 미워하게 하며, 유능한 사람은 존중하고 못난 자는 물리치게 하고, 망한 나라의 이름을 보존하게 하고 끊어진 세대의 후손을 찾아 잇게 하며, 모자란 곳은 메워주고 못 쓰게 된 것은 다시 일으켜 세우는 바, 이것이야말로 큰 왕도입니다.

역사서는 모름지기 정의로워야 한다는 점을 분명하게 드러낸 발언이다. 제왕이건 고위 관료건 무장이건 보통 사람이건 정의로워야 하는데, 정의는 노블레스 오블리주의 근본정신이다. 사마천은 《사기》를 짓는 곳곳에다 이 점(정의로움)을 밝혀놓고 있다. 첫 권 〈오제본기〉를 남기는 취지를 이렇게 말했다.

요 임금이 제왕의 자리를 물려주었으나 순은 자신의 공업을 자랑하지 않고 근신하였다.

제왕의 노블레스 오블리주를 간명한 문장으로 서술했다. 이 대목에서 요 임금이 남긴 천고의 명언을 떠올려보자.

한 사람의 이익을 위해 천하가 손해 볼 수 없다, 결코!

사마천은 통치자의 자기반성을 노블레스 오블리주의 한 덕목으로 꼽기도 했다. 춘추시대 진나라 목공은 자신의 실수로 병사들을 잃자 통렬하게 반성했는데 이에 사마천은 "진 목공은 뉘우칠 줄 알아 효 계곡에서 전사한 병사들을 애도하였다"라는 기록을 남겼다. 한 문제의 노블레스 오블리주는 어땠나? 그는 마흔여섯으로 세상을 떠나면서 스스로 천수를 다 누렸다고 하지 않았던가? 한 문제에 대해 사마천은,

육형(肉刑)을 없애고, 관문과 다리를 활짝 열어 소통하고, 널리 은덕을 베푸니 태종이라 불렀다.

라고 적었다. 또 형제가 서로 왕위를 양보하다 굶어죽은 백이와 숙제에 대해서는,

말세에는 이익을 다투지만 오직 저들만은 의리를 추구하였다.

라는 말로 그들의 고귀한 정신을 칭송했다. 〈손자오기열전〉에서는 군인들이 갖추어야 할 자질과 정신을 논했다.

믿음과 청렴, 어짊과 용기가 없이는 병법을 전수하고 검술을 논할 수 없다. 이를 갖추어야만 안으로는 자신의 몸을 닦고 밖으로는 임기응변할 수 있다. 군자는 이를 기준으로 덕을 따졌다.

전국시대 4공자의 한 사람이었던 위공자 신릉군은 지체가 높은 사람이었다. 재산과 권력도 많았다. 그럼에도 그의 처신은 노블레스 오블리주 그 자체였다.

가난하고 천한 사람들을 존중하고, 현명하고 능력이 있으면서도 자기보다 못한 사람에게 몸을 낮추었으니, 이는 오직 신릉군만이 할 수 있었다.

사마천이 제시한, 당대 및 후대에 칭송을 듣는 상류층의 노블레스 오블리주 사례는 많다. 그러나 사마천은 한 걸음 더 나아갔다. 세상에서 손가락질하거나 권력자들이 배척하는 사람들의 고귀한 정신도 빼놓지 않았던 것이다. 〈유협열전〉은 권력자의 눈 밖에 난 치외법권 지대의 인물들에 관한 전기다. 사마천은 이들을 기록에 남기는 취지를 이렇게 밝히고 있다.

곤경에 처한 사람을 구하고 빈곤한 사람을 구제하는 일은 어진 사람의 자세다. 믿음을 잃지 않고 약속을 저버리지 않는 것은 의로운 사람이 취하는 행동이다.

이런 사람들조차 노블레스 오블리주를 실천했다는 것이다. 한편 당시에 천한 신분으로 멸시 당하던 상인의 노블레스 오블리주도 빼놓지 않았다. 이미 범려와 자공을 통해 그 사례를 살펴본 바 있다.

《사기》 130권 중 절반을 넘는 70권을 차지하고 있는 열전에는 보통 사람들이 많이 등장한다. 사마천은 그들에게서도 고귀한 가치를 찾아내며 열전을 남기는 동기를 이렇게 썼다.

정의롭게 행동하고, 자잘한 일에 매이지 않으면서 시기를 놓치지 않고 세상에 공명을 세운 사람들 위해 70편의 열전을 남긴다.

사마천은 권력과 부를 지닌 사람만 노블레스 오블리주를 독점한다고 생각하지 않았다. 누구나 고귀한 정신과 지조로 세상을 위해 자기 뜻을 실현할 수 있다고 믿었다. 선인들이 그랬고, 자신이 그랬다. 그는 '죽음을 사용하는 방향'에 따라 죽음의 경중(輕重)이 결정된다는 이치를 깨달았다. 그 깨달음이 곧 52만 6,500자로 기록되었고 나는 그것을 '노블레스 오블리주'라는 말로 바꾸어 사마천의 정신을 표현했다.

《사기》는 정의로운 기록이다. 그 정신은 《춘추》로부터 큰 영향을 받았다.

075

영생을 얻은 죽음,
또 다른 복선

Question

아! 너무 와 닿는 말들이다. 절로 나 자신을 되돌아보게 된다. 52만 6,500자를 관통하는 사마천의 정신, 그의 역사관, 최후의 10년을 중심으로 《사기》를 완성하기까지의 과정 등을 들어보았다. 사마천의 죽음에 관한 이야기와, 그의 생애를 정리해주었으면 한다.

Answer

출생은 기원전 145년이 정설로 굳어진 반면, 세상을 떠난 해는 논란이 있으나 기원전 90년 설이 대체로 우세하다. 사인에 대한 논의 역시 정설이 없다. 자연사(병사), 행방불명, 자살, 처형 등 다양하다.

Question

처형설도 있나?

Answer

그렇다. 1999년 두 번째로 사마천의 고향을 방문했을 때 사마천의 후손들을 만나 취재를 하고 그곳에서 편찬된 자료들을 보니까 후손들은 사마천이 처형당했다고 믿고 있었다. 당시엔 믿을 수 없었다. 학계에서도 그다지 통하지 않는 설이고 해서. 그런데 그 뒤 계속 방문하고 사마천의 삶에 대해 생각을 거듭하게 되면서 후손들이 믿고 있는 처형설에 귀 기울이기 시작했다. 사마천의 전체 삶과 죽음에 대해서는 2016년에 냈던 《사마천과 사기에 대한 모든 것─사마천, 삶이 역사가 되다》(죽음에 대해서는 86~98쪽)에서 상세히 다루었으니 그 책을 참고하기 바라고, 여기서는 처형설 부분만 소개한다. 이야기가 좀 길다. 호흡을 가다듬고 들어주길 바란다.

《사기》 이후 관찬 역사서인 정사에는 사마천이 죽은 해와 사인에 대한 기록이 전혀 보이지 않는다. 연구자들은 사마천이 《사기》를 완성한 뒤 별 탈 없이 생을 마쳤기 때문이라고 여겼다. 반면에 일부는 그에 반대했다. 기록에 보이지 않는다는 것은 사마천의 죽음이 분명치 않기 때문이라고 했다. 이 때문에 죽음과 그 연대에 대해 논란이 끊이질 않았던 것이다. 그런데 당나라 개원(현종 때의 연호. 713~741) 연간에 《사기》에 주석을 단 사마정(司馬貞)은 《사기집해(史記集解)》에서, 광무제시대(25~57년)에 활동했던 위굉(衛宏)의 《한구의주(漢舊儀注)》의 다음 대목을 인용해 논쟁의 불씨를 지폈다.

사마천이 〈경제본기(景帝本紀)〉(〈효경본기〉를 말함)를 저술하였는데, 경제의 단점을 서슴없이 지적했다. (경제의 아들) 무제가 이를 보고 성이 나서 삭제를 지시했다. 그 뒤 이릉 사건에 연루되었는데 이릉이 흉노에 항복하자 궁형을 받았다. 원망의 말을 하다가 옥에 갇혀 죽었다.

갈홍(葛洪, 284~364)의 《서경잡기(西京雜記)》에도 비슷한 기록이 있다. 그래서 혹자는 이를 근거로 사마천이 〈보임안서〉를 쓰는 바람에 죽었고, 죽은 해도 그 답장을 쓴 그해라고 주장한다. 왕국유(王國維, 1877~1927)의 고증에 따르면 〈보임안서〉는 태초 4년인 기원전 91년, 사마천의 나이 55세에 썼다. 한편 곽말약(郭沫若, 1892~1978)은 사마천이 옥에 갇힌 일은 틀림없이 세상에 알려졌을 것이고, 그래서 위굉과 갈홍이 자신들의 책에다 이 일을 기록했을 것으로 추측

사마천의 죽음과 관련하여 논란을 남긴 갈홍.

했다. 위굉과 갈홍은 모두 당대에 명망 있는 대학자였기 때문에, 없는 일을 괜히 만들어내서 사실을 왜곡하지는 않았을 것이라는 논지였다.

또 사마천에 관한 유일한 전기를 남긴 반고(32~92)는 《한서》 〈사마천전〉의 끝머리 자신의 견해를 밝힌 찬(贊)에서, "아, 안타깝다! 사마천이 그 넓은 식견을 가지고도 자신의 몸을 보전할 방법을 몰랐으니"라고 하며 "극형

(궁형)을 당한" 뒤에도 "자신의 몸을 보전하지 못했다"고 안타까워했다. 곽말약은 이 기록을 사마천의 죽음이 자연사가 아님을 말해주는 것으로 보았다. 이와 관련하여 곽말약은 서한시대, 특히 무제 당시의 경제정책에 관한 대논쟁을 기록한 환관(桓寬, 기원전 1세기)의 《염철론(鹽鐵論)》 제44 〈주진(誅秦)〉 편에 보이는 궁형과 처형 기록에 근거하여, 사마천이 다시 옥에 갇힌 다음 죽었음을 암시하는 것이라고 했다.

요컨대 곽말약은 사마천이 정상적으로 죽지 않았다는 주장을 대표하는 학자다. 이에 대해 이의를 제기하는 사람들도 만만치 않다. 그들은 태사령과 사마천의 행적을 언급하고 있는 위굉의 기록은 모두 네 군데인데, 이 기록들을 찬찬히 보면 적어도 두 군데가 역사적 사실에 맞지 않는다고 주장한다. 따라서 "옥에 갇혀 죽었다"고 한 위굉의 기록은 신뢰도, 증거도 희박하다고 보는 것이다. '신체발부는 부모로부터 물려받은 것이므로 함부로 상하게 해서는 안 된다'는 말이 있는데 《한서》의 사마천 관련 기록은 이런 관념에서 이해해야 한다는 것이고, 《염철론》의 기록도 사마천과는 상관없으며 엄중한 형벌 때문에 조성된 좋지 않은 사회적 분위기를 지적한 것이라고 주장한다. 즉 한 무제의 가혹한 통치가 효과를 보지 못했음을 입증하는 자료이지 사마천이 두 차례 옥에 갇혔다는 식으로 해석해서는 안 된다는 것이 처형설을 반대하는 사람들의 요지다.

다음으로 사마천이 무제 만년의 태자 '무고(巫蠱) 사건'에 연루되어 죽었을 가능성을 제기하는 쪽이 있다. '무고'란 자신이 미워하는 사람이나 정적을 저주하는 짓을 말한다. 이 사건은 기원전 92년, 사마천 나이 54세에 일어났다. 사건이 마무리된 뒤 무제는 태자의 죽음에 책임 있는 자들을 샅샅이 색출하여 대대적인 조옥(詔獄) 사건으로 몰아갔다. 조옥이란 사건의 주모자를 고문하여 연루된 사람들을 마구 잡아들여 죽이는 것을 말한다. 그 결과 십수만이 목숨을 잃었고 그 안에는 사마천의 입사 동기인 임안(任安)도 포함되어 있었다.(임안은 사마천에게 편지를 보낸 적이 있는데, 궁형 이후 사마천이 이 편지에 답한 문장이 바로 〈보임안서〉이다.) 이 재난은 수많은 문무관원들에게까지 미쳤고, 사마천도 이 재난에서 벗어나지 못했다는 것이다. 또 《사기》의 내용을 분석해보면 유독 정화 1년(기원전 92) 이후의 사건 기록이 없기 때문에 사마천은 《한서》에서 말한 대로 "무고의 화가 사대부들에게까지 미쳐" 그 여파로 희생되었다고 보는 주장이다.

사마천이 세상을 떠난 시기에 대해서도 설이 많다.

사마천과 《사기》 연구로 중국을 대표하는 장대가(張大可) 선생은 기원전 86년 60세의 나이로 세상을 떠났다고 보았다.(《司馬遷評傳》)

무제가 죽은 이후에 사마천이 죽었다고 보는 견해도 있다. 사마천보다 조금 뒤의 저소손(褚少孫)이란 학자는 《사기》에다 보충 기록을 남겼는데, "태사공의 기사는 무제 때의 사건을 모두 기록하고 있다"고 썼다. 이는 《사기》 각 편에 '무제(武帝)'라는 시호가 보이기 때문이다. 사마천이 무제보다 앞서 죽었다면 어떻게 죽은 사람에게 부여하는 시호를 썼겠냐는 주장이다. 이와 관련하여 반론자는 〈보임안서〉를 무제가 죽기 4년 전인 정화 2년(기원전 91) 11월에 썼다고 보고, 〈보임안서〉의 내용으로 보면 그때까지 《사기》가 완성되지 않았음을 알 수 있는데, 그 뒤 정리와 보완을 거쳤기 때문에 무제와 관련된 사건을 언급한 곳에다 그의 시호를 쓴 것이니 하등 이상할 것이 없다고 말하기도 한다.

이밖에 행방불명설도 있다. 《사기》를 완성한 다음 '무고 사건'과 같은 처참한 광경을 목격하면서 세상사에 완전히 미련을 버리고 어디론가 사라졌다는 주장이다. 매력적인 주장이긴 하지만 근거는 없다. 심지어는 자살설도 있다. 드라마틱하기는 하지만 역시 허망한 논리다.

이상의 주장들은 축약해보면 사마천이 "원망하는 말(글) 때문에 옥에 갇혀 죽었다"는 설과, 무고 사건에 연루되어 죽었다는 설, 별탈 없이 여생을 마쳤다는 설이 맞서고 있다. 어느 쪽도 상황을 압도할 만한 결정적 증거는 확보하지 못하고 있다. 새로운 자료가 발견되지 않는 이상 사마천의 죽음을 둘러싼 논쟁은 제자리를 맴돌 수밖에 없다.

그런데 나는 근래에 사마천의 고향에 모여 살고 있는 후손들이 수수께끼를 풀 열쇠를 쥐고 있을지도 모른다는 생각을 하고 있다. 그간 20차례 넘게 사마천의 고향을 답사한 나로서는 나름대로 심증은 가지만 함부로 발설할 자신은 없었기에 사마천의 죽음은 미스터리로 남겨두는 것이 낫겠다는 생각을 몇 년 전까지 했었다. 그것이 최소한의 도리라고 여겼던 것이다. 그래서 당시에 이렇게 썼었다.

그의 죽음은 이제 전설이 되어가고 있다. 그는 영생을 얻었다.

그런데 이런 나의 생각이 바뀌었다. 먼저 사인에 대해 침묵하는 것이 잘못되었다는 판단이 섰고, 사마천과 《사기》를 30년 넘게 공부한 사람으로서 나름의 견해를 밝혀 검증을 받아보는 편이 옳다는 생각이 든 것이다.

Question ────────────────────────────────────

역대 중국학자들의 의견도 좋지만 사마천과 《사기》를 오래 공부한 우리 학자들의 주장도 있어야 하지 않겠나?

Answer

그렇게 거창하게까지는 아니고. 나는 처음 후손들이 처형설을 믿고 있다는 점을 그다지 심각하게 보지 않았다. 그러다 《사기》 속 다양한 인물들의 죽음에 대한 부분을 심도 있게 들여다보고, 원한과 복수에 관한 내용들을 검토하면서 새로운 것들이 시야에 들어오기 시작했다.

Question ────────────────────────────────────

사마천의 죽음, 《사기》 속 인물들의 죽음, 《사기》의 원한과 복수의 내용을 연결시켰단 말인가?

326

Answer

그렇다. 사마천이 굴원의 자결 장면을 묘사한 대목에서 많은 영감을 얻었다. 앞서 이야기한 바 있지만, 망해가는 조국의 비극을 차마 볼 수 없어 굴원이 멱라수에 몸을 던지는 장면을 사마천은 "회석수자침멱라이사(懷石遂自沈汨羅以死)"라고 묘사했다.(줄여서 '회석자침懷石自沈'이라고 한다). 우리말로 풀이하면 한결 비장하다. '돌을 가슴에 품고는 마침내 멱라수에 스스로 가라앉아 죽었다'가 된다. 품을 '회(懷)' 자와 스스로 '자(自)' 자가 이 장면을 더욱 극적으로 만든다.

굴원이 가슴에 품은 것은 돌이었지만 거기에는 온갖 착잡한 심경이 돌의 무게보다 더 무겁게 압축되어 있다. 그러니 어찌 그냥 풍덩 뛰어들 수 있었겠는가? 가라앉은 것이 맞다, 아주 서서히. 이 지점에서 자의와 타의의 경계가 분명해지고, 그의 자결이 자포자기가 아닌 강렬한 저항이었음이 선연히 드러난다. 굴원의 삶(죽음)의 표현 방식이었던 것이다.

이 장면에 대한 사마천의 묘사는 많은 논란을 낳았다. 굴원이 그렇게 자결했다는 기록이 없기 때문에 사마천의 상상이라며 비판과 비난이 집중되었다. 하지만 생각해보자. 사마천은 굴원의 고향, 굴원이 '자침'하여 죽은 멱라수와 사당 등을 직접 찾아갔다. 그리고 굴원과 관련된 많은 이야기, 설화, 전설, 지방의 기록 등을 확인했고 굴원의 작품들을 읽으면서 그의 인품과 당시의 상황을 연결시켜 상상해보았을 것이다. 굴원의 인격과 정신세계를 그의 죽음과 이어놓고 본다면 어떻게 이보다 더 극적이고 사실에 가까운 장면을 묘사할 수 있겠나.

그러면서 나는 사마천의 죽음을 떠올려보았다. 그러다 어느 순간, 사마천이 《사기》의 완성을 위해 궁형을 자청했듯이 죽음도 자청하지 않았을까 하는 생각이 들었다. 굴원이 돌을 끌어안고 물속으로 걸어 들어갔듯이 사마천도 자신에게 내려졌던 사형수의 신분으로 되돌아가지 않았을까 하는.

사마천은 대업을 완성한 뒤 지나온 것들을 되돌아보았을 것이다. 《사기》를 완성하긴 했지만 무제와의 관계만큼은 정리가 되지 않았다. 그래서 또 선택을 하게 된다. 이제 영혼을 지탱하고 있던 망가진 육신을 돌려줘야 할 때가 되었다고 생각했다. 그래서 육신을 내어놓고 자존심을 회복하고자 무제에게 사형을 다시 돌려받고 승천했다. 처형을 빙자한 자결…, 이보다 더 극적인 항거가 있을까? 사마천이 택한 죽음의 방식이자 위대했던 삶의 결정판이었다.

처형설은 나의 독창적인 견해가 아니다. 오래전부터 전해오고 있었다. 나는 그것을 사마천의 입장에서 좀 더 적극적으로 해석해본 것이다. 처음의 사형선고가 영혼에 가한 것이었다면 이번의 사형은 육신에 대한 것이었다. 자신이 기록한 일들은 세세토록 전해질 것이고 자신은 죽음으로써 '해방'될 것이었다. 이것이 죽음으로 복수한다는 문화복수의 정수다.

역사는 죽음을 애도하고 추모하되 그에 앞서 기억한다는 것을 사마천은 자신의 생사를 통해 보여주었고, 《사기》를 남김으로써 영생을 얻었다.

'사기한성(史記韓城), 풍추사마(風追司馬)' 글씨가 쓰여 있는 사마천 사당과 무덤(2011년 사마천 제사 당시).

　사마천의 고향에 가면 곳곳에서 '풍추사마(風追司馬)'라는 글을 보게 된다. '풍속도 사마천을 따른다'는 뜻이다. 나는 갈 때마다 느끼곤 한다. 사마천의 고향 마을에는 바람까지도 사마천의 냄새가 배어 있다는 것을.

Question

의미심장하면서도 비장한 말로 들린다. 무제로 하여금 다시 자신을 죽이게 만듦으로써 복수를 했다는 것 아닌가? 초인적 의지로 《사기》를 완성한 사마천이 자신의 마지막을 고민한 끝에 원래의 사형수 신분으로 돌아가 무제의 손에 죽음으로써 무제에게 복수했다는 설이다.

정식으로 학술지에 발표를 해봐야 알겠지만 당연히 논쟁이 있을 것이다. 하지만 이것이 사마천의 삶에 가장 부합되는 죽음의 방식이라는 생각은 확고한 편이다.

Question

다른 질문인데, 무제의 최후는 어땠나?

Answer

기원전 87년, 무제 유철(劉徹)은 70세의 나이로 세상을 떠났다. 54년 재위 기간 중 약 30년간 사마천과 시간과 공간을 공유했다. 사마천은 무제를 칭송하면서도 비판했고, 무제는 사마천의 재능을

한 무제의 무덤인 무릉(茂陵).

인정했으나 가혹한 시련에 빠뜨렸다.

두 사람은 같은 시대에 서로의 존재를 보증하며 살았다. 한 사람은 절대적 전제군주의 자리에 군림하며 시대를 풍미했다. 그는 자신이 통치하는 제국에 도취되어 끝없는 욕망을 과시하면서 세계와 시대가 자신을 주목하길 갈망했다. 또 한 사람은 자신을 발탁했고 동시에 참혹한 시련을 안겨준 군주에 충정을 보이면서도 그 이면의 가혹함에 눈길을 두었고, 그 군주에게 역사 기록과 역사의 평가라는 낙인을 남겼다.

사마천의 인생에서 무제는 시련의 제공자이자 《사기》의 탄생을 가능케 한 시대적 후원자라고 할 수 있다. 두 사람 모두 시간의 뒤안길로 사라졌다. 그러나 잊히지 않는 역사적 존재가 되어 지금도 우리 주위를 맴돌고 있다.

어머니에 대한 언급이 남아 있지 않은 가족관계와 기연(奇緣)

Question

사마천과 아버지의 관계에 대해서는 많은 사람들이 언급하고 있다. 심지어 '아름다운 공범'이라고 말하는 사람도 있다고 했다. 그래서 문득, 어머니에 대한 언급은 없을까? 이런 생각이 들었다.

Answer

전혀 없다. 아마 일찍 세상을 떠난 것 같다. 36세 때 아버지의 임종은 상세히 기록하고 있는 반면 어머니에 대해서는 어떤 언급도 없다.

Question

그럼 아내와 자녀는 어떤가?

Answer

역시 없다. 굳이 거기까지 언급할 필요를 못 느꼈을 수 있고, 자신의 불우한 처지를 이야기하면서 가족까지 언급하고 싶진 않았을 것 같다. 다만 지방지나 다른 기록들, 구전 등을 종합해보면 아내와 자녀들은 있었다. 외손자 양운(楊惲)과 그의 어머니, 즉 사마천의 딸 사마영(司馬英)에 대한 기록이 《한서》〈양창전(楊廠傳)〉에 나온다. 양창은 사마천의 사위인데 두 아들 양충(楊忠)과 양운(楊惲)을 두었다. 양충이 형이다. 동생 양운은 황제에게 외할아버지 사마천이 남긴 《사기》를 세상에 공표해달라고 청하여 허락을 얻어냈다. 이 기록으로 보아 그 당시까지 《사기》는 금서 내지 공식적으로 읽어서는 안 되는 책이었던 것 같다. 《한서》에는 사마천이 죽은 뒤 그 책이 "서서히 나타났다"고 적혀 있다. 이밖에도 사마천 고향에 남아 있는 비문 등을 조사해보면 사마천은 아들 둘과 딸 하나를 두었는데, 그 딸이 양창에게 시집을 가서 양충과 양운을 낳은 것으로 나온다.

후대에 편찬된 족보에 따르면 사마천의 두 아들은 사마관(司馬觀)과 사마임(司馬臨)이라고 하는데 다른 자료들을 통해 확인되지는 않고, 사마천의 아내는 양(楊)씨 성으로 나온다. 또 다른 기록에는 유천낭(柳倩娘)이란 부인(첩)이 있었다고 하는데 역시 증거는 부족하다.

Question

형제는 없었나? 그리고 사마천 후손이 고향 마을에 살고 있다고 했는데 어느 정도 신빙성이 있나? 아들에 대한 기록이 없지 않은가?

형제에 대한 언급이 없고 다른 자료들도 없는 것으로 보아 외아들이었던 것 같다. 후손이 지금까지 고향에 살고 있는데, 사마천 아들 둘의 존재를 인정한다면 후손의 존재 역시 인정할 수 있을 것이다. 왕국유(王國維) 같은 대학자도 대체로 인정하는 바다. 다만 신기한 수수께끼가 남아 있는데, 지금 사마천의 후손들은 사마(司馬)라는 성을 쓰고 있지 않다는 사실이다.

무슨 말인가? 그럼 어떤 성을 쓰고 있나?

이에 관해서는 내가 실제로 경험한 이야기로 풀어가겠다. 다음 사진을 보자. 1808년에 한백옥(漢白玉)이라는 돌로 만든 패방(牌坊)이다. 한백옥은 궁궐을 비롯하여 중요한 건축물에 쓰이는 귀한 석재다. 패방이란 신성한 구역의 입구에 세우는 문으로 보면 된다. 이 패방의 이마 부분, 이를 편액(扁額)이라 하는데 여기에 '법왕행궁(法王行宮)' 네 글자가 새겨져 있다. 법왕의 행궁으로 들어가는 입구인 셈이다. 1999년 한성을 두 번째로 방문했을 때 이 패방을 보았는데, 정말 사연이 기막혔다.

1998년 여름, 사마천 고향을 처음 방문해 사당과 무덤을 탐방했다. 너무 감격스러웠다. 당시는 고속도로가 뚫리기 전이라 서안에서 약 200km 떨어진 한성까지 8시간 가까이 걸렸다. 1998년에는 산서성 태원(太原)에서 기차로 서안으로 가던 중 새벽에 한성에서 내려 하룻밤을 지내고 오전에 사

'법왕행궁' 패방과 편액의 네 글자.

당과 무덤을 찾았다. 당시로서는 사당과 무덤을 탐방하는 걸로 충분했고, 벅찬 가슴을 안고 귀국했다. 또 가리라고는 꿈에도 몰랐다. 이듬해인 1999년 6월, 《사기》 관련 첫 책 《지혜로 읽는 사기》를 출간했다. 사마천 사당과 무덤을 방문한 한국인은 내가 처음이라고 생각했고, 사마천과 《사기》 관련 저서도 국내에서는 처음이라 속된 말로 어깨에 뽕이 잔뜩 들어갔다.

그해 여름, 출판사의 권유로 독자들과 중국 역사 문화 탐방을 하게 되었는데 그 일정에 사마천 고향인 한성시가 포함되었다. 이해가 나에게는 운명적인 해였다. 공부의 방향, 학문의 방법, 인생의 진로 등 모든 것이 바뀌었다.

Question

무슨 일이 있었기에 그렇게나?

Answer

다시 '법왕행궁' 패방 사진으로 돌아간다. 그해 여름, 비가 거의 오지 않는 섬서성 지역에 비가 꽤 많이 왔다. 이 때문에 사마천 사당과 무덤으로 진입하는 길이 흙으로 막혀 돌아서 가야만 했다. 길을 잘 모르기 때문에 마을 사람에게 길 안내를 받으며 한참을 걸어서 사당까지 갔다. 안내한 분은 사마천이 태어났다고 알려진 서촌(徐村) 마을의 촌장님이었다. 성함은 동영영(同永令). 촌장님의 안내로 보게 된 것이 바로 이 패방이었다.

법왕행궁이라 쓰여 있으니 법왕의 행궁 입구를 나타내는 유적이냐고 여쭤보았다. 촌장님은 청나라의 유적이라면서 글자는 왼쪽에서 오른쪽으로 읽어야 한다고 했다. 그렇게 읽으면 '궁행왕법(宮行王法)'이 된다. 촌장님은 중국어로 한 번 읽어보라고 했다. 순간 머릿속에서 번쩍! 했다. 궁행은 "꿍씽"으로 발음되고 이는 궁형(宮刑)과 발음이 같다. 그러나 왕법, 즉 "왕파"는 알 수가 없었다. 촌장님은 '王' 글자는 '枉'(굽어지다, 왜곡하다는 의미. 잘못하다는 뜻일 땐 '왕'으로 읽고, 미치다는 뜻일 땐 '광'으로 읽는다-편집자)으로 이해해야 한다고 했다. 결론만 말하면 사마천의 궁형은 '법을 왜곡한', 법을 잘못 적용한 억울한 일이란 뜻이었다. 망치로 얻어맞은 것 같았다.

충격은 그걸로 끝이 아니었다. 사당과 무덤으로 가는 마을 곳곳에 사마천과 관련한 전설과 이야기가 숨어(?) 있었고, 그리고 최고의 하이라이트는 촌장님, 당신이었다. 동영영 촌장님이 자신을 소개하면서 사마천 18대손이라고 했기 때문이다. 나는 '멘붕'에 빠졌다. 81대를 잘못 말씀하신 것 아니냐고 물었지만 돌아온 답은 18대였다. 한 세대가 대략 30년이니 18대면 500년 전이다. 사마천은 2,100년 전 분이다. 촌장님의 설명과 뒤에 입수한 자료들을 보니 사마천 집안의 족보를 다시 만든 시기가 명나라 때였다고 한다. 그러면 18대라는 게 이해가 된다.

문제는 또 있었다. 촌장님의 이름 '동영영'이었다. 성이 사마가 아닌 '동'이었다. 여기에도 놀라운 사실이 숨어 있었다. 바로 '사마천 처형설'이었다. 사마천이 한 무제의 심기를 또 건드려 처형되었고, 후손들은 고향을 떠났다가 다시 돌아와서 성을 바꾸었다는 것이다. 한쪽 마을은 동(同), 다른 쪽 마을은 풍(馮)으로 바꾸었다. 사마(司馬)에서 한 글자씩 나누어 사(司)는 왼쪽에 세로획을 보태 '동(同)'으로, 마(馬)도 왼쪽에 이수변을 보태 '풍(馮)'으로 바꾸었다고 한다.

1999년 여름의 그 사건, 즉 두 번째 사마천 고향 방문을 계기로 나의 공부와 연구가 전혀 다른 방향으로 바뀌었다. 다시 시작했다. 교수직도 그만두었다. 그러는 동안 사마천 고향을 집중 방문하여 곳곳을 취재했다. 그렇게 해서 7년 뒤인 2006년, 두 번째 저서 《역사의 등불 사마천, 피로 쓴 사기》가 탄생했다. 이 책은 내 인생에서 큰 이정표가 되었다.

사마천의 후손 동영영 촌장님과 필자의 모습. 1999년 이후 2~3년 동안 필자는 한성을 수차례 방문했다.

077
아, 아버지!

Question

엄청난 이야기다. 현장에 가보지 않고는 알기 어려운 사실 같다. 현장에 답이 있다는 말이 실감난다. 사마천의 삶에 가장 큰 영향을 준 사람이라면 누구를 들겠나? 또 아버지 사마담 이야기도 좀 더 듣고 싶고, 조상에 관한 언급이 있다면 그 부분도 알고 싶다.

Answer

조상에 관해서는 제3부 사마천 고향 한성시의 관련 유적을 소개할 때 하겠다. 아버지 사마담 이야기를 하자.

사마천에게 아버지란 존재는 대단했다. 어릴 적 아버지와의 역사 유적 탐방, 스무 살 때의 아버지의 권유로 행한 대여행, 아버지의 임종과 유언, 아버지의 논문인 〈논육가요지〉를 전문 수록한 점 등에서 그런 사실들을 알아볼 수 있다. 지금부터 이를 중심으로 사마천과 아버지와의 관계, 즉 사마천의 공부와 역사서 서술에 끼친 역할 등을 살펴본다.

사마천은 자서전인 〈태사공자서〉 앞부분에서 조상들의 계보를 기록한 다음, 해당 내용의 마지막에 "(할아버지) 사마희는 사마담을 낳았는데, 담은 태사공이 되었다"고 썼다. 이것이 아버지에 관한 첫 기록이다. 이어 이렇게 기록했다.

내 아버지 태사공(사마담)은 당도(唐都)에게서 천문학을 배웠고, 양하(楊何)로부터《역(易)》을 전수받았으며, 황자(黃子)로부터는 도가의 이론을 익혔다. 태사공은 건원에서 원봉에 이르는 기간(기원전 140~기원전 105)에 벼슬을 했다.

위 대목은 아버지 사마담의 학문적 경력을 언급한 것이다. 그리고 바로 이어, 당시 학자들이 여러 학파의 학설들을 제대로 이해하지 못하고 엉뚱하고 잘못된 것만 배우는 것을 걱정하여 사마담이 육가(六家)의 요지를 논평했다고 소개하면서, 아버지의 논문인 〈논육가요지〉 전문을 인용한다. 여러 학자들로부터 배운 사마담의 학문적 경력은 훗날 20대 중반의 사마천이 당대 최고의 학자인 공안국(孔安國)과 동중서(董仲舒)에게 유가 사상을 배우게 되는 배경이 되었다.

〈논육가요지〉의 전문 다음에 사마천의 출생과 성장에 대한 대목이 이어지는데, 아버지에 대해 서술하기를, "천문을 관장하였고 백성을 다스리지는 않았다. 천이라는 이름의 아들이 있었다"고 썼다.

어린 사마천은 고향에서 농사를 짓고 가축을 키우며 자랐고, 열 살 때부터 고문(古文)을 배웠다.

이어 스무 살에는 전국을 여행하는 역사 탐방에 나섰다. 〈자서〉에는 이 부분이 주로 노선 위주로 기록되어 있고 《사기》 곳곳에 비교적 상세한 기록이 남아 있다. 약 2, 3년에 걸친 이 여행은 사마천의 삶과 역사관, 그리고 훗날 《사기》 저술에 지대한 영향을 주었다. 《사기》에는 언급이 없지만 《태평어람(太平御覽)》에 인용된 《한구의(漢舊儀)》에는, 이 여행은 아버지의 권유에 따른 것이었다고 한다. 그래서 이 여행을 두고 앞서 언급한 대로 사마천과 사마담의 '아름다운 공범'이 일구어낸 합작품이라는 학자도 있다.

사마천의 역사 현장 탐방은 스무 살 때가 처음이 아니었다. 다른 기록들에 따르면 13세 때부터 아버지를 따라 역사 현장을 탐방했다고 한다. 그렇다면 스무 살의 대여행은 13세 이후 꾸준히 해왔던 아버지와의 지역 역사 탐방이 전국 규모로 확대한 것이라 볼 수 있다. 기록 전체를 종합해보면 이 대여행을 위해 아버지와 함께 사전 준비를 철저히 했던 것 같다.

이렇듯 20대 초반까지 사마천은 아버지의 보살핌으로 고문을 배우고 역사 현장을 탐방하는 등 실질적인 역사 공부를 하면서 기본 자질을 닦아나갔다. 사마담은 사마천이 7세 때 태사승(太史丞)이 되어 한 무제의 무덤인 무릉 축조에 참여했고, 다음 해에는 태사령으로 승진하여 장안으로 와서 정부 기록과 천문, 역법을 주관했다. 사마천 가족은 중앙정부의 조치에 따라 집이 장안의 외곽 무릉으로 이사하면서 고향을 떠나야 했다. 사마천의 나이 19세였다.

여행에서 돌아온 사마천은 당대 최고 학자들을 찾아 다양한 지식을 갖추어갔다. 대체로 22세 이후

유지에서 나온 '하양협려궁' 글자가 새겨진 벽돌. 협려궁의 존재를 입증해주었다.

27세까지였다. 28세 때 사마천은 예비 관료인 녹봉 300석의 낭중(郎中)이 되어 무제를 가까이에서 모셨다. 33세 때는 아버지와 함께 무제를 수행하여 지방 순시를 했다. 무제는 두 사람의 고향인 하양(夏陽)을 지난 것을 기념하기 위해 협려궁(挾荔宮)을 세웠다고 한다. 이후 사마천은 매년 무제를 수행하며 지방을 순시했다.

기원전 110년, 아버지 사마담이 세상을 떠났다. 사마천의 나이 36세, 서남이 지역을 시찰하고 돌아오던 중 낙양에서 아버지의 임종을 지켰다. 아버지의 유언은 역사가가 되기 위해 준비해온 사마천에게는 큰 동기부여가 되었다. 아래는 사마천에게 당부한 사마담의 유언이다. 앞에서 소개했지만 한 번 더 인용한다.

우리 선조는 주나라 왕실의 태사(太史)를 지냈다. 그 위 세대는 일찍이 하나라 때 천문에 관한 일을 맡아 공업을 크게 떨쳤다. 그 뒤로 쇠퇴했는데, 내 세대에 와서 끊어지는 것이 아닌지 모르겠다. 하지만 네가 다시 태사가 된다면 우리 선조의 유업을 이을 수 있을 것이다. 지금 천자께서 천

년 동안 끊어졌던 대통을 이어받아 태산에서 봉선 의식을 거행하게 되었는데 내가 수행하지 못하다니, 운명이로다! 운명이로다! 내가 죽더라도 너는 틀림없이 태사가 되어야 한다. 태사가 되거든 내가 하고자 했던 논저를 잊지 않도록 해라. (중략) 이제 한나라가 일어나니 천하는 통일되었다. 그동안 역사적으로 많은 명군·현군·충신·지사 들이 있었다. 그런데 내가 태사령이란 자리에 있으면서도 그것을 기록으로 남기지 못해 천하의 역사를 폐기하기에 이르렀구나. 나는 이것이 너무나 두렵다. 그러니 너는 이런 내 심정을 잘 헤아리도록 해라!

이 유언 중에 역사 기록을 담당하는 벼슬인 '태사'라는 단어가 네 번 반복되고, 같은 맥락의 태사령까지 나온다. 이는 사마담이 사관이란 자리와 그 역할이 얼마나 중요하며, 얼마나 큰 자부심을 가지고 있었는지 잘 보여준다. 특히 역사서를 자신의 손으로 남기지 못하고 가는 것을 한스러워 하며 아들에게 그 일을 꼭 완수할 것을 신신당부했다. 사마천은 눈물을 흘리며 "소자가 비록 못났지만 아버지께서 정리하고 보존해온 중요한 기록들을 빠짐없이 다 편찬하도록 하겠습니다"며 약속한다.

삼년상을 마친 사마천은 기원전 108년, 38세의 나이로 아버지의 뒤를 이어 태사령이 되었다. 시간이 날 때마다 역사서 저술을 위한 준비 작업을 했고, 42세가 지나면서 저술에 착수한 것으로 보인다. 이 작업은 47세 때 이릉을 변호하다가 화를 당할 때까지도 마치지 못했다. 이에 대해서는 앞에서 살펴본 바 있고, 여기서의 요점은 사마천이 역사서를 완성하려 한 데에는 아버지의 유언이 큰 동기부여가 되었다는 점이다. 사마천에게 아버지의 존재는 실재를 훨씬 뛰어넘는 정신적 지주였다.

078

애증이 교차하는
권력자

Question

아버지의 존재에 대해 새삼 생각해보게 하는 장면이었다. 아버지 다음으로 영

향을 크게 준 사람은 아무래도 한 무제일 것 같다. 두 사람의 나이 차이를 보니

11년 차, 무제가 큰형님 정도 되겠다.

Answer

그렇다. 사마천이 기원전 145년에 태어나 기원전 90년 무렵 세상을

떠난 것으로 추정하고, 무제는 기원전 156년에 태어나 기원전 87년

에 세상을 떠났다. 무제는 우리 나이로 딱 70을 살았다. 두 사람이

함께한 시간은 사마천 나이 28세부터 56세까지로 햇수로 28년, 즉

사마천 생애 절반이 한 무제와 함께한 시간이었다. 물론 28세 이전

에도 무제를 수행한 적이 있기는 하다.

두 사람의 관계를 어떻게 표현해야 좋을지 생각해보았다. 그런데 '애증의 관계' 그 이상이 떠오르지 않는다.

나 역시 마찬가지다. 전제군주제에서 군신 관계를 보면 아주 특별한 사이가 아니면 신하는 오로지 한 사람, 군주만을 올려다볼 수밖에 없고 군주에게 신하는 속된 말로 1/n 아닌가? 왕조 체제라는 한계에서 비롯된 관계이지만 그렇다고 당시 이 체제를 부정하면 벼슬할 수도 없으니, 체제에 대한 비판적 인식은 꿈도 꾸지 못하던 시대였다. 아무튼 28세에 입사하여 거의 매년 무제를 수행하여 지방을 순시한 사마천은 38세 때 태사령이 된 이후 47세 '이릉의 화'라는 비극을 당하기 전까지는 그야말로 황제에게 충성하며 자신의 직무에 최선을 다한 공복이었다. 이는 〈보임안서〉의 다음 기록이 잘 보여준다.

그런데 요행히 주상께서 선친을 봐서 저의 보잘것없는 재주로나마 궁궐을 드나들 수 있게 하셨습니다. 대야에 머리를 인 채 하늘을 볼 수 없기에 빈객과의 사귐도 끊고 집안일도 돌보지 않고 밤낮없이 미미한 재능이나마 오로지 한마음으로 직무에 최선을 다해 주상의 눈에 들고자 했습니다.

이랬던 사마천이 그 화를 당했으니 그 충격은 어땠겠는가? 그럼에도 대놓고 무제를 원망하지 않고 있다. 물론 기록으로 남길 수 없는 처지였기 때문이지만 앞에서도 이야기했듯이 역사서를 완성하기 위해서는 황제의 도움이 현실적으로 필요한 때문이었다. 다행인지 불행인지 사마천이 옥에서 풀려나던 기원전 96년, 사마천에게 씌워졌던 반역죄가 무고임이 밝혀졌고, 미안했는지 무제는 사마천에게 중서령이라는 벼슬을 내렸다. 사마천은 이 벼슬을 받아들였고, 역사서를 완성할 기회로 활용했다.

사마천과 무제 두 사람의 관계는 사마천이 출옥한 뒤로도 54세까지 매년 지방 순시에 동행했다는 기록으로 볼 때 애증의 관계만으로는 표현하기 힘든 '착잡(錯雜)한 관계'였던 것 같다. 어쨌거나 무제는 사마천의 삶에 아버지 다음으로 큰 영향을 미친 존재임에는 틀림없다.

Question

사마천이 부처님이 아니고서야 무제에 대한 섭섭한 마음이 없었을까?

Answer

사마천의 위대함이 바로 그 지점에서 확인된다. 사마천은 죽을 때까지 무제를 가까이에서 모셨다. 중서령이란 벼슬은 환관에게만 주는 벼슬로 황제 옆에서 잔심부름 따위를 하는 자리다. 사마천에게 중서령이란 벼슬도 알고 보면 치욕이었다. 억울함이 밝혀진 다음에 내려진 벼슬이라 더욱 그랬다. 그럼에도 사마천은 이 치욕을 견디었다. 무제에 대한 섭섭함을 억누르며 그것들을 역사서 안에다 투영시키는 작업을 해낸 시간이었다. 나는 이것을 문화복수라고 표현했다.

《사기》 속의 무제 통치기의 기록인 〈효무본기〉는 내용이 전부 〈봉선서〉와 같다. 〈봉선서〉는 역대 제왕들의 제사와 미신으로 가득 찬 기록이다. 무제 때에는 제사 활동과 미신에 심취한 내용이 유독 많다. 압도적일 만큼이다. 사마천은 이 기록들을 〈효무본기〉에 그대로 갖다가 옮겨놓았다. 이에 대해서는 〈효무본기〉가 검열에 걸려 삭제되어 〈봉선서〉를 옮겨서 집어넣었다는 주장도 있다. 하지만 〈효무본기〉에 비판적 내용이 많아서 삭제되었다면, 무제에 대한 달갑지 않은 기록인 〈봉선서〉 기록을 옮겨다 넣었다는 것도 납득이 되질 않는다.

반면에 사마천이 일부러 〈봉선서〉의 내용으로 〈효무본기〉에 넣었다는 주장을 받아들인다면 이는 이해가 간다. 무제에 대한 조롱으로 읽을 수 있기 때문이다. 여기에다 사마천의 '처형 자청설'을 함께 놓고 맥락을 짚어가다 보면 사마천은 인간 유철(劉徹)에게 즉 무제에게 대놓고 증오를 표하는 대신에, 역사 무대에 수시로 소환시켜 무제의 행적을 펼쳐 보이고, 사마천 자신의 죽음을 들이미는 방법으로 복수극을 마련한 것이라고 생각한다.

079

사마천이 만난 사람들
– 치외법권 지대의 주변인 '유협' 그리고 곽해

한 무제와 사마천, 사마천과 한 무제, 두 사람의 관계에는 단순히 군신 관계로는 풀 수 없는 그 무엇이 있는 것 같다. 이제 사마천과 교류했던 다른 사람들 이야기로 넘어가야겠다. 사마천의 말대로라면 업무에 쫓겨 집안일도 챙기지 못할 정도였는데, 그렇다면 인간관계의 폭이 아주 좁았을 것 같다. 궁형 이후에는 사람을 만나는 일조차 더욱 힘들었을 테니.

Answer

사마천의 삶에 영향을 준 사람들과 함께 벼슬했던 인물들을 소개하는 정도로 해서 이 이야기를 진행해볼까 한다. 기록상 사마천이 다른 사람들과 교류한 것은 19세 때 장안으로 이사한 다음부터라 할 수 있다. 그런데 이사하기 직전에 만난 사람이 있다. 바로 유협 곽해(郭解, 생몰미상)다. 《사기》 130권 중 〈유협열전〉은 대단히 특별하다. 유협은 법과 제도를 비웃으며 소신을 굽히지 않고 살았고 치외법권 지대에서 힘없는 사람들을 도왔으니, 정권과 통치자 입장에서는 매우 불온하고 불손한 존재였다. 이런 자들의 행적을 역사서에 편입시키기란 대단한 용기가 없으면 못할 일이었다. 사마천은 19세 때 직접 만난 곽해에게 깊은 인상을 받은 이후 그들에 관한 자료들을 수집하여 공통된 특성을 기록에 남겼다.

유협은 그 행동이 꼭 정의에 부합한다고는 할 수 없지만, 그 말은 믿음이 있고 행동은 용감했으며 한 번 약속한 일은 반드시 성의를 다했다. 또한 남의 어려운 일에 뛰어들면 생사를 돌보지 않았다. 그러면서 자기 능력을 자랑하지 않았을 뿐만 아니라 공을 내세우는 것을 부끄럽게 여겼다. 이밖에도 칭찬할 점이 많다. 하물며 위험이란 것은 누구나가 어디서든 만날 수 있는 것 아니던가?

이 〈유협열전〉은 통치자 및 상류사회에 대해 무정하게 그리고 격렬하게 비판한 전투성이 가장 강한 열전으로 꼽힌다. 법제(法制)를 무시하면서까지 자신의 원칙을 지킨 곽해를 비롯한 유협들을 칭송하는 한편 법을 왜곡, 농락하고 붓을 놀려 그들을 해친 공손홍 등 당시 유생들의 비열한 행위를 비난했다. 〈유협열전〉은 한 문제 이래로 박해를 받아 한 무제 때 철저하게 소멸된 반체제 인사인 유협들의 행적을 후대에 남겨준 사마천의 용기가 돋보이는 열전이며 무엇보다 서정성이 넘친다. 또 진보와 보수 사이에서 2천 년 동안 논쟁이 지속되고 있는 열전이기도 하다.

사마천은 유협 곽해를 만났다. 혈기왕성한 열아홉 때였다. 그때의 인상을 이렇게 기록했다.

곽해는 몸집이 작았지만 매우 용맹스러웠고, 술은 마시지 않았다.

인상에 대한 기록은 간단하지만 〈유협열전〉 내에서의 내용은 압도적일 정도로 곽해라는 인물은 강렬한 존재였다. 유협들에 대한 사마천의 평가는 아슬아슬할 정도로 위험천만했다.
유협에 대한 세간의 오해를 지적하면서 이들의 행동을 변호하는 사마천의 평가를 인용해본다.

유협들은 간혹 당시 법망에 저촉되기는 하지만 개인적으로는 의리가 있고 깨끗하고 겸손하여 칭찬할 만하다. 그들의 명성이 괜한 것이 아니며 사람들이 까닭 없이 그들을 추종하였을 리도 만무하다. 유협은 패거리를 짓고 세력을 만들어 재물을 모으면서 가난한 사람들을 부리는 자, 폭력으로 약한 자를 누르거나 제멋대로 쾌락에 빠지는 것을 가장 부끄럽게 여긴다. 그런데도 세상에서는 그 뜻을 모르고 주가(朱家)나 곽해 같은 이들을 포악한 무리들과 함께 취급하고 비웃으니 어찌 가슴 칠 일이 아닌가!

치외법권 지대에 있던 유협들에 대한 사마천의 평가가 대단히 놀랍다. 정권 입장에서는 대단히 불편했을 것 같다. 《사기》가 살아남은 것 자체가 기적이라는 생각이 또 든다.

Answer

주변인 내지 경계인과 같은 유협을 긍정하는 사마천의 감정이 〈유협열전〉에 역력하게 드러난다. 제도와 법보다는 자기 소신을 굽히지 않았던 유협들, 그러나 그들은 한나라 초기, 특히 전제주의가 맹위를 떨쳤던 무제의 시기를 거치면서 사라져갔다. 젊은 날 곽해를 만나 강렬한 인상을 받았던 사마천은 소멸해가는 이 존재들을 안타까워하며 이들을 위해 특별한 묘비명, 〈유협열전〉을 남겼다. 엄청난 용기가 없으면 불가능했을 일이었다. 이는 후배 반고가 이 〈유협열전〉을 두고 "간웅(奸雄, 유협)들을 앞장세워 칭찬했다"며 신랄하게 비난한 것으로도 입증된다. 사마천은 그냥 그저 그런 역사가가 아니었다.

Question

사마천은 사람을 그냥 만나지는 않았던 것 같다. 그 사람의 정신세계까지 깊이 살피고 더 나아가 관련된 사람들, 사회현상, 권력까지 헤아린 것 아닌가?

Answer

그렇다. 젊어서 만난 사람한테서 받은 깊은 인상을 오래도록 간직하면서 이들의 존재가 갖는 역사적 의미, 그들에 대한 권력층의 인식 등에 대해 탐구한 결과를 역사서에 아로새겼다. 수박 겉핥기식의 무미건조한 사실만의 나열이 아닌, 사실 아래에서 드러나지 않고 감추어져 있는 진실을 찾으려 애를 썼다. 이런 역사의식과 탐구 자세는 명장 이광(李廣, ?~기원전119) 열전에서도 고스란히 발견된다.

곽해는 정권 입장에서는 대단히 위험한 존재였다. 그러나 사마천은 젊은 날 곽해를 만나고는 정권과 법의 보호를 받지 못하는 힘없는 백성들이 추앙하는 유협에 주목했다. 그런 점에서 〈유협열전〉은 놀라운 기록이 아닐 수 없다. 그림은 곽해의 모습이다.

080

사마천이 만난 사람들
– ① 명장의 조건, 이광 : '도리불언, 하자성혜'의 주인공

Question

이광이라면 사마천이 '도리불언(桃李不言), 하자성혜(下自成蹊)'라는 속담으로 유명한 그 명장 아닌가? '복숭아나무와 자두나무는 말이 없지만 그 아래로 절로 큰길이 난다.' 개인적으로 이 속담, 이 명언을 아주 좋아한다.

Answer

그렇다. 위대한 사람들은 남들이 가지 않는, 가지 않으려는 길을 기꺼이 걸었고 그러기에 그들의 족적을 따라 지금 우리는 힘들이지 않고 그 길을 가고 있다. 큰길은 얼핏 보아서는 큰길처럼 보이지 않을 때가 있다. 가시밭길로 보이는 경우가 더 많다. 그래서 꺼려한다. 옳은 길은 한 번도 편한 적이 없었다. 사마천은 그들에게 동정과 경의를 표했고 자신도 그 길을 따라 걸으며 그 길에 역사의 기록을 깔았다. 명장 이광을 기록한 〈이장군열전〉도 그중 하나다.

사마천이 이광을 만난 때는 언제인가?

시기는 나와 있지 않다. 이광이 자결한 해가 기원전 119년이니까, 기원전 118년 입사한 사마천은 이광의 직접 얼굴을 볼 기회가 없었을 것 같다. 다만 장안으로 이사하고 2, 3년에 걸쳐 대여행을 다녀온 뒤 23세 이후부터 28세 이전 그사이에 잠깐 이광을 본 것 같다. 이광에 대한 사마천의 인상기다.

내가 이 장군을 본 적이 있는데 성실하고 순박하기가 시골 사람 같았으며 말도 잘 못했다.

평범한 소회 같지만 이광의 생애를 알고 난 다음 다시 이 대목을 다시 읽으면 울컥 치미는 감정을 받곤 한다. 이광에 대해 예전에 써놓은 글이 있어 여기에 다시 소개한다.

사마천이 만난 사람들
- ② 명장의 조건, 이광 : 솔선수범한 맹장

이광은 기마와 활쏘기의 명수로 이름을 날렸다. 그는 문제와 경제를 거쳐 무제시대에 이르기까지 흉노와의 전쟁에 거의 평생을 바친 역전의 맹장이었다. 흉노는 이광의 용맹함과 지략을 두려워했고, 한나라 병사들은 누구나 명망 높은 이광과 함께 전투에 참여하길 희망했다.

이광은 명문가의 후손이었다. 이광의 4대조는 자객 형가를 사주하여 진시황을 암살하려다 실패한 연나라 태자 단(丹)을 요동까지 추격하여 잡아 죽인 명장 이신(李信)이었다. 이후 가세가 기울어 이광 대에 와서는 평민 집안으로 떨어지다시피 했다.

그가 젊었을 때부터 적진을 뚫고 들어갔다거나 맨손으로 맹호를 때려잡은 따위의 무용담이 널리 퍼져 있었다. 이에 한 문제는 "안타깝구나, 네가 때를 잘못 만나서. 만약 고조 때 태어났더라면 1만 호를 받는 만호후가 되고도 남았을 텐데"라며 안타까워했다.

경제 때 흉노가 대거 상군(上郡)을 침입하자 황제는 환관 하나를 이광에게 보내 군사에 관한 일을 배워 흉노를 물리치게 했다. 이 환관은 수십 명의 기병을 데리고 말을 달리다 우연히 흉노인 세 명과 맞닥뜨렸다. 쌍방은 바로 교전에 들어갔고, 흉노인들은 몸을 돌린 채로 환관을 향해 화살을 쏘았다. 환관이 거느리는 기병들이 거의 다 죽게 되었고, 환관은 이광에게로 도망쳐와 이 사실을 알렸다. 이광은 상대가 명사수라고 직감하고는 100명의 기병을 뽑아 추격했다. 흉노 세 사람은 걸어가고 있었다. 몇십 리를 갔을까? 이광은 기병들에게 길 양쪽을 에워싸도록 한 후 직접 활을 쏘아 두 명을 죽이고 하나는 사로잡았다.

이광은 말을 매어둔 뒤 먼 곳을 살피니 수천의 흉노 기병이 몰려오고 있었다. 이광의 병사들을 본 흉노는 자신들을 유인하는 병사들로 여겨 깜짝 놀라 산 위로 올라가 진을 쳤다. 이광의 기병들도 깜짝 놀라 도망치려 했다. 이광이 다급히 말했다.

"우리는 저들로부터 수십 리 떨어져 있다. 우리 중 하나만 달아나도 저들은 바로 추격해올 것이고 그러면 순식간에 전멸하게 된다. 일단 말을 멈추고 가만히 있으라! 저들은 우리를 대군으로 착각하여 감히 공격해오지 못할 것이니!"

그런 다음 이광은 기병들에게 전진하라고 명령했고, 기병들은 흉노군이 진을 치고 있는 곳에서 2리 정도 떨어진 곳까지 다가갔다. 그런데 이광이 황당한 명령을 내렸다.

"모두들 말안장을 풀어 내려놓는다!"

부하들은 "저렇게 많은 적병을 코앞에 두고 안장을 풀었다가 긴급

한 상황이라도 발생하면 어쩝니까?"라며 볼멘소리를 했다. 이광은 "적들은 우리가 도망칠 것이라 생각했다가 말안장을 푸는 것을 보면 자신들을 유인하기 위한 병사라고 확신할 것이다"라고 말했다.

아니나 다를까, 이광의 말처럼 흉노군은 감히 공격하지 못했다. 백마를 탄 흉노의 장교 하나가 진지에서 벗어나 병사들을 감독하는 모습이 보이자 이광은 십여 명의 기병들과 함께 그 장교를 쏘아 죽인 다음 돌아와 말안장을 다시 풀었다. 그러고는 모두 누워서 쉬게 했다.

날이 저물어갈 때까지도 흉노군은 고개를 갸웃거리며 감히 진군하지 못하다 야밤이 되자 기습할 것이라 판단했는지 철수했고, 다음 날 아침 이광은 유유히 군영으로 돌아왔다.

082

사마천이 만난 사람들
- ③ 명장의 조건, 이광 : 관운과 세월

몇 년 뒤 무제가 즉위했다. 그 무렵 이광은 모두가 인정하는 군인의 꽃이 되어 있었다. 이광은 변방에서 도성으로 돌아와 미앙궁 금위군 책임자로 임명되었다. 오랜 야전 생활을 끝낸 이광은 노년으로 접어들고 있었다.

이광을 이야기할 때 참고해야 할 인물이 있는데 바로 사촌동생 이채(李蔡)다. 이채는 능력 면에서 이광보다 아래였지만 경제 때 이미 연봉 2천 석의 고관이 되었고, 무제 때에도 승진을 거듭하여 삼공의 반열에 올랐다. 이광의 부하들 중에서도 후작의 작위를 받은 사람들이 있었다.

이광은 실질적인 것으로 자신의 공적을 증명해야만 했다. 반평생을 분투한 이광의 연봉이 천 석에 불과했으니 심경이 어땠을까? 작위를 받거나 땅을 하사받는 것 말고 개인의 성공을 드러낼 수 있는 것을 찾아내야 했다.

무제는 문제와 경제 때의 소극적 정책에서 벗어나 능력을 과시하려는 정책을 적극 밀어붙였고, 이광은 여기서 희망의 빛을 보았다. 4년을 더 기다린 끝에야 위위에서 장군으로 승진하여 군대를 이끌고 흉노를 공격할 수 있었다. 그러나 뒤늦게 찾아온 이 기회가 이광에게 치욕을 안겨다주고 말았다.

흉노의 전력은 절대 우세해 이광은 포로로 잡혔다. 이광은 밧줄로 엮인 채 두 명의 흉노 병사가 모는 말에 매달려 끌려갔다.

이광은 죽은 척하며 곁눈질로 좋은 말을 타고 가는 흉노 소년을 눈여겨보다가 어느 순간, 갑자기 소년을 밀어내고 말을 빼앗아 올라탔다. 흉노는 수백 명을 출동시켜 이광의 뒤를 쫓았고, 그렇게 수십 리를 달린 끝에야 이광은 군영으로 돌아올 수 있었다. 이광은 장안으로 돌아왔으나 기다리고 있는 것은 추궁이었다. 그는 사형 판결을 받고, 돈으로 사형을 면한 뒤 평민으로 강등되었다.

083

사마천이 만난 사람들
- ④ 명장의 조건, 이광 : 재기와 정치군인들의 시기

세월은 사람을 기다려주지 않았다. 이광은 그저 시간만 축내고 있었다. 몇 년 뒤 흉노가 다시 요서를 침범해왔다. 이광은 다시 발탁되어 우북평 태수에 임명되었다. 이광의 명성 때문에 흉노는 더 이상 섣불리 다가오지 못했다. 이광은 우장군에 임명되어 대장군 위청을 따라나섰으나 별다른 성과를 내지 못하고 돌아왔다.

이광은 승진하려면 공을 입증해야 한다는 사실을 잘 알고 있었다. 그는 늘 입버릇처럼 말해왔다.

"나 이광은 한 왕조가 흉노를 공격한 이래 참전하지 않은 적이 단 한 번도 없다. 그러나 각 부대의 교위 이하 군관들은 재능이 나에 비해 한참 못 미치는데도 후작을 받은 자만 수십 명에 이른다. 내가 남들보다 못하지 않은데 봉지를 받을 만한 공을 세우지 못했으니, 왜 그런가?"

2년 뒤 다시 기회가 찾아왔다. 황제의 총애를 한 몸에 받고 있는 대장군 위청과 표기장군 곽거병(霍去病)이 대군을 거느리고 흉노 정

360

벌에 나섰다. 이광은 출전하게 해달라고 수차례 요청했다. 무제는 나이가 많다며 허락하지 않다가 한참만에야 전장군에 임명하여 출정을 허락했다. 기원전 119년이었다. 위청은 적병을 잡아 흉노의 선우가 머무르고 있는 위치를 알아냈다. 그는 직접 정예병을 이끌고 선우를 추격하려 했는데 이광에게 명령하기를 우장군과 합류하여 동쪽에서 공격하라고 했다. 동쪽 길은 우회로인데다 너무 멀었다. 또 풀도 물도 부족한 곳을 통과해야 하는데 우장군과 합류한다 해도 선우를 공격할 시간이 없었다. 이광은 "저의 직무는 전장군입니다. 지금 대장군께서는 제게 동쪽 길로 출병하라 하십니다. 소싯적부터 흉노와 싸워왔으나 오늘 비로소 선우와 대적할 기회를 갖게 되었으니, 원컨대 선봉에서 결전을 벌일 수 있게 해주십시오"라고 요청했다.

위청은 황제로부터 밀명을 받아둔 상태였다. 이광이 나이가 많고 운수가 좋지 않으니 선우와 대적하지 못하게 하라는 것이었다. 그때 공손오는 후작에서 밀려났다가 이번 출정에 중장군에 임명되었다. 위청은 공손오와 함께 선우에 대적하기 위해 일부러 이광의 임무를 변경했던 것이었고, 이광은 이러한 내부 정황을 알고 있어서 명령을 거두어 달라고 요구했던 것이다.

이광의 요구는 받아들여지지 않았다. 서둘러 우장군 부대와 합류하라는 명령이 떨어졌다. 이광은 대장군에게 보고 없이 우장군 조이기(趙食其)와 합류하기 위해 길을 찾아 나섰다. 그러나 향도조차 없어 수시로 길을 잃어 우장군과 합류했을 땐 대장군 부대 뒤로 처지게 되었다. 대장군 위청 부대와 선우 부대 사이에 교전이 벌어졌고 선우를 몰아냈으나 별다른 성과 없이 군대를 돌려야 했다. 대장군 위청은 남쪽으로 사막을 건너다 전장군 이광과 우장군 조이기를 만났다. 위청은 식량과 술을 내리는 한편, 길을 잃은 상황을 황제에게 상세히 보고하라고 했다. 이광이 가타부타 대답하지 않자 위청은 이광 휘하의 부하들을 불러다 문책하면서 대질 심문을 하려 했다. 이에 이광은 "교위들에게 무슨 죄가 있는가! 내가 길을 잃은 것이니 지금 대장군 막부로 가서 대질 심문을 받겠다"며 군영을 나섰다.

084
사마천이 만난 사람들
- ⑤ 명장의 조건, 이광 : 자결

대장군 막부에 도착한 이광은 자신의 부하들에게 "나는 흉노와 크고 작은 전투를 70여 차례나 치렀다. 지금 다행히 대장군과 함께 출정하여 선우의 군대와 교전할 수 있게 되었는데, 대장군이 나에게 길을 우회하도록 조치하는 바람에 내가 길을 잃었으니 이 어찌 하늘의 뜻이 아니랴! 이미 60이 넘은 나이에 어찌 도필리(刀筆吏, 옥리)에게 수모를 당할 수 있겠는가!"라며 칼로 스스로를 찔렀다. 훗날 시인들은 이렇게 이광을 회고했다.

용성에 비장군(이광)이 있기만 해도,
오랑캐의 말이 음산을 넘지 못하는구나.
그대는 보지 못했는가, 사막에서 고군분투하는 모습을.
지금도 이광 장군을 추억하노라.

어떤 이는 위청과 이광을 한데 두고 "위청의 불패는 천행이라지만, 이광이 공을 세우지 못한 것은 무슨 기이한 인연이란 말인가"라고 비교하며 한탄했다. 사마천도 《논어》의 말을 인용하여 이광을 평했다.

"자신의 몸가짐이 바르면 명령을 내리지 않아도 시행되며, 자신의 몸가짐이 바르지 않으면 명령을 내려도 따르지 않는다"고 했는데 이는 이 장군을 두고 하는 말이 아니겠는가?

그런 다음 사마천은 무엇인가 다 말을 하지 못한 듯 깊은 정감을 실어 "내가 이광 장군을 본 적이 있는데 성실하고 순박하기가 시골 사람 같았으며 말도 잘 못했다. 그가 죽자 천하 사람들은 그를 알 건 모르건 모두 그를 위해 슬퍼했다. 속담에 이르기를 '복숭아나무와 자두나무는 말이 없지만 그 아래로 절로 큰길이 난다'고 했다. 이 말은 사소해 보이지만 큰 이치를 비유하는 말이다"라고 적었다. 사마천이 이처럼 수차례 경의를 표한 인물은 거의 없다.

085

사마천이 만난 사람들
- ⑥ 명장의 조건, 이광 : 명장의 품격

이광은 솔직담백했다. 자신이 받은 상은 모두 부하들에게 나눠주며 병사들과 함께 먹고 잤다. 40년 동안 여러 자리를 전전했지만 재산 따위를 모으는 일에 관심조차 두지 않아 재산은 거의 남기지 않았다. 행군 중에 병사들이 모두 물을 마시기 전에는 물 근처에도 가지 않았고, 병사들이 모두 먹지 않으면 밥 한 숟갈 입에 넣지 않았다. 병사들에게는 가혹하지 않고 너그럽게 대했다. 그는 말재주도 없고 말을 많이 하는 것을 싫어했지만 병사들은 그의 명령에 따랐고 존경했다.

그는 60이 넘은 고령에 흉노와의 전투에 참가했다가 수세에 몰렸고, 이 때문에 정치군인들의 박해를 받고는 끝내 자살하고 말았다. 장수들과 병사들은 비통해 했고 백성들도 슬픔을 참지 못했다. 심지어 숙적이던 흉노인들조차 그의 죽음을 애도했다.

복숭아나무와 자두나무는 자신을 선전하지는 않지만 그 나무 아래를 지나는 사람이 끊이지 않기 때문에 자연스럽게 길이 생겨난다. 아름답고 향기로운 꽃을 피우고, 달고 맛있는 열매를 맺으며 묵묵히 공헌하기 때문에 떠벌리지 않아도 저절로 사람들에게 환영을 받는다.

'도리불언'은 리더십에서는 '말없는 가르침'을 가리킨다. 리더십의 원칙에서 보자면 리더가 '말에 의한 교육' 외에, 말하지 않고도 깨우치게 하는 가르침도 매우 중요하다. 병사들과 동고동락하여 자기 주위로 뭉치도록 주의를 환기시키면 병사들은 목숨을 바쳐 충성을 다한다. 청산유수와 같은 능란한 말재주로 지지를 얻는 것도 좋다. 하지만 '도리불언'의 방법으로 대중을 제대로 설득할 수 있다면 그것은 최고의 리더십이다.

이광은 강직한 성품 때문에 늙도록 승진도 못하고 정치군인들의 구박을 받았다. 이들은 이광의 사소한 실수를 구실 삼아 부하 장병들을 군법에 회부했다. 이광은 자신이 책임지겠다면서 말도 안 되는 죄목으로 심문당하는 것이 수치스러워 목숨을 끊어 군인의 명예를 지켰다. 사마천은 다른 정치군인들과 구별하여 '이장군(李將

벽돌 그림에 묘사된 말을 타고 활을 쏘는 이광의 모습.

15년 만에 다시 찾은 이광의 무덤은 2001년 처음 찾았을 때보다 더 많은 생각을 하게 만들었다.

軍)'으로 높여 부르면서 그에 관한 열전을 남겼다.

이광의 일생과 인품, 그리고 그의 죽음은 많은 것을 생각하게 한다. 일신의 영달에 목을 맨 채 불법과 편법을 난사하고, 잘못은 떠넘기고 책임 회피에 능한 우리 지도층의 일그러진 모습과 비교되기 때문이다. 그런데 이보다 더 큰 문제는 부끄러움을 모르는 '수치 불감증'이다. 《성리대전(性理大全)》에 "사람을 가르치려면 반드시 부끄러움을 먼저 가르쳐야 한다. 부끄러움이 없으면 못할 짓이 없다"고 했다. 또 청나라 때의 학자 고염무(顧炎武)는 "청렴하지 않으면 안 받는 것이 없고, 부끄러워할 줄 모르면 못할 짓이 없다"*고 질타했다.

---

*불렴즉무소불취(不廉則無所不取), 불치즉무소불위(不恥則無所不爲).

086

사마천이 만난 사람들
- ① 한 무제의 멘토, 동방삭

Question

사마천이 만난 곽해, 이광 두 사람에 이어 다음은 누구인가?

Answer

두 사람 이야기가 길어졌다. 동방삭 한 사람만 더 소개하고, 나머지 인물들은 이름과 생몰연도 정도만 간략하게 알려주고 마치려 한다. 사마천은 기원전 118년 나이 28세 때 입사한 뒤 기원전 90년 무렵 세상을 떠날 때까지 28년 정도 벼슬살이를 했다. 옥에 갇혔던 3년을 빼면 25년이다.

이 기간에 함께한 유명 인사로는 먼저 문장가 사마상여가 있다. 사마상여는 〈사마상여열전〉이 따로 마련되어 있고, 글이 많이 실려 있어 사마천의 관심을 알아볼 수 있다. 두 사람의 시간은 거의 겹치지 않지만 사마천이 입사하기 전에 만났을 가능성은 있다.

다음으로 이광과 관련된 무장들로 곽거병과 위청이 있다. 모두

368

무제의 총애를 받아 출세한 정치군인들이다.

　개인적으로 친분을 가졌던 사람으로는 한나라 초기의 고관인 전숙(田叔, 생몰미상)의 아들 전인(田仁, ?~기원전 91)이 있다. 전인은 사마천보다 1년 앞서 세상을 떠났으니까 나이도 비슷했을 것 같다. 사마천은 〈전숙열전〉에 대한 논평 끝에서 "전인은 나와 친하기 때문에 나는 그를 함께 논했다"고 밝혔다.

　개국공신인 번쾌(樊噲)의 손자 번타광(樊他廣, 생몰미상)도 사마천과 교류한 인물이다. 번타광과는 스무 살의 대여행 때 유방의 고향 패현을 찾아 유방의 행적, 공신들의 유적 등을 탐방할 때 알게 되었던 것 같다. 유방과 공신들의 행적이 재연하듯 생생할 수 있었던 것도 번타광이 알고, 보고, 들은 바를 전해주었기 때문일 것이다.

　내가 번타광과 교류했는데, 그는 나에게 고조의 공신들이 떨쳐 일어났을 때의 모습이 이와 같았다고 말해주었다.

　그리고 이 대목 바로 앞에다 이렇게 써놓았다.

　내가 풍, 패에 가서 그곳 노인들을 방문하고 소하, 조참(曹參), 번쾌, 등공(滕公)의 옛집과 그들의 평소 사람됨을 살펴보니 들은 바가 매우 기이했다! 그들이 칼을 휘두르며 개를 도살하고 비단을 팔고 있었을 당시에는 어찌 파리가 준마의 꼬리에 붙어 천 리를 가듯이, 자신들이 한 고조를 만나 한나라 조정에 이름을 날리고 자손들에게 은덕을 내릴 수 있으리라는 것을 알았겠는가?

　학자들로는 공안국(孔安國)과 동중서(董仲舒)가 있다.

　앞에서 혹리를 이야기하면서 일람표로 제시한 혹리들 중 상당수
가 사마천과 함께 벼슬한 사람들이다.

　이제 마지막, 동방삭 이야기로 마무리하겠다. 동방삭은 기원전
약161년에 태어나 기원전 93년에 세상을 떠났다. 사마천보다 16년
연상이고, 25년 가까이 함께 조정에 있었다. 시간으로 보면 무제
다음으로 길다. 그럼에도 사마천은 동방삭의 전기를 따로 마련하
지 않았다. 그 까닭은 모르겠다. 그래서 〈골계열전〉을 비롯하여 다
른 인물들의 열전에 그의 행적이 흩어져 있어 이 기록들을 짜깁기
해서 동방삭의 행적을 재구성해보았다.

　동양에서는 한 세대를 대체로 30년으로 보고 한 사람의 삶을 한
갑자(甲子) 60년으로 계산해왔다. 한 갑자 60년이면 삶이 마무리된
다고 본 것이다. 그래서 60년째를 새로운 갑(甲) 자가 돌아왔다는
뜻에서 회갑(回甲) 또는 환갑(還甲)이라고 했다. 수천 년 동안 이 숫
자와 갑자는 동양인의 인생 주기를 대변하는 시간이었다.

　도교의 신 가운데 삼천갑자, 즉 18만 년을 산 신선이 있다. 이 신
선은 본래 인간이었다가 훗날 도교의 신으로 편입되었다. '삼천갑
자(三千甲子)' 동방삭이다. (삼천갑자를 3천 년으로 해석하기도 하는데 어느
쪽이든 장수를 나타낸다.)

　삼천갑자 동방삭은 서한시대의 대표적인 문장 형식인 사부(辭賦)

의 전문가로 자는 만천(曼倩)이며 평원(平原) 염차(厭次, 지금의 산동성 혜민惠民) 사람이다. 야심만만한 무제가 즉위하여 사방으로 인재를 구할 때 동방삭은 글을 올려 스스로를 추천함으로써 낭(郞)이 되었다. 당시 동방삭이 올린 글은 양이 너무 많아 수레에 싣고 가서 두 사람이 가까스로 무제에게 올렸다고 한다. 무제는 동방삭이 올린 목간을 두 달에 걸쳐 다 읽었다고 하며, 그 뒤 동방삭은 상시랑, 태중대부 등의 벼슬을 거쳤다.

동방삭은 말솜씨가 뛰어났으며 지혜롭고 익살스러워 늘 우스갯소리로 무제를 즐겁게 해주었고, "황제의 기분을 잘 살펴 때에 맞춰 적절하게 바른 소리를 했다"고 한다. 한번은 호화스럽고 화려한 것을 좋아하는 무제가 상림원(上林園)이란 정원을 꾸몄다. 동방삭은 상림원을 조성한 것은 "백성의 기름진 땅을 뺏는 일로, 위로는 나라의 수입을 줄이고 아래로는 농사와 누에치기의 기초를 해치는 것입니다. 이미 되어 있는 일을 버리고 잘못된 길로 나가는 일"이라며 바른 소리를 했다.

그는 정치의 득실을 논하면서 농업과 군사를 함께 고려하는 부국강병의 계책을 올리기도 했지만 무제는 그를 늘 곁에 두면서도 크게 기용하지는 않았다. 그래서 동방삭은 〈답객난(答客難)〉 〈비유선생론(非有先生論)〉과 같은 글을 써서 자신의 뜻을 밝히고 불만을 드러내기도 했다.

〈답객난〉은 주객의 문답 형식으로 '잘나고 못나고'의 구별이 없으며, 재능이 있다 해도 펼치지 못하니 '기용되면 호랑이요, 그렇지

못하면 쥐새끼'라고 꼬집는 내용으로, 인재에 대한 통치자의 무분
별을 폭로함과 동시에 불평을 토해냈다. 이 글은 표현이 시원하고
깊이도 있어 《문심조룡(文心雕龍)》이란 전문적인 문예 평론서를 남
긴 육조시대(위진남북조시대) 양나라의 평론가 유협(劉勰)으로부터 높
은 평가를 받았다. 서한 말기의 학자 양웅(揚雄)의 〈해조(解嘲)〉, 동
한의 역사학자 반고의 〈답빈희(答賓戱)〉, 동한의 과학자 장형(張衡)
의 〈응간(應間)〉 등은 모두 동방삭의 작품을 모방한 글이다.

〈비유선생론〉은 오(吳)나라에서 관리 노릇을 하는 비유 선생이란
허구 인물의 입을 빌려서 쓴 글이다. 3년 동안 말을 안 하고 있는
비유 선생에게 오나라 왕이 까닭을 물었다. 비유 선생은 비로소 입
을 열고는, 역사상 수많았던 논쟁과 그로 인해 당했던 수난의 고사
를 들려줌으로써 오나라 왕에게 충언을 받아들이라고 충고하는 내
용이다. 글이 쉬우면서 의미심장하고 감동적이라는 평가다.

동방삭은 유머와 재치, 그리고 장수의 대명사로 오랜 세월 사람
들의 사랑을 받아온 캐릭터이다. 그는 무제로 상징되는 강력한 군
주제와 막강한 국력을 자랑하던 시대를 살면서 모순과 문제점을
꿰뚫어보며 풍자와 해학으로 시대상을 진단한 현인이었다. 그가
아들에게 남긴 편지에는 그 시대를 나름의 방식으로 살고자 했던
동방삭의 처세 사상이 압축되어 있다.

동방삭은 기인이었다. 일단 언행에 거침이 없었다. 박학다식하고
깊은 학식에도 벼슬은 늘 제자리였지만 개의치 않았다. 자신의 처
신을 비난하는 동료들에게 "나는 말하자면 조정 한가운데 숨어 세

상을 피하는 사람이라 할 수 있지. 옛사람은 깊은 산속에 숨어 세상을 피했지만…"이라면서 이런 노래를 불렀다.

세속에 젖어 세상을 금마문(조정) 안에서 피한다네.
궁전 안에서도 세상을 피해 몸을 온전히 숨길 수 있거늘
하필 깊은 산속 풀로 엮는 집이랴!

출세 지상주의자들로 넘쳐흐르던 서한 최고 황금기의 한복판에서 동방삭은 처신의 이치를 깨달았다. 그래서 세계에서 가장 번화한 국제도시 장안에 살면서 스스로 '숨어 산다'고 했던 것이다.

은나라 말기 폭군 주(紂) 임금 당시 동방 고죽국의 두 왕자 백이와 숙제는 서로 왕위를 양보한 일로 잘 알려진 인물들이다. 이들은 무왕이 주왕을 정벌하려고 하자 무왕의 말고삐를 붙들고 말렸으나 뜻을 이루지 못했다. 형제는 주나라 땅에서 나는 양식을 먹는 것조차 부끄럽다며 수양산에 들어가 고사리를 캐먹다 굶어죽었다. 동방삭은 두 사람의 처세를 두고 고지식하다며 안쓰러워했다.

날카로움을 다 드러내면 위험을 당하게 마련이고, 뛰어난 명성은 꾸며진 경우가 많다. 많은 사람들로부터 명망을 얻으면 평생 바쁘고, 스스로 고고함을 자처하는 사람은 주위와 조화하지 못한다.

현명한 사람의 처세법은 장점에 맞추어 일의 변화에 따라 변화하

는 것이라고 동방삭은 말한다. 나아가고 물러남에 원칙이 있어야 하고 매사에 여지를 남겨야 한다는 것이다. 동방삭의 이러한 처세 사상 때문에 도교에서는 그를 신으로 모셔 '삼천갑자'라는 별칭을 부여했다.

동방삭이 스스로 천거하면서 무제에게 올린 목간의 개수가 무려 3천 개였다고 한다. 여기서 '삼천독(三千牘)'이란 용어가 나왔고, 이 말은 황제에게 올린 장편의 글을 가리키게 되었다. 동방삭의 성을 따서 '동방독', '독삼천'이라고도 표현한다.

087

사마천이 만난 사람들
- ② 한 무제의 멘토, 동방삭

Question

하나론 아쉽다. 유머 넘치는 동방삭의 일화 하나만 더 듣자.

Answer

좋다. 유머 속에 번득이는 통찰력을 보여주는 일화를 골라보았다. 무제는 동방삭과 있으면 즐겁지 않은 적이 없었다고 한다. 기분이 좋은 날이면 무제는 동방삭에게 일쑤 먹을 것을 내렸는데 동방삭은 먹고 남은 고기를 아무렇지 않게 옷 안에 쑤셔 넣고는 사람들과 나누어 먹었다. 돈과 비단을 내리면 둘러멘 채로 가서 바로 탕진해 버렸고, 장안의 미녀들을 1년씩 바꿔가며 데리고 살았다. 궁중 사람들은 동방삭을 미치광이라 손가락질했지만 무제는 그들의 말을 일축했다.

언젠가 학궁(學宮)에 모인 박사와 선생들이 서로 토론하다가 어떤 대목에서 동방삭을 가리키며 비난을 했다. 동방삭이 곧 반박했다.

〈골계열전〉에 나온 이 대목을 풀어서 소개해본다.

"(전국시대) 유세가 소진(蘇秦)과 장의(張儀)는 큰 나라 임금을 한 번 만나 높은 벼슬을 얻었고, 그 혜택이 후대까지 미쳤습니다. 지금 선생은 백가의 말씀을 수도 없이 외우고 세상에 둘도 없는 문장력을 자부하고 계십니다. 견문도 넓고 사물을 정확하게 판단하며 지혜 또한 뛰어나십니다. 그런데도 영명하신 폐하를 수십 년 섬기면서 벼슬은 보잘것없는 자리 그대로이니 대체 무엇이 잘못된 것입니까?"

"그걸 그대들이 어찌 알 수 있겠나. 그때는 그때, 지금은 지금이거늘 어찌 같을 수 있나? 장의나 소진이 살던 시대는 주 왕실이 크게 무너져 제후들이 조회를 드리러 오지 않을 때였지. 힘으로 통치하고 권세를 다투면서 군대로 서로를 침탈하여 12개 나라로 합병되었으나 자웅이 정해지지 않았던 때이기도 했고. 인재를 얻는 자는 강해졌고 인재를 잃은 자는 망했지. 그래서 그자들의 말과 계책이 받아들여져 높은 자리에 오르게 되고 그 은택이 후대에 미쳐 자손들이 오래오래 부귀를 누렸던 것이지.

하지만 지금은 그게 아니잖나. 성스러운 황제께서 위에 계셔 덕이 천하에 흐르고 제후가 복종하며 사방 오랑캐들에게 위엄을 떨치고 있잖은가. 사해 밖까지 자리를 틀어 그릇을 엎어놓은 것보다 더 안정되어 있어 천하가 두루 한집이 되었지. 계획을 세우고 일을 추진하는 것이 마치 손바닥 위에서 움직이는 것과 같으니, 좋은 것과 좋지 않은 것을 무엇으로 구별한단 말인가.

지금 천하는 넓디넓고 백성들은 많아서 있는 힘을 다해 유세하여 황제의 신임을 얻으려 몰려드는 자가 그 수를 헤아리기 힘들지. 힘을 다하고 의리를 지켜도 먹고 입는 것에 곤란을 받고 어떤 자는 집까지 잃기도 하지. 설령 장의와 소진이 지금 시대에 태어난다 한들 손바닥만 한 땅조차 얻지 못했을 것이니 어찌 감히 상시(常侍)나 시랑(侍郎) 벼슬을 바라겠나. 전해오는 말에 '천하에 재해가 없다면 비록 성인이라 해도 그 재주를 펼곳이 없고, 위아래가 화합하면 아무리 어질어도 공을 세울 수 없다'라고 했네. 그러니 시대가 바뀌면 모든 일이 달라지는 법, 그렇다고 수신에 힘을 쓰지 않을 수는 없는 일,《시경》에 '궁궐에 종이 울리니 소리가 밖에서도 들리고, 고고한 학이 높이 우니 그 소리가 하늘에까지 들리는구나'라고 했네. 제대로 수양할 수 있다면 부귀영화를 왜 걱정하랴.

강태공이 몸소 인의를 행하다 72세에 문왕을 만나 그 포부를 펼쳐 제나라에 봉해지니 7백 년 동안 (제사가) 끊어지지 않았다네. 이러니 선비가 밤낮으로 부지런히 학문을 닦으며 도를 행하는 것을 감히 멈추지 못하는 것 아니겠나. 오늘날 처사(處士)는 쓰이지 않는다고 하더라도 우뚝 홀로 서서 위로는 허유(許由)를 보고, 아래로는 접여(接輿)를 살피며, 계책은

동방삭은 한나라 최고의 전성기라는 무제 때의 어두운 이면을 통찰한 지성이었다.

범려와 같고 충성은 오자서와 같으나 천하가 평화로워 정의를 지키며 몸을 닦을 뿐이니, 짝이 없고 무리가 적은 것은 애당초 당연한 것이거늘 그대들이 나를 힐난할 수 있겠는가."

동방삭의 반론에 모두들 입을 다문 채 아무런 대꾸도 하지 못했다. 동방삭은 깊은 통찰력과 수양을 갖춘 지식인이자 지성인이었다. 거기에 타의추종을 불허하는 언변과 자유분방한 기질을 갖춘 기인이었다. 또 무제의 멘토로서 늘 무제의 심기를 편하게 다독거렸다.

동료들은 동방삭이 제정신이 아니라고 수군거렸지만 개의치 않았다. 특히 출세와 명예에 목을 매는 사람들을 향해 시대가 바뀌면 가치관도 달라져야 하고, 제대로 배우고 수양한 사람이라면 출세하지 못할 것이 뭐 걱정이냐고 조롱했다. 그가 최고 권력자 앞에서도

동방삭의 무덤.

유쾌하고 날카롭게 풍자할 수 있었던 것도 이런 기질 때문이었다.

일견 태평성대처럼 보이는 무제 통치 시기의 이면에, 천박한 출세 지상주의자들이 득실거린다는 동방삭의 날카로운 반어법, 어떤가? 감상할 만하지 않은가?

고속도로에서 본 사마천 사당과 무덤의 모습.

사마천이 잠들어 있는 곳, 무덤과 사당이 있는 그곳은 그가 태어난 곳이기도 하다. 섬서성 한성시 지천진(芝川鎭)이다. 99계단을 오르기 전 문 앞에서 우리는 네 글자를 만난다. '고산앙지(高山仰止)', '높은 산은 우러러 본다'는 뜻이다. 그가 공자에게 바쳤던 바로 그 네 글자다. 훗날 사람들은 이 네 글자를 고스란히 그에게 헌정했다.

그가 잠든 곳, 무덤과 사당은 후손을 비롯한 평범한 백성과 고향 사람, 그리고 뜻있는 몇몇 사람들에 의해 보살핌을 받았다. 역대 정권은 대부분 그가 잠든 이곳에 신경을 쓰지 않았다. 무덤은 한족이 아닌 몽고족 정권인 원나라 때 정비되었고, 다른 건축물들 대부분 역시 한족이 아닌 만주족 정권인 청나라 때 재정비되었다. 공자가 《춘추》를 편찬한 뒤 "훗날 이 구(공자)를 알아준다면 그것은 《춘추》 때문일 것이고, 이 구를 비난한다면 그것도 《춘추》 때문일 것이다"라고 했듯이 사마천의 《사기》 역시 비난과 칭송의 극과 극을 오갔다. 한족 정권들의 고루한 지식인들은 《사기》의 내용과 정신에 주눅 들어 감히 그를 내세우지 못하고 비난했지만, 이민족 정권은 그런 열등감에서 자유로웠기에 그의 무덤과 사당을 보살폈다.

이제 사마천이 잠들어 있는 곳을 순례하는 것으로 이 여정을 마무리하려 한다. 그의 육신은 오래전에 잠들었지만 그의 정신은 단 한순간도 잠들지 않고 우리를 깨우고 있다. 늘 깨어 있는 시대정신, 고귀한 책임감으로 스스로를 세울 기회를 가져보자.

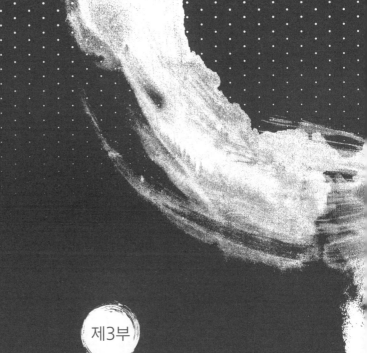

제3부

사성(史聖)이
잠들어 있는 곳을 찾아

088

사성(史聖)의
안식처

숭고한 정신이 숨 쉬고 있는 곳을 찾아서

Question

이제 사마천의 고향으로 시간 여행을 떠날 차례가 되었다. 사마천이 잠들어 있

는 무덤은 어디에 있는지, 무덤이 남아는 있는지 궁금하다. 듣기로는 사마천의

고향, 사마천의 무덤과 사당을 여러 차례 다녀온 걸로 알고 있다. 또 사마천 고

향의 명예시민이자 사마천학회 정식 회원으로 소개된 자료도 보았다.

Answer

1998년 처음 방문한 이래 거
의 매년 한 차례 이상 다녀왔
으니 20여 차례는 충분히 될
것 같다. 명예시민이 아니라
정확하게는 명예촌민이다. 사

한성시 사마천학회 회원증.

마천의 고향이 섬서성 한성시 서촌(徐村)이기 때문이다. 2007년에 명예촌민증을 받았다. 사마천학회의 정확한 이름은 섬서성 한성시 사마천학회로 중국에서는 맨 먼저 만들어진 사마천학회다. 외국인으로는 유일한 정식 회원이다. 외국인 정식 회원은 필자 한 사람만 받겠다는 것이 학회의 입장이다. 명예회원은 가능하다.

Question

우리의 여정은 어디부터 시작되나?

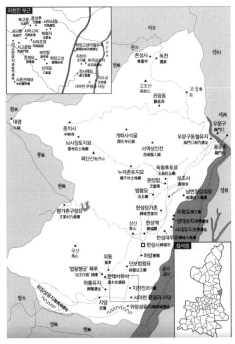

섬서성에서의 한성시 위치(오른쪽 아래)와 한성시 주요 유적지 지도.

Answer

한성부터 알아봐야 하지 않을까 싶다. 문답 형식은 이쯤에서 마치고 이제부터는 한성시의 역사를 시작으로 사마천 관련 유적을 항목별로 소개할까 한다. 그런 다음 우리의 마지막 여정인 사마천의 사당과 무덤에서 만나 그때 다시 대화하자.

089

한성시의 인문 지리와
역사 연혁

한성시의 인문 지리

한성은 오랜 역사를 자랑하는 유서 깊은 고장이다. 간략한 인문 지리와 역사 연혁을 알아본다. 고유명사가 많아 필요한 경우만 제외하고 가급적 한자 병기를 생략했다.

한성(韓城), 오늘날 중화인민민주주의공화국의 행정구역으로 정확히 말하자면 섬서성 한성시다. 시는 등급으로 보면 섬서성의 관할시인데 위남시(渭南市)에서 대신 관리하고 있다. 우리와 비교하자면 통합 시·군 정도라 할 수 있다. 섬서성의 성도이자 유명한 고도 서안(西安)에서는 동북쪽으로 약 200km 떨어져 있다.

한성의 동쪽에서는 황하가 섬서성과 산서성을 경계를 나눈다. 서쪽은 양산과 황룡현이 접해 있고, 남쪽은 합양현과 이어지며, 북쪽은 의천현에 기대고 있다. 동서의 폭은 42.2km, 남북의 길이는

50.7km이며 총면적은 1,621㎢(서울특별시의 면적은 약 605㎢)다. 그중 시내 면적은 15㎢ 정도다. 가도판사처(街道辦事處, 시내 구역을 관할하는 행정기구로 우리의 읍에 해당) 두 곳을 비롯하여 6개의 진(鎭, 우리의 면에 해당)에 2021년 호적에 오른 상주인구는 약 39만 명이다.(호적에 오르지 않았거나 유동인구까지 합치면 약 50만 이상) 주민의 대부분은 한족이며 회족, 만주족, 몽고족 등 10개 소수민족이 함께 살고 있다.

지형은 복잡하고 다양하다. 황하가 남북으로 65km나 흐르므로 동쪽과 서쪽에서 거수, 지수, 항수 등 아홉 개의 하천이 황하의 지류를 형성한다. 서북부는 서용문산, 후아산, 목단산, 고조산, 패왕산 등이 뻗어 있는 양산(梁山)산맥이다. 산 사이를 흐르는 주요 하천으로는 설봉천, 야호천, 여장천, 반도천 등이 있다. 동남부 평원지대에는 용정원, 고문원(사마천의 고향), 지양원, 소동원, 서장원, 대지언원 등이 펼쳐진다. 해발은 357~1,783m 사이이며 지형의 구조는 기본적으로 산7, 물1, 논밭2의 비율을 보이고 있다. 기후는 '난온대 반건조 대륙성 계절풍' 기후에 속하여 사계절이 뚜렷하고 일조량이 풍부하다. 연평균 기온은 13.5℃ 이상이며, 가장 더웠을 때가 42.6℃, 가장 추웠을 때가 −14.8℃였다. 연평균 강수량은 약 560mm로 우리나라 연평균 강수량의 절반가량이다.

한성시의 특산물은 단연 화초(花椒, huajiao, 학명 Zanthoxylum bungeanum Maxim.)로 우리 산초와 비슷한 향료의 일종이다. 아리하게 톡 쏘는 맛이 아주 특이한데 보통 사람들은 잘 먹지 못하지만 중국 요리에는 없어서는 안 될 중요한 향료다. 이곳에서 생산되는 '대홍포(大紅

袍)'라는 별칭의 화초는
붉은색에 두꺼운 육질과
짙은 향으로 유명하다.
300만 그루나 되는 화초
나무에서 매년 450만kg
이상이 생산되어 국내외
로 팔려나간다. 지하자원

수확한 한성의 특산물인 화초 대홍포.

으로는 석탄이 103억 톤가량 매장되어 있다.

한성시의 역사 연혁

한성에 인류가 살기 시작한 때는 구석기시대부터다. 대략 5만~8만
년 전, 구석기 말기에 해당하는 유적이 발견되었다.

하·상 시기에는 옹주(雍州)에 속했다. 《상서》〈우공(禹貢)〉에 옹주
에 '용문'이 있다고 했는데 전설에는 우 임금이 돌을 쌓고 황하 물
을 끌어들여 용문에까지 이르렀다고 한다. 이 때문에 용문은 한성
의 별칭이 되었다.

한성시의 본격적인 역사는 기원전 11세기 무렵 서주시대로 거슬
러 올라간다. 이 무렵 한성은 한(韓)이란 후국(侯國)의 봉지가 되었
다가 다시 양백국(梁伯國)이 되었다.(한성이란 이름은 제후국 한에서 비롯
되었다.) 춘추시대에는 처음엔 진(晉)에 편입되었다가 후에 진(秦)에
속하게 되었다. 전국시대에는 위(魏)에 속했으며 소량(少梁)이라 불

렀다. 그 뒤 다시 진(秦)에 편입되었는데 혜문왕 11년인 기원전 327년에 하양현(夏陽縣)이 설치됨으로써 마침내 진의 행정구역으로 완전히 속하게 되었다.

진·한에서 남북조시대에 이르는 시기에도 하양이란 이름은 바뀌지 않다가 수나라 개황 18년(598)에 한성현으로 이름을 바꾸었다. 당나라 초기에는 서한주(西韓州)의 치소가 된 적이 있고, 당나라 말기인 천우 2년(905)에는 한원현(韓原縣)으로 바뀌었다. 5대 10국 때 후당이 926년 한성이란 이름을 다시 사용했다. 금나라 때인 1215년에는 정주(楨州)로 격상되었는데 치소는 설봉(薛峰) 동쪽 토령(土嶺)으로 옮겨졌다.

원나라 지원 6년(1340)에는 주가 폐지되는 바람에 치소는 다시 한성시로 옮겨졌다. 그 뒤 명나라와 청나라는 별다른 조처 없이 그 상태를 유지했다.

1948년 3월 24일 한성현인민정부가 수립되었고, 1959년에는 합양현과 황룡현 백마탄 지구를 한성현에 합병했다가 1961년 다시 나누었다. 1983년 국무원의 비준을 얻어 1984년 1월 18일 한성시로 바뀌었다.

하·상시대부터 신중국까지의 연혁을 표로 정리해보았다.

시대	연대	건치 상황
하·상	BC 21세기 ~ BC 11세기	옹주(雍州)에 속했고 용문(龍門)이란 이름으로도 불렸음.

서주	BC 11세기~ BC 771년	처음으로 한(韓) 후국이 되어 진(晉)에 소속됨.
춘추	BC 770년~ BC 476년	양백국(梁伯國)이었다가 진(晉)·진(秦) 전쟁으로 진(秦)에게 망함. 기원전 645년 두 나라는 한원에서 싸웠고, 진(晉)이 패하여 하서 땅을 진(秦)에 바침으로써 진(秦)에 소속됨. 그 뒤 기원전 617년 진(晉)이 진(秦)을 정벌하여 소량을 취함으로써 다시 진(晉)에 소속되어 소량(少梁)으로 불리게 됨.
전국	BC 465년~ BC 222년	기원전 461년부터 기원전 330년에 이르기까지 진(秦)이 가까이에 계속 읍을 설치했고, 기원전 330년 하서(소량)가 완전 진에 복속됨으로써 전체가 진에 소속됨. 기원전 327년 진은 이름을 소량에서 하양(夏陽)으로 바꿈.
진	BC 221년~ BC 207년	하양이란 이름으로 통일된 진 제국에 소속됨.
서한	BC 206년~ 26년	좌풍익(左馮翊)에 속했다가 왕망 때 하양을 기정(冀亭)으로 바꾸어 열위대부가 다스리게 함.
동한	25년~ 220년	하양이란 이름을 회복하고 여전히 좌풍익에 소속됨. 광무제 건무 원년(25)에서 명제 영평 2년(59) 사이에 합양이 하양에 합쳐짐.
삼국	220년~ 280년	위(魏) 옹주(雍州) 풍익군에 소속됨.
진	265년~ 420년	먼저 풍익군에 소속되었다가 뒤에 화산군에 속함. 동진 영화 5년(349)에 상군의 치소를 부시(지금의 연안)에서 하양으로 옮겨 강족의 난을 피함. 351년 부견이 장안에 전진을 건립하면서 하양도 전진에 소속됨.
남북조	420년~ 589년	북위 효문제 태화 11년(487) 하양은 화주 화산군에 소속되었다가, 서위 폐제 원흠 2년(553)에 하양이 동주(同州) 무향군(武鄉郡)에 예속됨. 북주 명제 2년(558)에는 다시 합양에 편입됨.
수	581년~ 618년	개황 18년(598) 하양이 합양에서 떨어져 나와 새로이 현이 설치되어 고대 한국(韓國)이란 이름에서 한성이란 이름을 따와 한성으로 개명하고 풍익군에 소속시킴.
당	618년~ 907년	고조 무덕 원년(618)에 서한주(西韓州)에 소속시켰다가, 8년(625)에 치소를 한성으로 옮겨 한성·합양·하서 세 현을 거느리게 함. 태종 정관 8년(635)에 주를 폐지했다가 숙종 건원 원년(758) 한성을 하양으로 바꾸어 하중부(河中府)에 예속시킴. 애제 천우 2년(905) 다시 한원현으로 이름을 바꿈.

오대	907년~ 960년	후량 때는 하중부에 소속되었으나, 후당 명종 천성 원년(926)에 한성으로 이름을 바꾸어 동주에 소속시킴.
북송	960년~ 1127년	영흥로(永興路) 정국군(定國軍) 풍익군에 소속됨.
남송	1127년~ 1279년	고종 건염 2년(1128) 한성은 금나라의 판도에 들어감.
금	1115년~ 1234년	선종 정우 3년(1215)에 한성에 정주(楨州)가 설치되어 한성과 합양 두 현을 거느림. 애종 정대 6년(1229)에 원이 한성을 손에 넣음.
원	1206년~ 1368년	봉구로에 예속되었다가 세조 지원 원년(1264)에 주를 폐하고 현으로 삼았으나 이듬해 다시 정주로 복귀되고 현은 서쪽 토령으로 옮김. 순제 지원 6년(1340)에 정주를 철수함으로써 현은 원래 자리로 복귀하여 동주에 소속됨.
명	1368년~ 1644년	태조 홍무 7년(1374)에 한성은 섬서포정사사 서안부 동주 동관도에 소속됨.
청	1644년~ 1911년	처음에는 명나라 때 상태를 유지했으나 옹정 3년(1725)에 동주를 직예주로 바꾸었고, 13년(1735)에는 동주를 부로 승격시켜 한성을 이에 소속시킴.
민국	1912년~ 1949년	신해혁명 후 섬서성 관중도에 소속됨. 민국 17년(1928) 도 체제가 취소되면서 성에 직속되었고, 민국 28년(1939)에는 제8 행정독찰구에 소속됨. 1948년 3월 24일 한성이 2차로 해방되면서 황룡분구에 소속되었다가, 1949년 6월 대려분구 소속으로 바뀜.
중국	1949년 10월 이후	1950년 5월 대려분구가 취소되고 위남분구로 소속을 바꿈. 1956년 10월 성 관할로 직속됨. 1959년 1월 합양현과 황룡 백마탄공사가 한성에 편입됨. 1961년 8월 다시 위남전구에 소속됨.(1972년 3월에 전구가 지구로 바뀜.) 1983년 10월 국무원의 비준에 따라 1984년 1월 정식으로 시로 바뀌어 위남지구에 속하게 됨. 1985년 2월 국무원은 개방성시로 비준함. 1986년 12월 국무원은 중국 '역사문화명성'으로 공포하여 지금에 이름. 1995년 5월, 위남지구가 시로 바뀌면서 위남시 관할이 됨. 2012년 5월 섬서성 차원에서 한성시의 재정을 완전히 성에서 직접 관리하는 계획을 확정함.

090

한성시의 주요 역사 사건
- ① 선사시대에서 선진(先秦) 시대까지

한성은 역사와 문화의 고장이다. 중국에서는 이런 고장을 '역사문화명성(歷史文化名城)'이라 부른다. 중국은 1980년 개혁개방 이후 얼마 지나지 않은 1982년 1차로 역사문화명성 24곳을 지정하여 발표했다. 북경을 비롯한 주로 역대 도읍지였다. 1986년 2차로 38곳을 지정하여 발표했는데 상해, 천진, 돈황 등과 함께 한성이 여기에 포함되었다. 한성의 역사·문화적 위상이 그만큼 높기 때문이다.

한성은 지리적으로 대단히 중요한 요충지다. 황하가 흐르고 있고, 황하를 경계로 산서와 섬서가 나뉜다. 북쪽 산서에서 황하를 건너 한성을 차지하면 남쪽 관중으로 가는 길목을 확보하게 된다. 이 때문에 한성을 두고 역대로 중대한 전투를 비롯한 많은 역사적 사건이 벌어졌다. 주요한 역사 사건을 시대순으로 간략하게 소개한다.

선사시대

한성은 관중 평원의 동북쪽에 자리 잡은 곳으로, 서쪽으로 양산을 등지고 동쪽으로 황하를 바라보고 있는 천혜의 자연조건을 갖추고 있다. 지형은 서북쪽이 높고 동남쪽이 낮아, 서부는 산지이고 동부는 평원이며 동남은 물길이다. 산, 하천, 평원이 모두 갖추어져 있어 속칭 '칠산일수이전(七山一水二田)'이라 한다. 이런 자연조건 때문에 한성은 인류가 생존하고 발전할 수 있는 천연의 요람이었다.

우문(禹門)의 동굴 구석기 유지

1970년대 초, 상수평으로 통하는 석탄 운송 철로를 수리하다가 우문 부근에서 구석기시대 문화 유지를 발견했다. 전문가들은 이 유지를 '우문동혈유지(禹門洞穴遺址)'로 불렀다.

이 유지에서는 때려서 만든 석기, 불에 탄 짐승 뼈, 동식물 잔존물 등이 발견되었다. 이 유지는 1949년 이래 황하 중류 연안에서 처음 발견된, 강에서 가장 가까운 구석기시대 후기의 동굴 유지다. 또 이 유지는 섬서성 관중평원의 동부가 인류 초기 활동의 중요한 구역이었음을 말해주고, 황하 중류가 중화 민족의 발상지이자 문화를 잉태한 요람이었음을 뜻한다.

신석기 유지

한성에서는 사대촌(史帶村) 유지, 묘후촌(廟后村) 유지 등 신석기 유지 22곳이 발견되었다. 유물 대부분이 중국의 신석기를 대표하는 앙소문화(仰韶文化)에 속하며 6~7천 년 전의 것이다. 또 1/3가량은 용산문화(龍山文化)의 특징을 보이는데 약 5천 년 전의 유지다.

이들 유지는 한성 지역에 생활한 인류가 이 시기에 이미 서부의 산지에서 평원, 하천 지역에서 이동하고 있었음을 말해준다. 다시 말해 원시 유목 생활에서 농업사회로 진입했음을 보여주는 것으로 이 지역 문명사의 서막을 연 장면이다.

하·상시대(기원전 2070~기원전 1600)

한성의 역사에서 가장 중요한 사건은 하나라를 세운 우 임금과 그의 치수 사업이다. 한성이란 존재는 하나라 때 처음 나타났는데 당시는 9주 가운데 옹주에 속했다. 하나라를 건국한 우 임금이 천하를 아홉 개의 주로 나누었기 때문에 구주라 불렀다고 한다.

우 임금은 범람하던 황하의 물길을 바꾸고 둑을 쌓아 용문(龍門)

용문산과 황하의 물길을 나타낸 '용문산전도'.

을 뚫었다. 이 거대한 치수 사업에 성공함으로써 우는 순 임금으로부터 임금 자리를 넘겨받았다. 이후 이 치수 사업은 천하에 널리 알려졌고 이 때문에 용문은 중화의 성지가 되었다. 한성에는 우 임금을 기리는 사당인 우왕묘(禹王廟)를 비롯하여 치수 사업을 벌였던 곳 등이 여럿 남아 있다.

서주시대(기원전 1046~기원전 771)

서주시대 한성의 역사는 주 왕조를 건국한 무왕이 봉건제를 실시하면서 그 아들 중 하나를 한(韓)에 봉했다는데, 이이가 기록에 보이는 한후(韓侯)이고 이 제후국이 한국(韓國)이었다. 한성이란 지명은 한후와 한국에서 비롯되었다. 이름이 3천 년을 넘었음을 보여준다.

한후, 한성을 쌓다

《죽서기년(竹書紀年)》에 따르면, 주 성왕 12년(기원전 1031) 한후가 형인 왕사(王師)와 숙부인 연사(燕師)의 도움을 받아 제후로 책봉을 받고 한성을 쌓았다. 《시경》에 기록된 "부피한성(溥彼韓城), 연사소완(燕師所完)"이 바로 이 일을 가리킨다. 이 한성 유지는 지금의 한성시 용정진(龍亭鎭)과 지양진(芝陽鎭)으로 전체 길이가 15km에 이른다. 한국은 기원전 757년, 진 문후에게 망할 때까지 282년간 존속했다. 지금 한성고성 서북쪽에 한후의 묘와 비석이 있었으나 항일전쟁 때 무덤은 평평하게 깎였고 비석도 분실되었다.

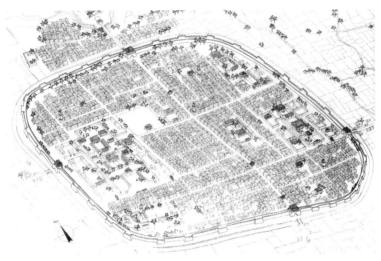

한성고성의 복원도.

신비의 예국(芮國) 유지

서주시대 한성의 역사에서 세상을 깜짝 놀라게 만든 것은 2005년 말 양대촌(梁帶村)에서 발견된 서주시대의 귀족 무덤들이었다. 전문가들은 이를 두고 진시황릉 병마용갱 이후 섬서성 최대의 고고 발견이라 말할 정도였다. 2005년과 2006년 두 차례의 조사와 시굴로 무려 895기의 무덤이 확인되었다. 우선 대형 무덤 7기, 마차갱 64기가 조사되었다. 그중 1기의 마차갱과 3기의 대형 무덤을 긴급 발굴했는데 부장품이 어마어마하게 출토되었다. 정교하고 아름다운 금, 옥, 동, 칠, 석, 철기가 출토되었는데 동기의 명문 자료를 근거로 이 대형 무덤들은 서주시대 예국의 국군, 국군 부인, 태자 등 상층 귀족의 무덤임이 확인되었다.

예국에 관한 기록은 《시경》과 《사기》에 보인다. 당시 예는 우(虞)

병마용갱 발굴과 함께 섬서성 최대 발굴로 불리는 예국 귀족들 무덤의 입구와 유물의 출토 모습.

라는 나라와 밭을 두고 다투다가 주 문왕을 찾아 해결을 부탁하러 갔는데, 밭이랑을 서로 양보하는 주나라의 기풍을 보고는 부끄러워 그냥 돌아갔다고 한다. 이 예국의 위치를 두고 의견이 갈렸는데 이 발굴로 중대한 실마리를 확보했다.

춘추시대(기원전 770~기원전 476)

춘추시대는 패권 경쟁의 시대였다. 주 왕실이 동쪽의 낙양으로 천도하면서 지탱해온 봉건제가 흔들렸고, 제후들은 저마다 패주의 지위를 놓고 다투었다. 이 패권 경쟁의 와중에 한성은 강대국 진(秦)과 진(晉) 사이에 위치한 관계로 어쩔 수 없이 전쟁터가 될 수밖에 없었다. 그중 가장 큰 사건이 아래에 소개하는 '한원 대전'이다. 그 밖의 주요 사건으로는 양백(梁伯)이 한성 지역에 제후로 봉해진 일, 사마천의 조상이 한성 소량(少梁)으로 옮겨 와 거주한 일 등이 있다. (사마천 선조의 이주에 대해서는 따로 알아본다.)

한원(韓原) 대전

한성의 중요한 역사 사건에서 대개 첫머리로 꼽는 것이 이른바 '한원 대전'이다. 춘추시대 북방의 강대국이었던 진(晉)과 진(秦) 사이에 벌어진 큰 전투를 말하는데, 한원이라는 곳에서 벌어졌기 때문에 이렇게 부른다.

한원 대전에서 역전승한 진(秦) 목공.

한원(지금의 한성 남원南原)은 서주시대에 한국의 땅이었다. 기원전 645년 晉이 몇 년째 계속되는 秦의 가뭄을 틈타 군사를 일으켜 공격했다. 秦의 목공이 한원에서 晉 혜공의 군대에 맞서면서 두 군대는 큰 전투를 치르게 된다. 목공은 부상을 입고 포로로 잡힐 위기 상황에 놓이게 되는데, 이때 과거에 목공의 말을 훔쳐서 잡아먹고도 용서를 받고 좋은 술까지 대접을 받았던 300명이 목공에게 은혜를 갚겠다며 결사대로 나선다. 이들은 포위를 뚫고 목공을 구출한 것은 물론 혜공을 포로로 잡는 전과까지 올렸다. 겨울에 목공은 혜공을 돌려보냈고, 晉은 그 대가로 하서·한성 등지를 秦에 내주야 했다. 게다가 晉의 혜공은 자신의 아들인 태자 어(圉)을 秦에 인질로 보내야 했다.

전국시대(기원전 465~기원전 221)

전국시대 제후국의 쟁패는 더욱 치열해졌다. 7국이 사활을 건 경쟁을 벌였고, 한성 지역에서도 특히 소량은 진(秦)과 위(魏)의 격전지가 되었다.

진-진, 진-위, 소량(少梁)을 놓고 다투다

춘추시대 내내 秦과 晉 두 나라는 이 지역을 놓고 계속 다투었는데, 당시 한성의 이름은 소량이었다. 한원 대전을 치르고 약 30년 뒤인 기원전 617년, 다시 전과 마찬가지로 晉이 秦을 정벌하여 소량을 공략하여 땅을 되찾았다.

기원전 5세기 중반, 晉이 한(韓)·조(趙)·위(魏) 세 나라로 쪼개졌다. 이때부터 전국시대가 시작되었다. 천하는 이 세 나라와 진(秦)·초(楚)·제(齊)·연(燕)의 네 나라 등 모두 일곱 나라가 치열하게 경쟁하는 시대로 접어들었다. 전국시대 초기인 기원전 419년, 당시 위(魏) 땅이었던 소량을 秦이 공격했다. 이듬해에도 진과 위는 소량에서 전투를 벌였고, 기원전 385년에는 위가 국력을 회복하여 진의 하서 땅을 탈취했다. 기원전 362년에도 진과 위가 소량에서 맞붙었다. 이 전투에서 진의 상앙은 위의 공손좌(公孫痤)를 포로로 잡는 전과를 올렸으며 진은 소량의 인근 방(龐) 땅을 손에 넣었다.

기원전 354년 진이 마침내 위의 소량을 빼앗았고, 기원전 330년 진은 다시 한성 전 지역을 포함하는 황하 서쪽의 하서(河西) 지역을 영토에 편입시키는 데 성공했다. 기원전 327년 진의 혜문왕은 소량을 하양(夏陽)으로 바꾸었고, 소량은 진시황의 통일 때까지 진에 복속되었다.

공자의 제자 자하(子夏), 서하(西河)에서 제자들을 가르치다

전국시대 초기에 한성은 위나라에 속했고 소량이라고 불렀다. 이 무렵 공자의 제자 자하(기원전 약507~기원전 약420, 이름은 복상卜商)가 위 문후(文侯, 기원전 472~기원전 396)의 스승이 되어 서하(지금의 한성 서남 영산英山 일대)에 머물며 가르친 일이 있었다. 오늘날 한성시 하독촌, 서택촌, 하간곡촌 일대에 살고 있는 복(卜)씨 성은 바로 자하의 후손들이며 영산, 하독, 서택에는 자하의 사당이 건립되었다.

《사기》권67 〈중니제자열전〉에 따르면 자하는 서하에서 학생들

공자의 제자 자하는 서하에다 학당을 열어 한성의 문화와 학풍 형성에 큰 영향을 주었다.

을 가르치다가 위 문후의 스승이 되었는데, 자식이 먼저 죽어 너무 슬퍼한 나머지 실명했다고 한다. 또 권24 〈악서〉에 위 문후가 자하에게 음악에 대해 묻는 장면이 나온다. 문후가 어떤 음악은 지루한 반면 어떤 음악에는 빠지게 되는데 그 까닭이 무엇이냐고 물었다. 자하는 그 사람이 좋아하는 음악에 빠졌기 때문이라며

이렇게 답했다.

"군주가 무엇인가를 좋아하면 신하들은 그것을 위해 무엇인가를 하고, 윗사람들이 무엇인가를 행하면 백성들이 그것을 따라 합니다."*

지도자의 언행은 소리 없는 명령과도 같아서 아랫사람이 따라 하게 마련이므로 지도자는 자신이 좋아하고 싫어하는 것에 대한 태도가 신중해야 한다는 뜻이다.

---

*군호지즉신위지(君好之則臣爲之), 상행지즉민종지(上行之則民從之).

091

한성시의 주요 역사 사건
– ② 진·한시대에서 청 시대까지

진·한시대(기원전 220~ 기원후 265)

진·한 왕조는 중국 역사에서 봉건적 중앙집권제도가 완비되어간 시기였다. 최초의 통일 제국 진(秦)은 중앙정부에서 직접 관리를 지방에 파견했고, 한성 지역은 하양현이 되었다. 한나라 때는 하양현으로 좌풍익에 속했다.(앞의 연혁표 참고)

한 무제, 하양(夏陽)을 지나다

기록에 따르면 한 무제는 기원전 113년과 기원전 105년, 기원전 103년 세 차례에 걸쳐 이곳을 지났는데, 이를 기념하기 위해 황하 서쪽 기슭의 하양진 부근에 '하양 협려궁(挾荔宮)'을 지었다. 특히 2차 경유 때 하양 지역의 사형수를 제외한 다른 죄수들을 사면하는 한편, 이 지역에는 그해의 세금을 면제해주기도 했다.

협려궁 유지에 대한 조사와 발굴은 1964년에 1차 시굴이 있었다.

여기서 '궁(宮)' 자로 확인된 기와와 '천추만세(千秋萬歲)', '여천무극(與天無極)' 글자가 뚜렷한 와당이 나왔다. 또 '하양협려궁영벽여천지무극(夏陽挾荔宮令壁與天地無極)'이란 열두 자의 전서체가 양각된 벽돌도 출토되어 이곳이 협려궁임을 증명해주었다.

'협려궁' 유지의 존재를 입증해준 벽돌의 글자 탁본.

위진남북조시대(220~589)

350년에 걸친 위진남북조시대에 정치와 군사적 쟁패의 중심은 동남쪽으로 옮겨졌다. 이에 따라 서북에 위치한 하양은 투쟁의 중심에서 멀어져 상대적으로 안정을 유지했다.(행정구역 명칭은 앞 연혁표 참고)

이 시기 한성에서 일어난 주요한 역사적 사건으로는 은제(殷濟)라는 관료가 사마천의 사당과 무덤을 중수한 일을 꼽을 수 있다.

은제, 사마천의 무덤과 사당을 다시 세우다

서진시대(265~317) 한양(漢陽) 태수 은제가 한성원 지천진 남쪽 황하를 바라보는 언덕 위에 사마천의 사당과 무덤을 다시 지어 310년에 낙성했다. 지금 사마천의 무덤과 사당이 있는 곳이다. 이 일은 사마천 사후 사마천과 관련된 사건들 중 가장 중요한 의미를 갖는다.

그가 사마천의 무덤과 사당을 돌보지 않았더라면 지금과 같은 규모로 남아 있기 힘들었을 것이다. 특히 황하가 내려다보이는 높은 언덕에 무덤을 조성하고 사당을 세운 일은 두고두고 칭찬의 대상이 되었다.

서위(西魏), 철야(鐵冶)를 두다

서위시대인 535년~556년 사이, 설선(薛善)이 동주 하양현의 둔감(屯監)이 되었다. 조정에서는 하양에다 철광 개발과 야철을 담당하는 기구인 '철야'를 설치하고 설선을 책임자에 해당하는 야감(冶監)에 임명했다. 설선은 매달 8천 명을 징발하여 무기를 만들었다고 한다.

수·당시대(581~960)

수·당시대는 오랜 분열을 끝내고 통일되어 전성기로 접어든 시기였다. 이 시기의 한성의 명칭은 하양현에서 한성현으로 바뀌었다. 그 뒤 몇 차례 이름이 다시 바뀌었다가 926년 다시 한성현이 되었다.

당 고조 이연(李淵), 용문을 건너다

617년 태원 태수로 있던 이연(566~635, 훗날 당 고조)이 군대를 일으켜 수나라에 반기를 들었다. 그의 군대는 한성 용문에서 서쪽 방향으로 황하를 건너 관중의 동부를 점거했고, 이듬해인 616년 당 왕조가 세워졌다.

이 시기는 중국 역사가 이민족의 건강한 피를 수혈 받는 특별한 시기였다. 따라서 중원 문화와 북방 민족의 풍속이 서로 융합해간 시기이기도 했다. 지리적 위치로 인하여 한성은 240년이 넘도록 금과 원의 통치를 받았으나 정치와 군사 투쟁의 중심이 남쪽으로 옮겨 가면서 소용돌이에서는 멀어졌다. 상대적으로 안정된 정치 환경이 유지되면서 한성은 민족 간에 문화의 융합이 아주 뚜렷해졌다.

야호천(冶戶川)의 야철

역사 기록과 고고 발견에 따르면 한, 북주, 당, 송 시기에 한성에는 철을 관리하는 철관이 설치되었다. 북송시대에 포청천으로 유명한 포증(抱拯)이 한성을 관할하는 영흥로 도전운사에 임명되었는데, 그는 야호천에서 야철에 종사하는 700여 호로 하여금 매년 10만 근 이상의 철전(鐵錢, 철 화폐)을 생산하게 하고, 한성의 야호천을 관영 야철소로 바꾸자는 건의를 올렸다.

몽고군, 한성을 유린하다

1229년 몽고의 군대가 용문에서 황하를 건너 한성을 돌파했다. 이 듬해인 1230년 몽고의 부대가 한성을 유린했는데 실로 처참하기가 이를 데 없었다. 이로부터 한성은 몽고가 멸망할 때까지 몽고의 통치를 받았다.

명시대(1368~1644)

명 왕조 때 한성은 문화 사업이 발달하고 인재가 넘쳐나는 곳이었다. 1376년 중앙정부는 전국의 행정구역을 새롭게 조정하는 와중에도 한성만큼은 그 이름을 그대로 유지하도록 했다.

이자성(李自成), 우문(禹門)을 지나다

1644년 2월, 농민 봉기군의 수령이자 대순(大順) 황제라 칭한 이자성(1606~1645)이 군대를 이끌고 한성을 지났다. 그는 우문 입구 동쪽에서 황하를 건너 곧장 북경으로 밀고 올라가 명 왕조를 뒤엎었다.

이자성이 한성에 주둔할 때 지은 '틈왕행궁' 유지의 지금 모습. 현재 진료소로 활용되고 있다.

그러나 전세가 바뀌어 6월에는 패잔병을 거느리고 이번에는 우문 서쪽에서 황하를 건너 한성에 한 달가량 주둔했다가 남쪽으로 이동했다. 이때 한성에 이자성을 위한 행궁이 세워졌는데 틈왕행궁이다.(闖王行宮, '틈왕'은 이자성의 칭호다.) 이 행궁은 속칭 구간청(九間廳)이라고도 한다.

유영조(劉永祚), 청에 반항하다

유영조(1600~1650)는 한성 담마촌 사람으로 명나라 신종 연간에 진사에 급제하여 선진순무 겸 좌부도어사를 거쳐 병부우시랑까지 올랐다. 당시 실권자인 환관 위충현(魏忠賢)에 반대하다가 파면되어 고향으로 돌아왔다. 숭정제가 황제가 되어 위충현 일당을 내치고 유영조의 관직을 복직시켰지만 이번에는 수보(재상) 양사창(楊嗣昌)과 정치적 견해를 달리하는 바람에 또 파면되어 낙향했다.

유영조는 고향에서 1천여 명을 조직, 훈련시켜 반청 세력을 만들어 대항했다. 1650년 청의 군대가 한성에서 섬멸 작전을 펼칠 때 유영조는 중원의 보루를 고수하며 천지묘(지금의 동촌 남쪽)에서 청의 군대와 사투를 벌였다. 며칠에 걸친 격전은 관서 지방 전역을 들썩이게 만들었지만 결국 중과부적으로 패하고 말았다. 유영조는 포로가 되어 갇혔다. 청은 의연한 그를 죽이지 않고 회유했지만 그가 청에 대해 격렬한 비난을 쏟아내자 결국 처형했다.

청시대(1616~1912)

청 왕조 때 한성의 문화 발전은 최고 전성기를 맞이했다. 인재가 넘쳐났고 소북경이란 이름까지 얻었다. 한성의 민속은 북경을 뒤쫓았고 걸출한 인재가 끊이지 않아 벼슬을 하고 사업을 벌이는 사람들이 속출했다. 남방이 전란으로 시달릴 때 한성은 전례 없는 전성기를 누렸다.

의학(義學)의 창립

강희 13년(1674), 한성지현 적세기(瞿世琪)가 동사의학을 열어 가난한 집 자제들에게 학비를 면제해주며 교육을 시켰다. 이 영향으로 강희 46년(1707)에는 현성, 지천진, 잠촌진에도 의학이 다섯 군데 설립되었다. 함풍제와 동치제 때에는 현 전체 27개 촌에 의학이 28군데 들어섰다.

3년 동안의 대가뭄

광서제 3년에서 5년, 즉 1877년부터 1879년까지 3년에 걸쳐 큰 가뭄이 들었다. 나무껍질이나 뿌리를 먹는 것은 말할 것도 없고 사람이 사람을, 개가 개를 잡아먹는 극한 상황까지 나타났다. 굶어죽은 사람이 벌판을 뒤덮었다. 길에 나다니는 사람이 없을 정도였다. 대재난이 지난 뒤 조사해보니 현의 인구가 무려 7만 명이 줄어 있었다. 인구의 절반가량이 재난으로 죽은 것이다. 광서제 19년에 세운 비석에 이와 관련한 기록이 나온다.

학당(學堂) 창건

청나라 말기 과거제도가 폐지되고 학당 설립의 풍조가 일어나자 과거 응시 자격자인 고낙천과 설위는 광서 32년(1906) 이곳에다 최초로 고등 소학당을 창설했다. 민국 원년인 1912년에는 최초의 여자 소학당도 창설되었다. 파격적으로 여교사가 초빙되었고, 학생들은 모두 단발에 전족을 하지 않고 수업을 들었다. 수업 과목으로는 문화 외에 자수나 베 짜기와 같은 실용 과목도 개설되어 새로운 바람을 몰고 왔다.

092

한성시의 주요 역사 사건
-③ 근현대 시기

근대 시기(1921~1949)

최초의 지하당 지부

1927년 10월 중국공산당 범가장(范家庄) 지부가 성립되어 장자초(張子超)가 서기에 임명되었다. 이는 중국공산당이 한성에 설립한 최초의 지하당 지부다.

팔로군 3개 사단, 황하를 건너다

1937년 8월에서 10월 사이, 팔로군 115, 120, 129사단이 앞서거니 뒤서거니 한성 지천구 에서 동쪽으로 황하를

1937년 팔로군이 건널 당시 황하 용문의 모습이다.

건너 항일전선에 뛰어들었다. 주덕, 등소평, 임필시, 좌건 등이 군대를 지휘하여 폭우를 무릅쓰고 황하를 건넜고 한성현 위원장 손창이 나와 이들을 환송했다.

한성 해방

1947년 10월 8일, 서북 야전군 종대사령관 왕진은 부대를 이끌고 한성을 향해 출발했다. 주력부대를 지천진에 주둔시키고 4여단과 9여단은 현성으로 바로 들어가 9일 저녁, 공격을 개시했다. 사흘간의 걸친 격전 끝에 12일 저녁, 한성을 장악했다. 1948년 3월 24일 2종대 6여단이 재차 한성으로 진공하여 잔여 세력을 내쫓음으로써 섬감녕변구(섬서·감숙·영하 변방지구) 한성현 정부가 성립되었다.

현대 시기(1949~)

석탄 채굴

한성은 송·명시대부터 석탄 채굴을 했을 만큼 석탄 자원이 풍부하다. 1949년 중화인민공화국이 성립된 뒤 상산, 요원, 마구거, 하욕구, 상수평 등지에 현대화된 탄광과 소규모 석탄굴이 차례로 건설되어 매년 5천만 톤 이상의 원탄을 생산하고 있다.

철로 개통

1970년 12월 24일 서안-한성 철로(서한철로)가 개통되었다. 한성 경내에 모두 일곱 군데의 기차역이 들어섰고 철로의 총길이는 61.8km다. 그해 28일 열차 통과식이 거행됨으로써 기차가 통과하지 않던 무역사(無驛舍)의 역사는 막을 내렸다. 1988년 6월 1일에는 서안-후마 철로(서후철로)가 개통되어 서안-한성-후마-북경까지 관통되었다.

우문의 구석기 후기 때의 동굴 유지

1972년 11월, 서한철로 상수평에서 터널 공사를 하던 중 석회암 동굴이 발견됐는데 그곳에서 짐승의 뼈와 이빨이 나왔다. 중국 서북대학 지질학과와 역사과의 조사 정리를 거쳐 석핵(石核, 몸돌), 석편(石片, 돌조각)을 비롯하여 각종 석제품 1,202건을 수습했다. 전문가들의 연구 결과, 갱신세(更新世, 플라이스토세) 중기에서 후기에 해당하여 지금으로부터 약 5만~8만 년 전의 것으로 추정되었다. 이 유지는 황하로부터 가장 가까운 곳에서 발견된 최초의 구석기 후기의 동굴 유지다.

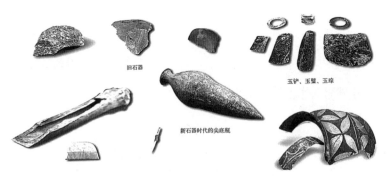

한성에서 발견, 발굴된 선사시대의 유물.

108번 국도가 한성을 지나다

1973년 7월, 우문구에 황하를 잇는 도로와 다리가 건설되었다. 한성 경내의 지방도로는 65.64km였는데, 정비와 보수를 거쳐 북경에서 곤명으로 통하는 108번 국도의 일부분이 되었다.

시로 승격되다

1983년 국무원은 한성현을 시로 승격시키기로 비준했다. 1984년 1월 18일, 국무원의 통지에 따라 한성현은 9회 4차 인민대표회의를 열어 한성현을 한성시로 승격하기로 결의했다.

역사 문화의 명성(名城)이 되다

한성의 역사는 길고 지하 문물이 많고 거주와 민속도 독특하다. 1986년 12월 8일, 국무원은 한성시를 '제2차 역사문화명성(歷史文化名城)'으로 공포했다.

'사마천 자수(自修) 대학' 설립

1989년 9월 25일, 한성시 사마천 자수 대학이 설립되어 2개 반에 93명의 학생을 모집했다. 이 학교는 민관 합동의 사회교육기관 성격을 띠고 있다. 학교이사회 밑으로 교무위원회와 기금회가 설치되어 각각 교육과 재정을 맡고 있다.

석탄가스 개발

1993년부터 섬서성 석탄지질국은 기술팀을 조직하여 한성 석탄광 지구의 가스층에 대한 조사를 실시하여 저장량 2천 억㎥에 이르는 석탄가스를 찾아냈다. 이 저장량은 30만 호 주민에게 100년 넘게 제공할 수 있는 양이다. 이후 700m 깊이로 가스 우물을 파서 1996년 6월 27일 가스를 배출하여 불을 붙이는 데 성공했다. 하루 배출량은 4천㎥ 이상이다. 한성의 가스 개발은 세계 에너지 개발의 새로운 기술로, 이는 중국 가스 개발과 발전에 새로운 지평을 열었다는 평가를 받고 있다.

교자현(喬子玄)에서 석탄광을 발견하다

1997년 국가자원 보상 항목에 편입되면서 1998년 섬서성 석탄지질국 131팀은 교자현 지구 약 200㎢ 범위에 대한 조사를 실시하여 매장량 17억 톤에 100년 넘게 생산이 가능한 두 곳의 대형 탄광을 발견했다.

한성–북경 간 직쾌(直快) 열차 개통되다

1998년 10월 1일 한성에서 출발하여 북경에 도착하는 직쾌 열차(우리의 새마을급)가 개통되었다. 직쾌 열차가 현급 시에서 출발하여 수도인 북경에 도착하는 경우는 중국에서 처음 있는 일이었다. 당시 '소북경' 한성과 '수도' 북경을 하나로 연결하여 한성의 정신문명과 물질문명을 촉진하는 작용을 할 것으로 기대했다.

서우(西禹) 고속도로 개통

2005년 11월 27일, 전체 길이 217km의 서안(西安)-우문구(禹門口) 고속도로가 개통되었다. 이로써 종래 6시간 가까이 걸리던 서안에서 한성까지의 노선이 3시간 이내로 단축되었다. 이로써 사마천 사당과 무덤을 비롯한 한성시의 역사 유적을 찾는 사람들이 더욱 늘어났다.

국가 행사로 승격된 사마천 제사

2천 년 넘게 민간에서 주도해온 사마천 제사가 2010년 국가 제사로 승격되었다. 이 제사는 중국인의 조상으로 추앙받는 황제(黃帝)에 대한 제사, 유가의 창시자 공자(孔子)에 대한 제사와 함께 국가급 3대 제사의 하나가 되었다.

고속철 개통 예정

서안-한성 간 209km의 철로 구역 중 부평염량-한성 서부역에 이르는 157km 구간의 고속철이 2023년 개통을 목표로 건설 중이다. 이 고속철이 완성되면 서안-한성까지 약 1시간 30분쯤 걸릴 것으로 보인다.

사기체험관 개관

2022년 9월 30일 한성고성의 사기문화거리에 2층 규모로 사기체험관이 개관됐다. 1층에는 《사기》에 대한 소개와 고사성어 전시 및

한성고성 사기문화거리에 세워진 사기체험관의 입구.

강당과 휴게실이 마련되었고 2층에는 죽간 체험, 고대 복장 체험, 대사막 체험, 전쟁 체험, 《사기》에 나오는 장면을 공연하는 공간이 마련되었다.

093

한성시의 주요 유적 일람표
- 한성시 소재 주요 문물 일람표

한성은 앞서 살펴본 바와 같이 유구한 역사를 자랑하는 '역사 문화 명성'이다. 그만큼 역사 문화 유적이 많이 남아 있다. 이 유적들을 일람표로 만들어보았다. 사마천 관련 유적은 따로 살펴본다.

문물명	연대(창건)	소재지	참고사항
우문(禹門) 동굴유지	구석기 후기	우문구 서용문산	황하 중류에서 처음 발견된 구석기 문화로 중요한 연구자료임.
고한국성 (古韓國城) 유지	서주	위 장성 이북 ~ 소량성 이남	고한국의 위치와 그 성의 소재지 및 한성 지명 유래 문제를 해결함.
주대 예국 (芮國) 귀족묘	서주	대량촌	섬서성 최고 발굴의 하나로 평가. 예국의 위치와 발전 상황을 밝히는 데 귀중한 유적.(국중문물)
소량성(少梁城) 유지	춘추 초기	지천진 경내	소량국의 토성으로 당시 성 연구에 귀한 자료가 됨.
위(魏) 장성 유지	전국시대	용정원	만리장성보다 100년 앞선 위의 장성으로 높은 역사적 가치를 가진 유적임.(국중문물)
삼의묘(三義墓)	춘추(?)	고문원 보안촌	춘추시대 조씨 집안의 흥쇠와 '조씨고아' 관련한 세 의인인 조무(趙武), 정영(程嬰), 공손저구(公孫杵臼) 사적의 현장.

하양 협려궁 유지	서한 무제	지천진 경내	한 무제의 행궁유지로 관련한 와당 유물과 문자가 확인됨.
사마천사묘	서진 (307~310)	지천진	사마천의 사당과 무덤(국중문물).
미타사(彌陀寺)	당(787)	사장촌	한성 내 가장 오랜 사찰임.
법왕묘(法王廟)	송(1022)	서장진	한성 내에 가장 오랜 건축 양식(원나라)을 볼 수 있는 건축으로 굴원의 후손으로 알려진 당나라 때 사람 방백호(房百虎)를 모시는 사당임.(국중문물)
금성가(金城街)	금(1164)	한성고성	과거 한성의 모습을 남기고 있는 시가로 여러 명문가들을 볼 수 있음.
규규채탑 (赳赳寨塔)	금(1173)	금성구~신성구	구도시와 신도시의 표지가 되고 있는 망루탑.(섬중문물)
자운관(紫雲觀) 삼청전(三淸殿)	원(1270)	상산중학	한성시에 가장 오래된 건축의 하나로 도교 사원임.(섬중문물)
대우묘(大禹廟)	원(1301)	주원촌	우의 치수 사업을 기리는 사당들 중 보존상태가 좋고 건축도 가치가 있는 사당임.(국중문물)
관제묘(關帝廟)	원(1303)	효의촌	배흘림 기둥의 정전 건축이 돋보이는 관우 사당임.(섬중문물)
보조사(普照寺)	원(1316)	진오촌	불전과 불상이 볼 만한 한성의 대표적인 사찰임.(섬중문물)
당가촌(黨家村)	원(1331)	서장진 경내	한성의 전통가옥 마을로 세계문화유산 신청을 준비 중임.(명·청 건축물이 대부분)
문묘(文廟)	미상 (당, 금?) 건축물은 명대	금성학항	곡부, 북경의 공자 사당과 함께 전국 3대 공자 사당의 하나. 섬서성에 현존하는 가장 완전한 사당. 한성시 박물관으로 사용되고 있는 고건축과 중요한 문물을 볼 수 있는 역사 학습장소.(국중문물)
성황묘(城隍廟)	미상	고성내 동북	화려한 장식과 기이한 조형이 돋보이는 건축의 성황묘임.(섬중문물)
옥황(玉皇) 후토묘(后土廟)	원	대지언향 서원촌	길이 19m의 원목 기둥이 돋보이는 토지신에 제사하는 사당.(섬중문물)
북영묘(北營廟)	원	고성북가	보존이 비교적 잘 된 명대 벽화가 있는 사당임.

틈왕행궁 (闖王行宮)	명(?)	고성내 박자항구	명을 전복시킨 농민 봉기군 이자성의 한 성 경유를 기념하는 행궁임.
복수단(福壽壇)	명(?)	고성 반고채	도교 명인 여동빈을 모신 도교 기도단으 로 자연과 인문경관이 잘 어울린 곳임.
한국고성	명·청	금성가	명·청시대 고성으로 많은 인문경관이 남 아 있음.(국가AAAA급경구)
팔로군 동도황하 유지	1955	지천진 동남	팔로군의 항일전쟁 승리를 기념하는 장소 로 애국교육의 현장임.
열사능원	1958	신성구~ 노성구 사이	중국 사회주의혁명에 공을 세운 열사들을 기리는 공원묘지임.
용문풍경 명승구		용문진	한성의 대표적인 풍경구로 황하, 치수, 교 량, 도로가 역사와 함께 어우러진 곳임.(국 중풍경)
석후산(石猴山)		설봉향	최근 개발한 수려한 풍경명승구임.

※이 표에서 '국중문물'은 '국가중점문물보호단위'의 줄임말이다. 우리의 사적에 비교될 수 있는 최고 등급의 문물이다. '섬중문물'은 '섬서성중점문물보호단위'의 줄임말이다. 우리의 도 지정 문화재에 비교되며, 각 성·시(특별시와 직할시)에서 지정한 문물로 두 번째 등급에 해당한다. 이밖에 각 시(현급 시)·현에서 지정한 문물도 있다. '국중풍경'은 '국가중점풍경명승구'의 줄임말로 우리의 국립공원에 해당한다고 할 수 있다. '국가AAAA급경구'는 국가급 경관 구역으로 두 번째 등급에 해당한다. 2022년 국가문물국의 통계에 의하면, 한성시의 지정 문물 단위로는 총 208곳이다. 이 중 사마천의 무덤과 사당을 비롯하여 모두 17곳의 '국중문물'과 33곳의 '섬중문물', 93곳의 '시중문물' 및 일반문물보호단위 65곳을 포함하고 있다.

춘추전국시대에 한성은 열강의 쟁탈지였다. 전국시대는 강국 진(秦)과 위(魏)가 치열하게 다투었는데 위는 장성을 쌓아 방어했다. 사진은 위나라 장성의 유지 모습이다.

094
사마천 관련
유적 일람표

이제 사마천과 관련한 주요 유적을 찾아보자. 먼저 관련 유적들을 일람표로 만들어보았다. 이 중 사마천 조상과 아버지 무덤이 있는 선영, 사마천 진묘, 사마천이 태어난 서촌, 서촌 입구의 '법왕행궁' 패방, 사마천 제사와 사마천 광장은 따로 소개한다.

유적지명	소재지	사마천 관련사항	연대	참고
협려궁(挾荔宮) 유지	지천진 지천촌 동쪽 1km	한 무제 당시 좌풍익 하양현 소재지	서한 무제 (BC 111년)	사마천 탄생지를 밝히는 중요한 단서 제공.
사마천사묘	지천진가 동남 500m	사마천의 무덤과 사당	서한, 송~명	가장 대표적인 사마천의 사당과 무덤. (전국중점문물보호단위)
은제묘 (殷濟墓)	외동향 보안촌	은제의 무덤	서진(310년)	사마천의 무덤과 사당을 최초로 보살핀 인물.
삼의묘 (三義墓)	외동향 보안촌	춘추시대 진(晉) 충신 조무, 공손저구, 정영의 무덤.	미상	조씨 집안의 자손을 보호하기 위해 목숨을 바친 세 충신의 무덤. (시문물보호단위)

418

사마조영 (司馬祖塋)	외동향 동고문촌	사마천 조상묘	미상	비석 2좌 현존. (시문물보호단위)
사마근묘 (司馬靳墓)	외동향 화지촌	사마천 6대조 사마근의 무덤	미상	비석 1좌.
사마서원 (司馬書院)	외동향 화지촌	사마천을 모신 서원	창건 미상 청대 중수	청대 비석 1좌.
한태사유사 (漢太史遺祠)	외동향 서촌	사마천 사당	창건 미상 청대 중수	현 초등학교 내 청대 비 석 외. (시문물보호단위)
사마고리 (司馬故里)	외동향 동고문촌	사마천 고향 (탄생지)	청대 건축	사마천의 탄생지로 유력 한 곳.
용문채 (龍門寨) 유지	외동향 용문채촌	사마천 탄생관련지	신석기, 서주, 한	사마천 탄생지의 단서를 제공하는 곳.
'법왕행궁 (法王行宮)' 패방	외동향 서촌 서북	사마천 궁형 관련 전설	청대	사마천 궁형의 비극을 함축하고 있는 곳. (시문물보호단위)
서촌(徐村)	외동향 서촌 일대	사마천 후손 거주지	명대 이후	사마천 후손 집성촌 (풍馮,동同)
전사마천진묘 (傳司馬遷眞墓)	외동향 서촌 서북	사마천의 진짜 무덤으로 전하는 곳	미상	'법왕행궁' 패루 근처 언 덕. 비석 외.
사마천상과 광장	한성시 태사대가 시정부 광장	사마천 기념광장	현대	사마천상 건립.

095

사마천 관련
주요 유적

사마선영(司馬先塋)

먼저 사마천 조상들 모신 선영과 아버지 사마담 무덤을 소개한다. 사마천은 〈태사공자서〉에서 6대조 사마근(司馬靳)을 화지(華池)에 묻었고, 4대조 사마창(司馬昌) 이후 2대조 사마희(司馬喜)까지를 모두 고문(高門)에다 장사지냈다고 기록했다. 별도의 언급은 없지만 문맥상 아버지 사마담 역시 고문에다 장사지낸 것으로 보인다.

현재 한성시 외동향 고문원 북쪽 화지 동쪽, 화지에서 북으로 약 수백 미터 떨어진 곳에 무덤 한 기가 있는데 사마근의 무덤으로 전해온다. 이 무덤에 관해서 북화지에 사는 마씨 성을 가진 노인은 다음과

6대조 사마근 무덤.

420

같이 증언한다. 1949년 해방 이후 마씨 집안들은 매년 청명절이면 이곳에서 '사마근'을 위해 무덤을 청소하고, 가까운 마을의 마씨와 서촌 풍(馮)·동(同) 두 성의 촌민들도 함께 무덤을 정돈해왔다. 그러다 1958년 이후 대약진운동(문화대혁명) 기간에 무덤을 허물고 땅을 깎아 평지가 되어버렸다. 그로부터 한참 뒤인 1987년 다시 봉토를 씌워 무덤 형태를 갖추었고, 1988년에는 비를 세웠다.

북화지에서 서남으로 1km 떨어진 동고문촌 서남쪽 수십 미터 지점에 2개의 비가 서 있다. 그중 남쪽 비에 '한태사사마공고문선영(漢太史司馬公高門先塋)'이라고 새겨져 있다. 비문의 내용은 4대조 사마창 이하 사마희까지 3대의 무덤이 존재한다는 것이다. 비를 세운 시기는 청나라 가경 17년(1812)이다. 비문으로 보면 3기의 무덤이 있었음을 알 수 있다. 고문촌의 노인들은 무덤 3기가 세발솥처럼 있었다고 증언한다. 항일전쟁 기간에 섬서성 교육청장 왕첩삼이 태사공 선영이 큰길에 침식당하고 봉분이 깎여나간 것을 보곤 흙으

사마선영과 사마담 무덤.

로 담장을 둘러 보호하게 하는 한편, 3기의 무덤을 하나로 합쳤다. 1950년대 초까지만 해도 묘의 모습이 어느 정도 남아 있었는데 대약진운동 때 봉분이 훼손되었다. 이 무덤들은 사마천의 4대조 사마창, 3대조 사마무택(司馬無澤), 2대조 사마희의 무덤이라고 한다.

이 비석에서 북쪽으로 1m 간격으로 비석이 하나 더 서 있는데 '한선태사사마공묘(漢先太史司馬公墓)'라고 쓰여 있다. 청나라 함풍 연간인 1852년에 세워졌다. 《한성현지》와 사마천 사당의 비석 기록 및 이곳의 전설에 따르면 이곳이 아버지 사마담의 무덤이라고 한다.

1993년 한성시문물관리위원회는 고문의 사마천의 선영을 한성시 문물보호단위로 지정했다. 이 2기의 비석 뒤로 상징적인 분묘를 조성하는 한편, 묘비 주위로 보호 담장을 둘렀다.

사마천 진묘

조정에서는 사마천에 대한 제사를 금지시켰다. 이 때문에 후손들은 청명절에 법왕(法王)에게 감사를 드린다는 구실을 세워 몰래 제사를 지내왔다. 그러던 어느 해 청명절, 조정에서 관리가 느닷없이 파견되었다는 소식을 접하게 된다. 혼비백산한 마을 사람들은 연극단원들에게 복장을 바꿔 입게 하고 구랑묘(九郎廟)로 달려가 공연을 하도록 하여 관리의 시선을 피하려 했다. 그런데 뜻밖에도 그 관리는 외손자 양운(楊惲)이었다. 그는 《사기》가 해금되었다는 기쁜 소식을 갖고 오는 중이었다.

사람들은 기쁨에 겨워 춤과 노래로 이 경사를 축하했다. 그 뒤로

사마천의 유골이 묻혔다는 사마천 진묘의 모습.

부터 청명절은 우울한 날이 아니라 기쁜 날이 되었고 공연은 더욱 신명나게 진행되었다. 이 놀이를 '포대자희(跑臺子戲)'라 부르는데, 포대자희가 진행되는 장소가 사마천의 진짜 유골이 묻힌 '사마천 진묘'라고 알려져 있다.

현재 진묘로 전해오는 곳은 외동향 서촌 서북 '법왕행궁(法王行宮)' 패방 뒤쪽의 언덕 위이다. 비석과 작은 건축물이 하나 남아 있을 뿐, 한성시와 관련된 문물지나 안내서에도 이 진묘에 대한 특별한 설명이 없어 입증 자료가 더 필요한 실정이다.

법왕행궁(法王行宮)과 궁행왕법(宮行王法)

사마천과 《사기》를 다시 공부하게 된 계기가 된 일대 사건(?)을 소개할 차례다. 먼저 소개할 법왕행궁 패방을 비롯하여 바로 이어 소개할 사마천의 죽음과 서촌, 또 풍·동 두 성씨와 그 후손에 관해서는 워낙 중요하기에 한 번 더 소개한다.

　1999년 두 번째로 찾았을 때는 무더운 한여름이었다. 큰비가 온 뒤라 길이 허물어져 차가 들어갈 수 없다는 말이 있었지만 한국에서 간 일행 20여 명 모두 한마디 불평 없이 경건했다. 사마천이 잠든 곳, 바로 그 앞에 와 있기 때문이다. 모두들 차에서 내려 외동향 쪽에서 서촌 쪽을 향해 걸었다.

　아마 그날 걷지 않고 차를 타고 진입했더라면 두고두고 후회했을 것이다. 걷는 길은 눈이 시리도록 아름다웠고 호젓했다. 그 길을 따라 외동향 서촌 쪽으로 들어갔고 군데군데 낡은 집 몇 채를 지나 돌로 만든 패방(牌坊, 패루牌樓라고도 한다. 우리의 홍살문과 비슷하다.)과 마주치게 되었다.

　정면 중앙에 '법왕행궁'이라고 새겨진 패방은 주변과 어울리지 않았다. 이곳에 무슨 행궁이? 법왕은 또 뭔가? 이 자료 저 자료를 뒤져 한성 시내에 법왕묘(法王廟)와 법왕궁(法王宮)이란 유적이 있다는 걸 알아내긴 했지만 사마천 고향 마을에 서 있는 '법왕행궁' 패방과 연계시키기가 적잖이 힘들었다.

　참고로 시내에 있는 법왕묘를 소개한 자료에서 그 '법왕(法王)'은 당나라 말기 한성 서장 출신인 방백호(房百虎, 이름은 인인寅이며, 백호는 자)라는 인물이었다. 굴원의 후손으로 110세까지 장수했다는 전설 같은 이야기를 간직한 도사라고 한다. 침으로 법술을 부려 송나라 인종을 세상에 나오게 한 공으로 책봉을 받았고, 인종이 즉위한 다음에는 악법왕(岳法王)으로 추증되었다고도 한다. 법왕묘는 이 방백

법왕행궁 패방.

호를 기리는 사당이고, 법왕궁도 그에게 제사를 드리는 곳으로 사당 앞에는 무덤도 있다지만 사마천과는 아무런 연관이 없었다.

　그건 그렇고, 저 '법왕행궁'은 뭐란 말인가? 강한 의문부호를 계속 머릿속으로 찍으면서 패방을 지나쳤다. 아리송한 의문에서 시작된 사마천 고향에 대한 탐방은 사마천의 후손이라는 분을 만나고서야 풀릴 수 있었다.

　일단 이 '법왕행궁' 돌 패방에 대한 기본 정보를 알아보자. 이 패방은 청나라 가경제 13년(1808)에 세워졌다고 한다. 기둥이 넷에 세 칸으로 우리의 외삼문(外三門)과 비슷한 형태다. 호랑이와 용, 그리고 다른 짐승과 꽃 도안이 장식되어 있다는 걸 확인했을 뿐 더 이상의 정보는 찾지 못했다. 그런데 사마천의 후손(이라는 분)은 이 패방과 관련하여 전혀 다른 정보를 들려주었다. 그 정보는 참으로 놀랍고도 기가 막힌 것이었다.

동영영(同永令), 패방이 간직한 놀랍고도 가슴 아픈 의문을 풀어준 '사마천 후손'의 이름이다. 1999년 당시 72세였고, 그 뒤 2002년에 다시 만나게 된다.

처음 만났을 때 이름을 확인하는 순간, 그때까지 꼬리에 꼬리를 물고 뭉게뭉게 피어올랐던 패방에 대한 의문은 감쪽같이 사라지고 말았다. 후손이라는 사람의 성이 '동(同)'씨였기 때문이다. 다시 정신 차리고 패방에 대해 묻는 나를 동 노인은 깊은 미소로 맞아주었다. 그는 나에게 '법왕행궁'을 중국말로 읽어보라고 했다. 나는 '파왕씽궁'이라고 읽었다. 노인은 이번에는 거꾸로 더 읽어보라고 했다. 나는 잠시 머뭇거리다가 '꿍씽왕파'라고 읽었다. 순간, 머리를 강하게 때리는 단어 하나가 뛰쳐나왔다.

내가 질문했다. '꿍씽'은 알 것 같다, 하지만 '왕파'는? 노인은 손가락으로 땅바닥에 이렇게 썼다. '枉法', 그러고는 다시 읽어보라고 한다. '왕파', 그렇구나! …

일행 중 옆에 있던 호기심 많은 몇몇 분들이 묻는다.

"그게 무슨 뜻인데요?"

나는 노인의 얼굴을 다시 한 번 쳐다본다. 편안하다. 자, 이제 당신이 한번 설명해보시오, 그 얼굴은 이렇게 말하고 있었다. 나는 일행에게 엄청난 비밀을 풀기라도 한 듯 들떠서 설명하기 시작했다.

'법왕행궁'은 글자 그대로 법왕의 행궁이지만 이곳 어디에도 법왕과 관련된 유적이나 흔적은 찾을 수 없다. 따라서 이 글자를 사마천과 연결시켜 보면 깊은 의미가 감추어져 있음을 알게 된다. 이 글자들은 옛날 방식대로 오른쪽에서 왼쪽으로 읽어서는 안 되고, 그 반대로 읽어야 한다. 즉 '궁행왕법'으로. 중국어 발음으론 '꿍씽 왕파'가 된다. 궁행(宮行)은 궁형(宮刑)과 발음이 같고 왕법(王法)은 왕법(枉法)과 발음이 같다. 합쳐서 궁행왕법(宮行王法)은 '궁형왕법(宮刑枉法)'을 뜻하며 발음으로 의미를 부여한 것이다.

궁형왕법(宮刑枉法), 사마천이 궁형을 당한 것은 법을 잘못 적용했기 때문이라는 해석이다. 한마디로 '억울하다!'는 것이다. 이 패방에 그런 뜻이 숨겨져 있었구나! 모두들 무릎을 치면서 감탄했고 내 속에선 그 무엇이 치밀어 올랐다.

사마천의 고향 마을로 가는 입구에 버티고 선 '법왕행궁' 패방은 그렇게 내 마음을 쥐어뜯어 놓았다. 하지만 누가 정말로 사마천의 억울함을 호소하기 위해 세웠는지에 대해서는 알 길이 없었다. 이 것이 사마천과는 전혀 상관없는 유지이고, 또 멋대로 글자의 의미를 왜곡한 것이라도 해도 사마천이 당한 궁형의 억울함을 너무나 절묘하게 대변하고 기가 막히게 표현해준 것이 아닌가!

사마천 고향 마을 곳곳에 이런 기막힌 사연들이 남아 있었고, 이 패방 또한 단 네 글자를 통해 사마천의 억울함을 함축적이면서도 비통하게 전하고 있었던 것이다.

서촌(徐村) – 남은 사람들

나는 동 노인에게 몇 대손이냐고 물었다. 동 노인은 18대손이라고 대답했다. 2,200년 전 사람의 후손이라면 적어도 70대는 되어야 할 터인데 겨우 18대손이란다.

노인은 또 한 번 기막힌 사연을 소개했다. 나는 숨도 쉬기 힘들었다. 더위에 땀은 쉴 새 없이 얼굴을 핥고 흘러내렸다. 서촌소학교 내에 있는 또 하나의 사마천 사당 '한태사유사(漢太史遺祠)'에 대한 다음 탐방은 완전히 뒷전이었다. 이 사당을 어떻게 들어왔는데 말이지.(문이 잠겨 있어 열쇠를 가진 사람을 찾았지만 열쇠가 없어 돌로 자물통을 내리쳐서 겨우겨우 열고 들어왔다.)

노인은 이곳이 왜 서촌(徐村)인지 궁금하지 않느냐고 물었다. 그건 진작부터 내가 묻고 싶었던 질문이었다. 노인의 발음이 표준어가 아니라서 함께 간 한성 출신의 중국인 친구 고혜현(高惠賢)의 통역 아닌 통역에 의존해가며 우리는 또 다른 미스터리에 몰두하고 있었다.

그 미스터리는 물론 사마천의 이야기였다. 사마천의 죽음에 관해서는 역대로 이런저런 설이 많았다. 정상적인 죽음을 주장하는 사람이 있는가 하면, 비정상적인 죽음을 거론하는 사람들도 행방불명설, 자살설, 처형설까지 다양하다. 그의 삶 자체가 워낙 극적이기 때문에 죽음은 더 극적일 것 같고, 또 그래야만 할 것은 같은 욕구들이 이러저런 억측들을 낳게 한 것은 아닌가, 그런 생각이 들 때가 한두 번이 아니었다.

최근 들어 사마천의 죽음과 관련하여 처형설이 꽤 설득력 있게 나오고 있다. 그 설을 뒷받침하는 근거는 단편적인 기록들과 사마천 사후 그 후손들의 행방일 것이다. 처형설에 따르면 사마천의 죽음과 그 이후의 상황은 다음과 같다.

사마천은 결국 한 무제의 심기를 건드려 처형되었다. 그런 까닭에 그의 죄는 반역죄나 마찬가지였다. 반역자의 후예로 낙인찍힌 후손들은 감히 사마(司馬)라는 성을 드러내지 못하고 감추어야 했다. 그렇게 해서 생겨난 성이 사(司)라는 글자 왼쪽에 세로로 한 획을 더 그어 만든 동(同)과, 마(馬) 옆에 冫를 보태 만든 풍(馮)이었다. 후손들은 이렇게 동(同)과 풍(馮), 두 성으로 개성(改姓)하여 정체를 숨기고 사마천의 고향 바로 옆인 이곳에 모여 동족 부락을 이루고 살아왔다. 마을 이름은 '서촌'이라 부르기로 했던 모양이다.

서촌에서 동족 부락을 꾸리며 살기 시작한 지도 한참이 지난 명나라 때 와서 족보 정리가 이루어졌다. 실로 천수백 년이 지난 후였다. 이제 반역자의 후손이란 딱지는 떼어질 때가 된 것이라 생각한 동씨와 풍씨들은 조상을 찾았고, 그렇게 해서 찾아 올라간 조상이 바로 사마천이었다. 그러니까 이 이야기를 전해준 동 노인은 족보가 정리된 이후로 18대손이었던 것이다.(현재 서촌에는 대체로 28대손까지 살고 있다.)

도중에 동 노인은 왜 이곳을 '서촌'이라고 부르는지 아느냐고 물었는데 내가 알 리가 있겠는가. 사전 준비도 그러려니와 전혀 예상치 못한 상황이었기 때문에 굳이 노력하려는 의지도 포기한 채 노인의 답만 기다리고 있었다. 그건 '법왕행궁' 때도 마찬가지였지만.

동 노인은 서(徐)라는 글자를 파자(破字)해보라고 했다. 파자하면

'亻+余', 이렇게 된다. 그러곤 이제 각각의 뜻을 결합시켜 보란다. 둘을 뜻하는 亻, 남았다는 의미의 余…. 둘이 남았다? 노인은 함박미소를 지었다. 옆에서 함께 끙끙거리던 조선족 동포 문석빈(文石斌)이 "아!" 하며 짧은 비명을 지른다. 동씨와 풍씨가 남았다, 이런 뜻이란다. 그러니까 이곳에서 오랫동안 살아온 동과 풍, 두 성씨가 있는데 그 성씨들인 우리가 사마천의 후손이라는 암묵적인 표시였다. 그랬다. '서촌'도 '법왕행궁'도 모두 파란만장함 그 자체였던 사마천 생애의 망(網)에서 벗어날 수 없는 상흔들이었다. 내막을 듣고서 이해하고 나니 가슴이 더 아렸다.

동 노인은 놀라움에 들떠 있는 우리를 향해 무슨 말인가를 던졌다. 알아들을 수 없었다. 고혜현이 묻고는 우리를 향해 "서(徐)를 중국말로 읽어보시랍니다"라고 말한 뒤 미소를 짓는다. 徐는 '쉬'로 읽는다. 그런데? 고혜현은 "그 글자의 발음과 같은 발음의 글자로 어떤 것이 있나 생각해보십시오"라며 두 번째 수수께끼를 던진다. 나는 진즉에 포기한 몸이라 동 노인과 고혜현의 얼굴만 번갈아 보았다.

"서(徐)의 발음은 '속(續)'의 발음과 같습니다. 즉 사마천의 후손이 끊어지지 않고 계속 이곳에 살아남았음을 암시하는 글자지요. 두 성씨가 사마씨의 대를 잇고 계속 이곳에서 살아남았다는 뜻이고요."

서촌은 그런 곳이었다. 그곳 서촌소학교에서 사마천의 후손들은 큰할아버지의 큰할아버지 향기를 간직한 채 그해 여름을 책과 씨름하고 있었다. 그 모습을 보니 또 사정없이 밀려드는 서러움이 땀으로 범벅이 된 내 얼굴을 후려댔다.

서촌의 두 성의 시조를 사마천의 두 아들로 보는 견해도 있는 모양이다. 사마천에게 사마임(司馬臨)과 사마관(司馬觀)이란 두 아들이 있었고, 두 아들의 후손들이 진(晉)나라 때 박해를 피해 서촌으로 들어와 풍과 동으로 성을 바꾸고 마을 이름도 사마 집안이 죽 이어지라는 뜻에서 서촌이라 했다는 것. 어느 쪽이 되었건 결론은 사마천이 당한 궁형과 죽음을 교묘하게 그러나 가슴 아프게 함축하고 있는 단어라는 건 변함없는 진실이었다. '법왕행궁'과 '서촌'은 사마천 삶에 내재된 지독한 슬픔과 억울함을 절묘하게 교차시켜 놓은 단어들이었다.

서촌 마을에서 사마천 후손들과 함께.

096

사성이 잠든 곳
- 사마천 사묘 변천사

긴 여정의 마지막, 사마천이 잠들어 계신 곳에 왔다. 사당과 무덤이다. 먼저 역사 연혁부터 알아보아야 하나?

그렇게 하자. 사마천 사당과 무덤의 연혁 이 부분은 먼저 표를 통해 숙지한 다음, 중요한 부분에 대해 보충 설명하도록 하겠다.

사마천과 광장에서 바라본 사마천 동상과 그 뒤쪽의 사당과 무덤 전경.

사마천 사묘 변천사

시대(연대)	사당이나 무덤과 관련된 사건	비고
서한 BC 90	사마부인 유천랑이 남편의 유해를 고향으로 가져와 안장하다.	무덤의 위치 논쟁 청명절 제사 풍속.
서진 307~310	은제가 회제의 허락과 자금을 얻어 사당을 짓다. 무덤도 처음으로 규모를 갖추었다.	최초의 사당 '한태사 사마사' 설립.
북송 1064	이규의 시 내용으로 보아 이 무렵 사당이 황폐해졌던 것으로 보인다.	약 750년 동안 큰 문제없이 존속.
북송 1126	윤양이 무덤 앞에 침전을 짓고 사마천의 소상을 안치하다.	사마부인의 초상에 의거하여 제작.
북송 1179	지천 사람 요정이 마을 사람과 함께 사당을 수리하고 기울어진 무덤을 보수하다.	
원 1275	'팔괘묘'가 조성되었다는 설이 전해온다.	쿠빌라이 칙명 전설.
원 1314	단이의 주도로 사당이 중수되다.	
명 1438	지현 이간이 자신의 녹봉과 마을 사람의 노동력을 동원하여 불과 열흘 만에 사당을 중수하다.	관민의 조화와 합심.
명 1537	지현 사앙의 주도로 중수가 이루어지다.	
명 1575	진천 출신 장사패가 약 30년에 걸쳐 여러 차례 모금하여 헌전을 지었다.	현존하는 가장 오래된 《한성현지》.
명 1606	침전 앞에 헌전이 서고 벽에 비석을 박는 공사가 이루어지다.	
명 1637	지현 이무 등이 마을 사람과 사당 담장과 문을 새로 쌓고 지었다.	
청 1668~1674	지현 적세기와 마을 원로 20여 명이 주도하여 동서 언덕에 남북으로 통하는 구름다리를 놓고 벽돌로 속을 다진 삼층의 높은 대지를 쌓았다. 아울러 패방과 문을 짓거나 중수했다. 현재의 사묘 모습이 갖추어지다.	'고산앙지'와 '하산지앙' 패방 및 99개 계단도 이때 세워짐.
청 1699	현령이 무덤과 사당을 보수하였다.	
청 1721	마을 사람들이 헌전·침전·산문·패방·후문 등을 수리하다.	마을 사람 주도.

청 1733	귀주순무 대중승 유교남의 아들 유치가 사마파 (사마고도) 주변의 위험한 상황을 목격하고 돈을 내어 담장을 쌓다.	
청 1746	지현 당계생 등이 주도하여 중수하다.	
청 1780	정비와 수리가 이루어지다.	지현 채념조의 기록.
청 1816	무덤·침전·산문·담장·재실에 대한 수리가 이루어지다.	
청 1853	남쪽 담장을 중수하다.	
청 1858	사당 수리가 있었다.	
청 1886	무덤·사당·사마파에 대한 보수가 있었다.	
1936	양호성 장군의 주도로 사당 앞에 지양교가 세워지다.	석교와 패방.
1939	팔로군이 지양교를 건너 항일전선에 나서다.	
1949	인민해방군이 지양교를 건너 서북을 점령하다.	
1956	섬서성 제1차 중점문물보호단위로 지정되다.	
1957	중수가 이루어지다.	
1978	사당 확장공사가 이루어지다.	
1980	창요사 대전과 삼성묘를 사마사 안으로 옮기다.	이건(移建) 공사 시작됨.
1982	국무원이 제2차 전국중점문물보호단위로 공포하다.	
1983	문물관리소가 설치되다.	
1984	하독비를 옮겨 사당 안에 세우다.	
1986	'사마천생평화전람관'와 '사기고사화전람관' 개관	
1987~1988	사마파 절벽 보강공사가 진행되다.	
2010~	사마천 제사가 국가 제사로 승격되면서 사마천 광장이 조성되고 있음. 아울러 총 25km² 규모의 국가 문사공원이 광장 주위로 조성되고 있음.	
현재	사당과 무덤은 동서 555m, 남북 229m, 총면적 44,954m²(약 13,600평)의 규모로 보존 관리되고 있음.	

다음 세 장의 사진을 보자. 첫 사진은 고속도로에서 바라본 사마천 사당과 무덤의 전체 모습이다. 두 번째 사진은 광장에서 본 사당과 무덤의 모습이고, 세 번째 사진은 사당에서 내려다본 사마천 광장과 그 주변 모습이다. 고속도로에서 본 사당과 무덤 사진에는 주요 경점을 표시했다.

097

2천 년 세월의 흔적 속에서
- ① 사마천의 향기를 찾아

연혁표를 보니까 사마천 무덤과 사당의 역사는 2천 년이 넘는다. 물론 기원전 90년 무렵 세상을 떠났으니 당연한 말이지만 그분의 무덤과 사당이 남아 전한다는 사실이 새삼 경이롭다.

Answer

2천 년 역사의 무덤과 사당의 역사표를 정리하고 보니 사마천과 《사기》의 영향력을 더 실감하게 된다. 원과 청을 제외한 한족의 역대 왕조는 사마천 사당과 무덤에 신경을 쓰지 않았을 뿐 아니라 《사기》를 드러내놓고 알리려 하지 않았다. 《사기》의 내용 중 특히 권력자를 비판하는 대목들이 정권 차원에서 불편했던 것이다. 그럼에도 그 영향력은 타의추종을 불허했다. 이 때문에 사당과 무덤은 뜻있는 사람들에 의해 꾸준히 보존, 관리되어왔다. 연혁표가 이를 잘 보여준다. 이제, 남아 있는 사당과 무덤의 주요 유적과 지점

사마천 사묘 전경도의 모습.

들을 좀 더 알아보려 한다. 먼저 주요 경점들을 한글로 표시한 사마천 사당과 무덤 전체 모습을 사진으로 보자.

맨 왼쪽 아래 지수교(芝秀橋)를 건너 사당 입구로 가자. 이제부터는 주요 모습들을 쭉 소개하려고 하는데, 설명보다는 사진 자료들을 많이 보여드리겠다.

지수교

먼저 고속도로에서 바라본 사당과 무덤 사진을 보면서 전체 경관을 개략적으로 설명해보겠다. 사마천의 사당과 무덤은 한성시에서 남쪽으로 10km 떨어진 지천진의 동남 방향의 높은 산등성이에 자리 잡고 있다. 동쪽으로 황하(黃河)를 바라보고 서쪽으로는 양산(梁山)을 등지고 있다. 남쪽으로는 위(魏) 장성과 이어지고 북쪽으로는 지수(芝水)가 흐른다. 지천진에서 동남으로 2km 정도 가면 작은 시

내가 흐르는데, 옛날 이름은 도거수(陶渠水)였다. 그 뒤 한 무제가 이곳에서 영지초를 얻은 것을 계기로 지수로 이름이 바뀌었다. 이 개천 위로 단아한

사당으로 무덤으로 가기 위해 건너야 할 지수교.

석교가 놓여 있는데, 항일전쟁에 나섰던 양호성(楊虎城, 1893~1949) 장군이 1936년에 지었으며 지양교(芝陽橋), 또는 지수교(芝秀橋)라 부른다.

'한태사사마사' 패방

이 다리를 지나면 낡고 소박한 '한태사사마사(漢太史司馬祠)'라고 쓴 나무 패방이 나온다. 글씨는 부드러움 속에 강인한 힘을 느끼게 한다. 원나라 때의 대서예가 조맹부(趙孟頫, 1254~1322)의 글씨로 전하는데 확실하진 않다. 하지만 사마천 사묘에 대한 대대적인 보수가 원나라 때 이루어진 사실로 볼 때 전혀 근거 없다고 할 수도 없을 것 같다.

조맹부의 글씨로 전해오는 '한태사사마사' 편액이 걸린 패방.

대문

패방을 지나 계단을 따라 오르면 세 칸짜리 당나라 때 건축양식을 본떠 지은 사당의 대문이 보인다. 지금은 사묘의 매표소이자 출입문으로 쓰이고 있다. 이 문은 원래 한성현 현성의 동사(東寺) 대문이었는데, 1970년대 고건축을 중점적으로 보호하는 정책에 따라 이곳으로 옮겨 지었다. 현판에는 '한

사마천 사묘의 대문과 계공의 글씨. 계공은 중국 문화 유적의 편액을 가장 많이 쓴 서예가로서 청나라 옹정 황제의 9대손이다.

태사사마천사묘(漢太史司馬遷祠墓)'라는 큰 글씨가 눈에 들어온다. 중국의 서예가협회 주석(회장) 계공(啓功, 1912~2005)이 1987년 6월에 썼다.

사마고도

대문을 들어서면 바닥에 깔린 예사롭지 않은 돌들을 보게 된다. 사람들은 이곳을 사마고도(司馬古道)라 부르는데, 한혁파(韓奕坡)와 사마파(司馬坡)라는 별칭을 갖고 있다. 울퉁불퉁 바닥에 깔린, 크기가

다르고 불규칙한 돌들은 전국시대부터 지금까지 2천 년 넘게 견디어온 주인공이자 역사의 증인이다. 비바람에 깎여 나가고 수레바퀴에 닳아서 면이 고르지 않지만 그것이 바로 세월의 흔적 아니겠는가?

사마천 사묘의 세월을 증언하고 있는 사마고도.

태공묘

이 길을 따라 수십 미터가량 오르면 첫 번째 언덕이자 갈림길이 나온다. 길의 왼편으로는 사마천 일생 및 《사기》와 관련한 전시관이 들어서 있다. 이 전시관 앞에는 '하독비(河瀆碑)'가 우뚝 서 있는데, 원래 황하 하독 영원왕묘(靈源王廟)에 있던 것을 1970년대 말에 이

곳으로 옮겨왔다. 길 오른쪽은 사마천의 아버지 태사공 사마담을 기념하기 위해 최근에 지은 태공묘가 있다.

태공묘는 사마담을 기념하는 작은 규모의 사당이다.

사마천 참배 홍보관

두 번째 언덕을 오르면 '고산앙지' 패방을 눈앞에 두고 길 왼쪽 편으로 예전엔 이곳에 기념품과 서적 등을 파는 다정(茶亭)이 있었다. 지금 이곳은

2009년 민간 제사로는 마지막인 제사에 참석했던 필자의 모습.

제사 활동 등을 사진으로 찍어 전시하는, 말하자면 사마천 참배를 알리는 홍보관 역할을 하고 있다. 제사에 참석한 필자의 모습도 전시되어 있다.

'고산앙지' 패방

다정 앞에서 북쪽(오른쪽)으로 시선을 돌리면 '고산앙지'라 쓴 패방이 보이는데, 보는 이의 가슴을 두근거리게 만든다. 《시경》에서 따온 이 구절은 사마천이 〈공자세가〉(권47) '태사공왈' 첫머리에 공자의 인품과 업적을 존경하는 헌사로 인용했다. 원래 대목은 '고산앙지(高山仰止), 경행행지(景行行止)'이다. 높은 산은 우러러 보고, 큰길은 따라간다는 뜻이다. 글씨는 한성시의 유

'고산앙지' 패방(지금은 색이 너무 바래 글자를 알아볼 수 없어 옛날 사진으로 썼다.).

명한 서예가 강한삼(强漢三)이 썼다. 사마천이 공자에게 헌사했던 《시경》의 이 대목을 이곳에서는 사마천에게 바쳤다.

'사필소세' 산문

이 패방부터가 신성한 구역으로 들어가는 신도(神道)에 해당하는데, 길이 여간 가파르지 않다. 사마천 사묘의 위치가 거의 수직에 가까운 언덕에 자리 잡고 있는데, 그중에서도 이 신도가 가장 가파르다. 계단은 모두 99개다. 그중 세 번째 고개에 '사필소세(史筆昭世)'라 쓴 산문(山門)이 나온다. 이 산문에서 대부분 한숨을 돌리고 뒤를 돌아보게 된다. 멀리 황하가 눈에 들어오고, 사묘의 기막힌 위치를 새삼 실감하게 된다. 그러고는 '사필소세'의 의미심장함에 숙연해지지 않을 수 없게 된다. '역사(가)의 붓이 세상을 밝힌다'는 뜻이다. 누구라서 역사의 평가를 무서워하지 않을까? 대만의 역사가인 백양(柏楊) 선생은 이렇게 말한 적이 있다.

"역사가 우리에게 주는 교훈이란 인간이 한 번도 역사의 교훈을 받아들인 적이 없다는 것이다."

분노에 찬 역사(가)의 붓은 칼보다 더 날카롭다. '사필소세' 패방.

참으로 가슴 아픈 지적이다. '사필소세', 이 네 글자가 던지는 의미가 더없이 크게 느껴진다.

사묘의 위치를 나타내는 '하산지양' 패방.

'하산지양' 패방

다시 계단을 오르면 네 번째 굽이가 나오고 그 위로 벽돌로 지은 또 하나의 패방이 버티고 서 있는데, 사당으로 들어서는 문이다. 편액에는 '하산지양(河山之陽)'이란 글씨가 큼직하게 쓰여 있다. 황하의 북쪽, 용문산의 남쪽이란 뜻으로 사마천 고향 한성과 사묘의 위치를 가리킨다. 글씨는 청나라 강희 10년(1671) 한성지현을 지낸 적세기(翟世琪)가 썼다고 알려졌다.

태사사, 헌전, 침전

다섯 번째 언덕을 오르면 '태사사(太史祠)'라 쓴 현판이 걸린 마지막 대문이 발걸음을 멈추게 한다. 글씨에 힘이 넘친다. 이곳이 사마천의 제사를 모시는 헌전(獻殿)의 입구다. 이 문턱을 넘으면 사마천

헌전과 침전으로 들어가는 대문에 걸려 있는 '태사사' 편액.

헌전과 그 뜨락의 비석들 뒤로 침전이 보인다. 이렇게 헌전과 침전은 마치 붙어 있는 집 같은데, 공간 활용이 돋보이는 배치다.

사묘에서 가장 높은 자리에 위치한 사당의 앞마당이 나온다. 동쪽을 향해 헌전과 그 앞으로 세 칸 규모의 널찍한 뜨락에는 북송 때부터 현대에 이르기까지 비석 66기가 줄지어 서 있거나 벽에 박혀 있다. 헌전에는 '사성천추(史聖千秋)'와 '군자만년(君子萬年)'이란 현판이 걸려 있다. 헌전 뒤가 사마천의 위패와 상을 모셔놓은 침전(寢殿)이다. 흙으로 빚어 만든 사마천의 소상(塑像)은 북송 선화 7년(1125)에 만들어진 것으로 감실(龕室)에 단정하게 앉아 있는 좌상이다.

사성의 무덤

헌전을 돌아서 건물 뒤쪽으로 가면 신기한 형태의 무덤이 보인다. 형태도 형태이거니와 무덤 위로 다섯 그루의 측백나무가 무성한 잎을 드리우고 있기 때문이다. 그런데 다섯 그루가 아니라 한 그루에 큰 가지가 손가락처럼 다섯으로 뻗쳐 있음을 알 수 있다. 사람

444

사마천의 무덤은 형태부터가 기이하다.

들은 아들 다섯이 모두 과거에 급제한다는 뜻의 '오자등과(五子登科)'로 부르는데, 이곳에 와서 빌면 과거 합격에 영험이 있다는 이야기가 전해온다. 바로 이곳이 사마천의 무덤이다. 여름이면 주위의 나무들과 함께 하늘을 덮을 정도로 장관을 이룬다. 무덤의 형태 또한 특이해서 원통형으로 되어 있는데, 돌아가며 팔괘가 장식되어 있어 '팔괘묘'라 부르기도 한다.

사마천 소상

침전에는 사마천 사묘에 현존하는 가장 오랜 문물이라 할 수 있는 사마천의 소상이 모셔져 있다. 송나라 때 만들어진 이 소상은 현재 유리로 막혀 있어 진면목을 자세히 살필 수는 없지만 사마천의 풍모를 느끼기에는 충분하다. 이 소상에 얽힌 이야기를 좀 더 소개한다.

098

2천 년 세월의 흔적 속에서
- ② 사마천의 향기를 찾아

윤양(尹陽), 사마천 소상을 만들다

북송 선화 7년(1125), 한성의 현령 윤양은 향촌의 유지들과 사마씨 후예들의 청을 받아들여 한태사 사마천 사당의 헌전과 침전에 대한 보수를 주관했다. 그리고 한성의 제사 풍속에 따라 태사공의 영정을 걸기로 했다. 윤양은 여러 판본들 중에서 사마천의 초상화를 찾았으나 모두가 궁형을 당한 뒤의 수염이 없는 '부인상'들이었다. 이 초상화를 본 마을 사람들은 장년에 접어든 태사공의 진짜 모습이 아니라고 입을 모았다.

사마천의 부인은 다방면에 재주가 많은 사람이었고, 특히 그림에 조예가 깊었다는 소문이 자자했다. 그녀는 남편을 위해 스무 살부터 쉰다섯 살 때까지의 모습을 1년에 한 폭씩 그림으로 그려 모두 35폭의 연보상(年譜像)을 남겼다는데, 사마천 집안이 화를 당하는 바람에 화상은 모두 흩어져 분실되었다.

이런 이야기를 들은 윤양은 마을에 분명 사마천의 화상을 잘 보

446

관하고 있는 집이 있을 것으로 판단하고 수소문했다. 아니나 다를까, 소량 마을 서쪽의 지천향에서 장년의 태사공을 모습을 그린 화상 한 장을 찾을 수 있었다. 그림의 선은 가늘면서도 유려했고, 용모는 태사공이 살아 있는 듯 신기가 넘쳤다. 사마천을 잘 아는 사람이 그린 화상이 틀림없었다. 그렇다면 전해오는 이야기대로 부인의 작품일 것이었다. 윤양은 이 그림을 사마천의 진영으로 판정했다. 이 그림을 소장하고 있던 사람은 노인이었다. 노인은 "이 그림은 사마 부인께서 직접 그리셨다고 알려졌으며, 우리 집안 대대로 전해오는 보물입니다. 아무에게도 보이지 않았는데 현령께서 태사공을 위해 사당을 지으신다기에 바치게 된 것입니다. 이는 집안 대대로 간절히 바라던 소원이기도 합니다"라며 감격스러워했다.

1천 년도 더 지난 뒤 그림은 마침내 주인에게 되돌아갔다. 갈 곳을 제대로 찾은 셈이었다. 현령은 은자를 내려 노인에게 감사를 표하고 그림은 잘 표구해서 침전에 걸었다. 참배하거나 제사를 드리러 온 후손들은 마치 살아 있는 사마천을 뵙기라도 한 것처럼 화상 앞에서 목 놓아 통곡했다. 그러나 그림은 천 년을 지나면서 낡고 훼손된 탓에 보는 이들을 안타깝게 했다.

윤양은 진영의 사마천의 비범한 자태와 기운에 감명을 받았다. 그래서 어떻게 하면 태사공의 형상을 영원히 보존할 수 있을까 궁리했다. 그러던 어느 날, 등불 아래에서 《태사공서》를 읽다가 잠이 들었다. 그는 긴 수염을 휘날리며 신비로운 자태로 말없이 생각에 잠겨 있는 사마천을 보았다. 깜짝 놀라 잠에서 깼는데 사마천의 용

모가 생생하게 남아 있는 것이었다. 불현듯 윤양은 소상을 만들어야겠다고 생각했다. 윤양은 자신의 출신지인 동로(東魯)에서 공자의 소상을 만든 장인을 초청했고, 그에게 사마천 소상을 만들도록 했다.

장인은 화상을 근거로 사마천의 소상을 만든 다음 사당 아래 사람들이 많이 다니는 길에다

사당과 무덤 유적지에서 가장 오랜 문물인 송나라 때 만든 사마천의 소상.

세워놓고는 사람들의 평가를 들었다. 평가는 사람마다 달랐고, 들을 만한 견해는 꼭 담아두었다.

이튿날 새벽, 장인은 소상이 원래 모습과는 달리 얼굴이 약간 북쪽으로 돌아가 있다는 것을 발견했다. 그러곤 자신도 모르는 사이에 탄성을 내질렀다. 예지가 넘치고 강직했던 사마천의 자태가 소상에서 뿜어져 나오는 것이 아닌가! 장인은 윤양을 비롯하여 사람들을 불러 소상을 보게 했더니 역시 모두들 감탄을 금치 못했다. 그리하여 침전 가운데에 감실을 만들고 사마천의 전신 좌상을 그 안에 모셨다. 상의 높이는 140cm, 검은 수염을 세 가닥으로 휘날리고 있다. 붉은 도포를 입고 손에 죽간을 쥐고 있으며, 얼굴은 살짝 북쪽을 향하고 있다. 사마천의 후손들은 소상이 진짜 모습 같다며 칭찬을 아끼지 않았다.

그런데 하룻밤 사이에 북쪽으로 얼굴을 돌리게 된 사연은 어찌 된 것일까? 사마 고을에는 사마천의 강직한 성품과 용모를 잘 알고 있는 사람이 많았지만 장인의 체면 때문에 대놓고 말을 못하고 있었다. 그래서 누군가가 흙이 마르기 전에 야밤에 몰래 머리 부분을 살짝 돌려놓았던 것이다. 그런데 누가 알았으랴, 이 무명씨의 행동이 제대로 된 소상을 탄생시킬 줄을! 사람들은 이 무명씨가 사마천을 정말 잘 아는 이였을 것이라고 입을 모아 말했다.

사마천 광장과 그 주변

헌전 앞에 서면 아래로 사방을 내려다볼 수 있다. 가슴이 트이고 정신이 맑아지는 느낌을 받는 곳이다. 동쪽으로는 막막한 모래사장이 펼쳐지는 가운데 저 멀리 황하가 흐릿하나마 눈에 들어온다. 맑은 날이면 물결이 넘실대는 모습도 볼 수 있다고 한다. 서북쪽은

사당에서 내려다 본 사마천 광장과 주변의 모습.

고문원인데 사마천의 옛 고향마을인 그곳이 한눈에 들어온다. 개가 짖거나 닭이 울면 그 소리를 들을 수 있을 정도라고 한다. 사당 아래로 흐르는 지수는 나무가 우거진 사이사이로 밭고랑이 이어지는 모습이 마치 북방의 강남과도 같은 풍광을 연상시킨다. 이런 풍광이니 이곳에 오르게 되면 누구나 사마천에게 공경의 마음을 품지 않을 수 없을 것이다.

099

2천 년 동안 이어져온 민간 제사
- 국가 제사가 되다

2천 년 동안 이어져온 민간 제사

사당에서 내려다보이는 사마천 광장은 2010년부터 사마천 제사가 국가 제사로 승격된다는 발표가 난 이후 조성되기 시작하여 2022년 현재에도 조성 중인데, 이 광장에서 2010년 이후 매년 국가급의 제사가 거행되고 있다. 먼저, 국가 제사로 승격되기 전까지의 사마천 제사의 역사를 알아본 뒤 고향 마을과 후손들 사이에서 전해오는 사마천 제사와 관련한 역사도 살펴보려 한다.

사마천 식구들은 사마천이 '이릉 사건'으로 옥에 갇힌 뒤 화를 면하기 어렵다고 판단하여 고향의 문중 사람들에게도 성을 바꾸고 그곳을 떠나라고 알렸다. 이에 문중 사람들은 동(同)씨와 풍(馮)씨로 성을 바꾸었다. 큰집이 '풍', 작은집이 '동'씨 성을 취했다. 시간이 지나 사태가 안정이 되자 풍소(馮釗)와 동무(同茂)가 사마천의 유골과 함께 가족을 이끌고 고향으로 돌아왔고 마을 이름을 서촌이라 지어 불렀다. 서(徐)의 속뜻은 소개한 대로 풍과 동, 두 성이 남았다는 뜻이고, 발음으로는 사마씨 가문이 계속 이어진다는 속(續)과 같

'한태사유사' 내에 모셔진 풍소와 동무의 위패.

은 '쉬'다.

이렇게 해서 서촌에는 풍씨와 동씨가 한집안처럼 살게 되었고 서로 혼인도 하지 않은 채 같은 사당에 한 조상을 모시며 천 년 넘게 살아왔다. 명나라 홍무 11년(1378)에 세워졌다는 '한태사유사'는 이 두 성의 시조인 풍소와 동무의 위패를 모신 사당이다. 이 두 위패 위로 큰 위패가 하나 더 모셔져 있는데, 공동 조상인 사마천의 위패다.

두 성씨가 천 년 넘게 하나의 위패에 공동으로 제사를 드려온 제사 습속은 어디에서도 찾아볼 수 없다. 사마씨 후예의 효성과 절개가 아니었다면 불가능했을 일이다.

제사 방식도 다른 집안과는 다르다. 청명절에 제사를 드리는데, 이날은 본래 비감한 날로 알려졌다. 그런데 후손들은 이날을 전후로 서촌의 노래패 모임인 숭덕사, 숭의사, 청평사, 청태사, 태화사라는 연극단을 초청하여 사흘 동안 큰 놀이를 진행한다.(이 다섯 패를 '오사五社'라 부른다)

놀이는 서촌 동쪽의 구랑묘에서 이루어지며, 청명절 전날 저녁에는 사마천의 무덤 옆의 가설무대에서 공연된다. 밤 12시가 되면 집안사람들은 예복을 입고 향을 들고 무덤 옆으로 와서 경건하게 제

452

사에 참석한다. '오사'가 모두 모였을 때 폭죽을 터뜨리며 제사가
시작되는데, 무대 위에서 악기가 연주되는 동안 무대 아래에서는
향을 피우고 절을 한다. 연주와 제사가 동시에 진행되는 것이다.
동이 틀 무렵, 무대 위의 불이 갑자기 꺼지고 음악이 멈춘다. 연주
자들은 악기를 든 채 무대에서 내려와 뛰기 시작한다. 이에 아래쪽
에서 제례를 드리던 사람들도 향을 든 채로 연주자들을 따라 구랑
묘를 향해 미친 듯이 달린다. 신발이 벗겨져도, 모자가 떨어져도
괘념치 않고 그냥 뛴다. 구랑묘의 무대에는 일찌감치 다른 악대들
이 준비하고 있다가 연주자들이 오는 것을 보는 순간 바로 연주에
들어가고, 뛰어온 연주자들도 합세하여 한바탕 공연이 벌어진다.

　이튿날은 청명이다. 서촌 사람들은 마치 새해를 맞이한 것처럼
길 입구마다에 색색의 패루(패방)를 세우고 붉은 비단에 조상의 덕
을 칭송하는 글을 써서 내건다. 집 문 앞에도 붉은 종이에 글을 써

청명절에 사마천의 사당과 무덤을 찾는 후손들과 마을 사람들의 모습이다.(한성시 제공)

붙이고 처마에는 붉은 등을 건다. 길거리의 모퉁이에 있는 집에는 등을 높이 매달아 밤에도 훤하게 마을을 비추고 친지들과 사람들이 모두 나와 난장을 열어 물건을 사고판다. 서촌 마을 전체에 웃음과 환호성이 떠나질 않는다. 다른 마을의 청명은 눈물로 뒤덮이는데 서촌의 청명은 새해 첫날보다 더 요란하다.

당나라 때 시인 두목(杜牧)이 청명절에 비가 주룩주룩 내리면 길 가던 사람들의 애간장이 끊어진다고 읊었듯이 본래 청명절에 드리는 제사는 슬프고 비통하다. 그런데 서촌 사람들은 폭죽을 터뜨리고 붉은 등을 내거는 등 야단법석을 떤다.

서촌 사람들은 말한다. 사마천이 세상을 떠난 뒤 그의 유해를 고향으로 가져와 조용히 묻었다. 조정에서 또 다시 죄를 묻지나 않을까 두려워 일부러 청명절에 제사를 지냈는데, 늘 한밤에 진짜 유골이 묻힌 무덤 옆에서 귀신에게 제사를 드린다며 몰래 제사를 드렸다. 겉으로는 '오사'가 귀신을 공경한다는 것이지만 사실은 자손이 조상에게 제사를 드리는 것이었다.

그러던 어느 해의 청명절 무렵, 느닷없이 서울에서 황제가 파견한 흠차대신이 서촌으로 온다는 소식이 전해졌다. 집안사람들은 어쩔 줄 몰라 하다가 제사를 드리던 사람들을 구랑묘로 달려가게 해서 제사를 계속 올리게 하고, 흠차대신의 시선을 돌리게 하려 했다. 그런데 그 대신은 사마천의 외손자 양운이었다. 어머니 사마영(司馬英)의 부탁을 받고 외할아버지의 무덤을 청소하러 온 것이었다. 게다가 황제인 선제가 《태사공서》《사기》를 세상에 공개하도록 정식으로 허락했다는 기쁜 소식도 함께 갖고 왔다. 사람들은 이 뜻밖의 소식에 기뻐 어쩔 줄 몰랐다. 모두들 피리며 북 따위를 들고 나와 두드리고 불고 춤을 추며 축하했다. 집집마다 등을 내걸고 친지들을 불러 기쁨을 나누었다.

그로부터 청명절마다 서촌에서는 《사기》가 다시 세상의 빛을 본 날을 기념하고 조상에게 감사하기 위해 한바탕 놀이가 벌어지는데 이것이 관례로 굳어진 것이다. 이 습속을 포대자희라 부른다. 지금도 서촌에는 청나라 함풍 8년(1858) 포대자희에 사용한 편액을 감싼 비단이 보존되어 있다.

음력 2월 9일은 사마천의 탄생일로 전해온다. 서촌의 후손들은 이날 진짜 유해를 묻은 무덤에 제사를 드리는 대신 주변 언덕에 술을 뿌리고 종이돈을 태우며 애도를 표했다 한다. 그 뒤 사마천의 억울함이 풀리고서 후손들은 비로소 풍수 선생을 모셔다 무덤 터를 고르고 지천진 남쪽, 일명 사마 언덕이라 부르는 높은 언덕 위에 모시게 되었다.

사마천 제사 때면 한성시에서는 '풍추사마(風追司馬)'라는 대형 현수막을 사당으

앞에서 소개한 사진이지만 사마천의 정신과 그 정신을 추앙하는 의미에서 한 번 더 싣는다.

로 오르내리는 계단 오른쪽 절벽에 내건다. '풍속도 사마천을 뒤따른다'는 뜻이다. 필자는 이 글씨를 볼 때마다 이런 생각이 들곤 한다. '한성에는 바람에서도 사마천의 냄새가 난다.'

국가 제사로의 승격과 역사문화광장 조성

2010년 사마천 제사가 국가급 행사로 승격되면서 많은 변화가 있었고 지금도 그 변화는 계속되고 있다. 가장 달라진 점은 사당과 사묘 전면에 큰 광장이 조성되고 있다는 것이다. 사마천 동상도 섰다. 이 광장 양 옆으로 거대한 석조 조형물과 사마천 및 《사기》와 관련한 건축물이 들어섰다. 거대한 석조 조형물은 《사기》 본기 12권의 주축인 역대 제왕들의 치적을 나타낸 조각이고, 건축물은 귀빈을 모시는 장소를 비롯한 전시관 등이다. 동상은 2012년 틀을 잡고 2013년 완공되었다.

이런 눈에 보이는 변화보다 더 큰 변화는 제사 행사다. 후손과 마을 사람들이 주체가 되어 진행해온 민간의 제사가 행사를 전문으로 하는 이른바 이벤트 전문회사에 의해 진행되기 시작했다. 사회자도 국영 TV방송사의 진행자로 바뀌었고, 제사 직전의 공연도 예술학교와 공연 전문회사에서 마련한 프로그램으로 바뀌었다. 후손과 마을 사람들이 제사 행사에서 소외된 것이다. 이런 부분은 중앙정부와 한성시 관계자가 좀 더 세심하게 살펴야 할 필요가 있다.

2015년 사마천 제사 때의 모습.

100

대장정의 마무리

– 역사는 'Back to the Future' 또는 '溫故而知新'

Question

사마천과 《사기》의 발자취를 따라온 여정이 마무리되었다. 사실 이 여행 내내 역사란 대체 무엇인가? 이런 의문을 떨칠 수 없었다. 그래서 끝으로 한 가지 더 엉뚱하달까, 어쩌면 어리석은 질문일 수도 있지만 그래도 묻고 싶다. 역사를 간결하게 정의한다면?

Answer

영화 제목을 빌리면 'Back to the Future'라 하고 싶고, 고전을 빌리면 공자의 말씀인 '온고이지신(溫故而知新)'이라 하고 싶다. 역사는 과거로 돌아가는 과정이 기본이다. 그렇다고 단순히 남은 기록이나 관련 자료들만 읽는 일로 그쳐서는 안 된다. 앞에서 말했듯이 사실(史實)과 사실(事實), 그리고 진실(眞實)의 관계를 깊게 탐구하여 밝혀내거나 찾아내야 한다. 그리고 밝히거나 찾아낸 '그 무엇은 현재와 미래를 위해 쓸모 있는 것'이어야 한다. 그래서 미래로 되돌아간다고 했고 옛것을 익혀 새것을 안다고 했다. 역사는 '그 무엇'을 무한대로 내장하고 있는 콘텐츠 그 자체이기도 하다. 역사 공부 역시 마찬가지다.

Question

역사는 단순히 '지나간 시간이 아니'라는 말인가?

Answer

그렇다. 그래서 종종 역사를 '오래된 미래'라고 정의하곤 한다. 또 현재를 비추는 거울이자 미래의 방향을 가리키는 나침반이기도 하다. 내게 사마천과 《사기》가 바로 그런 거울이자 나침반이다. 말하자면 우리는 《사기》라는 타임머신을 타고 위대한 역사가 사마천을 만나는 'Back to the Future'의 시간여행을 한 셈이다.

Question

긴 여정, 시간여행을 안내해주신 데에 깊이 감사드린다. 독자들이 사마천과 《사기》를 좀 더 알고 싶을 때 참고할 만한 책이 있다면? 소개 부탁드린다.

Answer

참고할 책들의 목록은 부록으로 제시해둔다. 여기에서는 필자의 책들만 출간된 시간대로 열거해둔다.* 다이어리는 《사마천 다이어리 366》로 태초력(太初曆)을 만든 사마천을 기념하기 위해 만들었다. 사마천이 달력을 만들었다는 사실은 모르는 분들이 많다. 태초력은 우리가 2천 년 가까이 사용해온 음력을 말한다. 사마천이 42세 때인 기원전 104년 무렵, 천문학자를 비롯하여 관련 학자들과 함께 만들었다. 그전까지는 한 해의 시작이 10월인 '전욱력(顓頊曆)'이란 달력을 사용했는데 농사철과 맞지 않는 등 불편함이 많아 이를 개정하여 한 해의 시작이 1월인 태초력을 만든 것이다. 이 업적을 기념하기 위해 오래전부터 다이어리를 만들고 싶었는데 팬데믹 덕분(?)에 시간이 많이 나서 소원을 이루었다. 서점에서 살 수 있게끔 다이어리 형태와 책 내용을 결합했다. 연도와 요일, 공휴일 등을 특정하지 않았기 때문에 언제든지 활용할 수 있다.

1. 《지혜로 읽는 사기(史記)》, 김영수 저(푸른숲, 1999)

2. 《역사의 등불 사마천, 피로 쓴 사기》, 김영수 저(창해, 2006)

3. 《사기의 인간경영법》, 김영수 저(김영사, 2007)

4. 《난세에 답하다: 사마천의 인간 탐구》, 김영수 저(알마, 2008)

5. 《사기의 경영학: 리더가 알아야 할 모든 것》, 김영수 저(원앤원북스, 2009)

6. 《사기의 리더십: 시대를 뛰어넘는 리더십 바이블》, 김영수 저(원앤원북스, 2010)

7. 《사마천 인간의 길을 묻다》, 김영수 저(왕의서재, 2010)

8. 《성찰: 김영수의 〈사기史記〉 경영학》, 김영수 저(위즈덤하우스, 2010)

9. 《나를 세우는 옛 문장들》, 김영수 저(한국물가정보, 2013)

＊굵은 표시를 한 책들을 제외하곤 절판되었다.

10. 《사마천과의 대화》, 김영수 저(새녘, 2013)

11. 《단숨에 읽는 사기》, 시마자키 스스무 저, 전형배 역, 김영수 감수(창해, 2014)

12. 《사기를 읽다: 중국과 사마천을 공부하는 법》, 김영수 저(유유, 2014)

13. 《사기를 읽다, 쓰다》, 김영수 저(위즈덤하우스, 2016)

14. 《사마천, 인간의 길을 묻다》(개정), 김영수 저(위즈덤하우스, 2016)

15. 《사마천과 사기에 대한 모든 것》(전2권), 김영수 저(창해, 2016)

16. 《인간의 길: 나를 바로세우는 사마천의 문장들》, 김영수 저(창해, 2018)

17. 《나는 사기로 경영을 배웠다》, 김영수 저(메이트북스/원앤원콘텐츠그룹, 2019)

18. 《리더의 역사 공부》, 김영수 저(창해, 2020)

19. 《사마천과 노블레스 오블리주》, 김영수 저(아이필드, 2020)

20. 《완역 사기 본기》(전2권), 사마천 저, 김영수 역(알마, 2010)

21. 《완역 사기 세가》(전2권), 사마천 저, 김영수 역(알마, 2014-2019)

22. 《사마천 다이어리 366》, 한국사마천학회 김영수 편역(창해, 2021)

23. 《사마천 사기 100문 100답》, 김영수 저(창해, 2023)

24. 《오십에 읽는 사기》, 김영수 저(유노북스, 2023)

《사마천 다이어리 366》의 모습

시간과 공간을 왕복하는 역사 여정이 매우 즐겁고 보람 있고 유익했다. 무엇보다 재밌었다. 사마천과 《사기》 관련하여 전문 유튜브도 있다고 들었는데 그 소개를 끝으로 작별 인사를 드려야겠다.

Answer

〈김영수의 좀 알자, 중국〉이란 채널이다. 사마천과《사기》가 주된 내용을 이루지만 중국의 정보와 관련된 다양한 영상들도 많다. 이 채널은 또 독서와 연계되는 북튜브를 목표로 개설되었다. 책도 읽고 영상도 시청하면 한결 도움이 될 것이란 판단에서 그렇게 만들었다. 독서는 한 나라의 문화 수준을 나타내는 지표다. 책 많이 읽기를 권하면서 '온고이지신'의 여정을 마친다. 역사는 'Back to the Future'다! 再見!

史記

130권 52만 6,500자의
《사기》는 어떤 책일까?

《사기》 관련 국내 출간 저·역서 목록(석·박사 학위논문 포함)

번호 / 제목 / 저작자 / 발행사 / 발행년도 순

사마천 《사기》 관련 국내 도서목록

1. 《중국의 역사인식》 / 민두기 편역(창작과비평사, 1985)

2. 《사기 이야기》 / 최범서 엮음(지경사, 1986)

3. 《사마천의 역사인식》 / 박혜숙 편역(한길사, 1988)

4. 《이야기 사기열전》(전3권) / 사기열전강독회 역(청아출판사, 1988~1989)

5. 《갑골문》 / 심재훈 엮음(민음사, 1990)

6. 《史記》(전4권) / 왕술영 주편 / 이훈종 역(교문사, 1992)

7. 《대륙에 뜨는 별》 / 김아리 편역 / 이희재 그림(웅진출판, 1993)

8. 《갑골학 60년》 / 董作賓 저 / 이형구 역(민음사, 1993)

9. 《사기 1 : 토끼사냥이 끝나면 사냥개를 잡아먹는다》 / 김진연 편역(서해문집, 1993~
   1995/8쇄)

10. 《사마천의 완역 : 사기1 / 열전1》 / 김병총 편역(집문당, 1994)

11. 《사기열전》(전3권) / 박정수 엮음(청목사, 1994)

12. 《사기 2 : 진실로 용기있는 자는 가볍게 죽지 않는다》 / 김진연 편역(서해문집, 1994)

13. 《사기 3 : 참으로 곧은 길은 굽어 보이는 법이다》 / 김진연 편역(서해문집, 1994)

14. 《사마천의 史記別傳 : 허리를 굽히면 반드시 줍고 하늘을 보면 반드시 취한다》 /
    김영진 편역(나라사랑, 1994)

15. 《한중일 삼국사상의 보수와 개혁》 / 이춘식 편저(신서원, 1995)

16. 《이야기 사기열전》 / 최범서 엮음(청솔출판사, 1995)

17. 《위대한 역사가 사마천》 / 버튼 왓슨 저 / 박혜숙 역(한길사, 1995)

18. 《사기선》 / 방원성 역(한국문화사, 1996)

19. 《史記》 / 최진규 역해(고려원, 1996)

20. 《사기》(전3권) / 김진연 편역(서해문집, 1996~1997)

21. 《사기》(전7권) / 정범진 외 공역(까치, 1997/4판)

22. 《한권으로 정리한: 이야기 사기열전》 / 최범서 엮음(청아출판사, 1997)

23. 《인간 사마천》 / 하야시다 신노스케 저 / 심경호 역(강, 1997)

24. 《한서열전》 / 홍대표 역(범우사, 1997)

25 《중국사학사》 / 高國抗 저 / 오상훈 외 공역(풀빛, 1998)

26. 《목숨을 걸고 싸우는 자만이 위기를 기회로 바꾼다》 / 엄광용 엮음(새로운사람들, 1998)

27. 《수레를 높이려면 문지방부터 높여라》 / 엄광용 엮음(새로운사람들, 1998)

28. 《힘으로 제압하면 변방을 얻고 덕을 행하면 천하를 얻는다》 / 엄광용 엮음(새로운
사람들, 1998)

29. 《세계의 사상 17, 18 : 사기 열전》(전2권) / 김원중 역(을유문화사, 1999)

30. 《사기열전》 / 홍석보 역(삼성출판사, 1999)

31. 《중국사학사》 / 신승하 저(고려대학교출판부, 2000)

32. 《중국사학사 강의》 / 劉節 저 / 신태갑역(신서원, 2000)

33. 《열정의 천재들 광기의 천재들》 / 안승일 저(을유문화사, 2000)

34. 《사기 열전》(전2권) / 김원중 역(을유문화사, 2002)

35. 《춘추전국의 패자와 책사들》 / 박인수 저(석필, 2001)

36. 《사마천의 사기》(전3권) / 유소림 · 이주훈 공역(사사연, 2002)

37. 《춘추전국시대의 법치사상과 세 · 술》 / 이춘식 저(아카넷, 2002)

38. 《춘추전국의 리더십》 / 채수연 저(중명출판사, 2002)

39. 《역사의 혼 사마천》 / 陳桐生 저 / 김은희 · 이주노 공역(이끌리오, 2002)

40. 《역사학의 역사》 / 한영우 저(지식산업사, 2002)

41. 《어린이 사기 열전》(전3권) / 오수 글 · 그림(대원씨아이, 2003)

42. 《사마천과 삼국시대》 / 이범기 · 조봉업 · 김영규 [공] / 글 · 그림(한국데카르트, 2003)

43. 《공자세가·중니제자열전: 사마천의 '사기' 속에 비친 공자와 그 제자들의 행적》 / 김기주·황지원·이기훈 공역주(예문서원, 2003)

44. 《사기》(전3권) / 이영무 저(범우사, 2003)

45. 《사마천의 사기: 동양의 지혜와 용기를 중국역사에서 배운다》 / 김학선 편역(평단문화사, 2004)

46. 《사기 본기》 / 이인호 저(사회평론, 2004)

47. 《천하를 낚아올린 영웅들》 / 김아리 역 / 이희재 그림(웅진닷컴, 2004)

48. 《오월춘추》 / 박광민 저(경인문화사, 2004)

49. 《춘추전국의 정치사상》 / 최명 저(박영사, 2004)

50. 《史記를 탄생시킨: 사마천의 여행》 / 후지타 가쓰히사 저 / 주혜란 역(이른아침, 2004)

51. 《사기》 / 김학선 편역(평단문화사, 2005)

52. 《사기 본기》 / 김원중 역(을유문화사, 2005)

53. 《한 권으로 보는: 사기》 / 김진연·김창 공편역(서해문집, 2005)

54. 《사마천, 애덤스미스의 뺨을 치다》 / 오귀환 저(한겨레신문사, 2005)

55. 《사기》 / 이인호 저(살림, 2005)

56. 《사기열전》 / 호승희 편역(타임기획, 2005)

57. 《사기: 역사와 삶의 철학이 만나는 살아 있는 기록》 / 고은수 역(풀빛, 2006)

58. 《어린이 사기열전》 / 박영선 역 / 정준용 그림(현암사, 2006)

59. 《사기 열전》(전3권) / 김영수·최인욱 역해(신원문화사, 2006)

60. 《사기 속의 인물 이야기: 읽기만 해도 저절로 극복되는 논술 텍스트》 / 엄광용 엮음(고래실, 2006)

61. 《사기열전: 사마천 / 궁형의 치욕 속에서 역사를 성찰하다》 / 연변대학고적연구소 편역(서해문집, 2006)

62. 《세 치 혀로 세상을 주무르네》 / 김아리 역 / 이희재 그림(웅진씽크빅, 2006)

63. 《한권으로 읽는 史記: 궁형을 무릅쓰고 저술한 불후의 중국 역사》 / 김도훈 편저(아이템북스, 2007)

64. 《한 권으로 읽는 사기열전: 중국 고대 인물들이 펼치는 파란만장한 역사》 / 박성연 역(아이템북스, 2007)

65. 《만들어진 민족주의 : 황제 신화》 / 김선자(책세상, 2007)

66. 《유방》 / 사타케 야스히코 저 / 권인용 역(이산, 2007)

67. 《사기》 / 송철규 편역(위너스초이스, 2007)

68. 《동북공정 너머 요하문명론》 / 우실하 저(소나무, 2007)

69. 《사마천의 경영지모》 / 余鑫炎 저 / 유수경 역(새론북스, 2007)

70. 《사기 이야기》 / 이인호 저(천지인, 2007)

71. 《사마천 사기 : 중국 고대사회의 형성》 / 이성규 편역(서울대학교출판부, 2007/수정판)

72. 《사기 : 일만년 중국역사의 장대한 드라마》(전3권) / 유소림 · 이주훈 공역(사사연, 2007)

73. 《중국문명대시야》(전4권) / 베이징대학교중국전통문화연구중심 편저 / 장연 · 김호림 공역(김영사, 2007)

74. 《소설 사마천》 / 柯文輝 저 / 김윤진 역(서해문집, 2007)

75. 《하상주단대공정》 / 김경호 외 공저(동북아역사재단, 2008)

76. 《사기 上 / 下》(전2권) / 소준섭 편역(서해문집, 2008)

77. 《귀곡자 : 귀신 같은 고수의 승리비결》 / 박찬철 · 공원국 공저(위즈덤하우스, 2008)

78. 《초한지 : 이문열의 史記 이야기》(전10권) / 이문열(민음사, 2008)

79. 《소설보다 재미있는 사기열전 : 인재경영 / 성공전략 / 리더십에 관한 인간 군상들의 드라마틱한 이야기》 / 김민수 편역(평단문화사, 2008)

80. 《만화 / 사마천 사기열전》 / 정연 글 / 진선규 그림(김영사, 2008)

81. 《사기》 / 정하영 편역(다락원, 2008)

82. 《왼손에는 사기 / 오른손에는 삼국지를 들어라》 / 明德 저 / 홍순도 역(더숲, 2009)

83. 《가오광 장편소설 : 사마천》(전2권) / 가오광 저 / 허유영 역(21세기북스, 2009)

84. 《불멸의 인간학 / 사기》(전5권) / MOIM 역(서해문집, 2009)

85. 《사기열전(상)》 / 이인호 저(천지인, 2009)

86. 《사마천 사기 : 그림으로 쉽게 풀어쓴 인간학 교과서》 / 史進 편저 / 노만수 역(일빛, 2009)

87. 《사기열전》(전2권) / 이상옥 역(명문당, 2009)

88. 《청소년을 위한 사마천의 사기 : 동양의 지혜와 용기를 중국역사에서 배운다》 / 김학선 편역(평단문화사, 2009)

89. 《사기본기》 / 드림아이 그림·스토리(태동출판사, 2009)

90. 《사기 교양강의: 사마천의 탁월한 통찰을 오늘의 시각으로 읽는다》 / 韓兆琦 저 / 이인호 역(돌베개, 2009)

91. 《사기 본기》 / 김원중 역(민음사, 2010)

92. 《사기 세가》 / 김원중 역(민음사, 2010)

93. 《김원중 교수의: 청소년을 위한 사기》 / 김원중 저(민음인, 2010)

94. 《사마천의 화식열전 1 : 2000년 전의 비밀! 부를 이룬 사람들》 / 우승택 저(참글세상, 2010)

95. 《사기: 사마천의 인물 열전》 / 고산·고명 공편저 / 김하나 역(팩컴북스, 2010)

96. 《史記: 상상할 수 있는 모든 인간의 백과사전》 / 무라야마 마코토 외 공편저 / MOIM 역(서해문집, 2010)

97. 《꿈꾸는 20대 / 사기에 길을 묻다》 / 이수광 편저 / 이도헌 그림(추수밭, 2010)

98. 《춘추전국이야기》(전10권) / 공원국 저(역사의아침/위즈덤하우스, 2010-2016)

99. 《사기 서》 / 김원중 역(민음사, 2011)

100. 《사기 표》 / 김원중 역(민음사, 2011)

101. 《사기 열전》(전2권) / 김원중 역(민음사, 2011)

102. 《사마천 / 인간 경영의 숲을 거닐다》 / 신장용 편저(일송북, 2011)

103. 《한무제 강의》 / 王立群 저 / 홍순도·홍광훈 공역(김영사, 2011)

104. 《사기백과사전: 명언으로 만나는 史記백서》 / 王壽波 저 / 한정선 역(휘닉스 Dream, 2011)

105. 《사마천 경제학: 2천 년의 경제 바이블 사기가 전하는 부의 법칙 / 경영의 지혜》 / 소준섭 저(서해문집, 2011)

106. 《어린이를 위한: 사기열전》(전5권) / 김기정 각색 / 유대수 그림(고릴라박스, 2011-2013)

107. 《사기 본기: 표·서》 / 박일봉 역(육문사, 2012)

108. 《사마천 평전: 가장 낮은 곳에서 가장 높이 보다》 / 김이식·박정숙 공역(글항아리, 2012)

109. 《중학생이 보는: 사기 열전》(전3권) / 김영수·최인욱 역해 / 성낙수·오은주·김선

화 엮음(신원문화사, 2012)

110. 《사기 성공학 : 사마천에게 배우는 인생 경영 비법》 / 김원중 저(민음사, 2012)

111. 《사마천의 : 사기열전》 / 김혁 저 / 조정림 그림(웅진씽크빅, 2012)

112. 《사마천의 부자경제학 : 〈사기〉 화식열전》 / 신동준 저(위즈덤하우스, 2012)

113. 《사기영선 : 정조 대왕이 가려 뽑은 사기의 백미》 / 정조 편 / 노만수 역(일빛, 2012)

114. 《오자서병법》 / 공원국 저(위즈덤하우스, 2014)

115. 《단숨에 읽는 사기》 / 시마자키 스스무 저 / 전형배 역(창해, 2014)

116. 《사기열전 : 동양 최고의 역사서》 / 김흥식 저 / 김옥재 그림(파란자전거, 2014)

117. 《Why? 사기》 / 김주원 엮음 / 정석호 글 구성 · 그림(예림당, 2014)

118. 《사마천 사기 : 중국 역사학의 최고 / 불후의 걸작》 / 장개충 편저 / 주훈 그림(너
도밤나무/범한, 2014)

119. 《춘추전국의 전략가들》 / 장박원 저(행간, 2014)

120. 《사기열전》(전3권) / 최익순 역(백산서당, 2014)

121. 《사마천이 찾아낸 사람들》 / 황효순(글마당, 2014)

122. 《청소년을 위한 사기》(전2권) / 소준섭 편저(서해문집, 2014-2016)

123. 《사기열전 : 고전에서 배우는 지략과 처세》(전2권) / 김치영 역(마인드북스, 2015)

124. 《완역 사기 본기 : 오제부터 한무제까지 제왕의 역사》 / 신동준 역(위즈덤하우스, 2015)

125. 《완역 사기 서 : 고대 중국의 예악 · 역법 · 치수 · 경제》 / 신동준 역(위즈덤하우스, 2015)

126. 《완역 사기 세가 : 역대 제후와 공신들의 연대기》 / 신동준 역(위즈덤하우스, 2015)

127. 《완역 사기 열전 : 인물들의 흥망사》 / 신동준 역(위즈덤하우스, 2015)

128. 《완역 사기 표 : 역대 황제와 왕후장상의 연표》 / 신동준 역(위즈덤하우스, 2015)

129. 《사마천과 사기》 / 楊乾坤 저 / 장세후 역(연암서가, 2015)

130. 《사마천 / 아웃사이더가 되다》 / 이문영 저(탐, 2015)

131. 《사마천과 사기》 / 장세후 역(연암서가, 2015)

132. 《중국인은 어떻게 부를 축적하는가 : 사마천 〈화식열전〉에서 샤오미 스마트폰까
지》 / 소준섭 저(한길사, 2015)

133. 《사기의 숲에서 사람을 배우다 : 사마천이 가르쳐주는 거의 모든 인간사의 해법》
/ 신동준 저(위즈덤하우스, 2015)

134. 《사기 / 각자도생을 논하다》 / 중국고전연구회 편저(북에디션, 2015)

135. 《사기열전》(전2권) / 홍문숙·박은교 공편역(청아출판사, 2016)

136. 《역사의 쉼터 이야기 박물관 : 사기》 / 유강하 저(단비, 2016)

137. 《사마천 사기 56 : 본기 / 세가 / 열전 / 서의 명편들》 / 소준섭 평역(현대지성, 2016)

138. 《사기열전 : 청고고한 문자의 향기를 찾아서》 / 조장연 역주(삼양미디어, 2016)

139. 《사마천 스캔하기 : 철학하는 외교관이 자녀와 함께 읽는 중국 이야기》 / 방민수 저(책과나무, 2017)

140. 《새로운 세대를 위한 사기 : 미래를 준비하는 당신에게 권하는 인간학의 고전》 / 김원중 역(휴머니스트출판그룹, 2017)

141. 《사기열전》(전3권) / 장세후 역(연암서가, 2017)

142. 《사마천의 마음으로 읽는 〈사기〉》 / 이승수 저(돌베개, 2018)

143. 《장자화의 사기》(전5권) / 張嘉驊 저 / 전수정 역(사계절, 2018)

144. 《진시황을 겁쟁이로 만든 단 한 사람 : 〈사기열전〉 단단히 읽기》 / 이양호 저(평사리, 2018)

145. 《사기 인문학 : 3천 년 역사에서 찾은 사마천의 인간학 수업》 / 한정주 저(다산초당/다산북스, 2018)

146. 《사기열전》(전2권) / 홍문숙·박은교 평역(청아출판사, 2018)

147. 《경찰이 사기를 가르치다 : 史記 속에서 경찰의 길을 묻다》 / 박화진 저(지식공감, 2019)

148. 《사기열전》 / 최익순 역(옥천, 2019)

149. 《사기 인문학 : 3천 년 역사에서 찾은 사마천의 인간학 수업(큰글자도서)》 / 한정주 저(다산초당/다산북스, 2019)

150. 《만화로 읽는 : 사마천의 사기》 (전5권) / 이희재 저(휴머니스트 출판그룹, 2020)

151. 《사마천 사기 산책》 / 이석연 저(범우사, 2020)

152. 《하룻밤에 읽는 사기 본기 : 제왕들의 세계》 / 이언호 평역(모든북/2020)

153. 《사마천 〈사기〉 명언명구 : 본기》 / 이해원 저(글로벌콘텐츠, 2020)

154. 《화식열전 : 시대를 초월하는 깨달음!》 / 최윤서 역(부크크, 2020)

저자의 발행도서 목록

1. 《간신열전》 / 김영수/김경원 [공]엮음(선녀와나무꾼, 1997)

2. 《지혜로 읽는 史記》 / 김영수 저(푸른숲, 1999)

3. 《간신론》 / 김영수 편역(아이필드, 2002)

4. 《간신은 비를 세워 영원히 기억하게 하라》 / 김영수 편저(아이필드, 2002)

5. 《고전으로 배우는 : 사람을 보는 지혜》 / 김영수 엮음(SPC, 2003)

6. 《모략》(전3권) / 차이위치우 저 / 김영수 편역(들녘, 2003)

7. 《강호를 건너 무협의 숲을 거닐다》 / 량셔우쭝 저 / 김영수·안동준 공역(김영사, 2004)

8. 《맨얼굴의 중국사》(전5권) / 백양 저 / 김영수 역(창해, 2005)

9. 《추악한 中國人》 / 보양 저 / 김영수 역(창해, 2005)

10. 《명문가의 자식교육》 / 김영수 편저(아이필드, 2005)

11. 《사진과 그림으로 보는 : 중국사 강의》 / 저우스펀 저 / 김영수 역(돌베개, 2006)

12. 《역사를 훔친 첩자》 / 김영수 저(김영사, 2006)

13. 《역사의 등불 사마천 / 피로 쓴 사기》 / 김영수 저(창해, 2006)

14. 《황제들의 중국사》 / 사식 저 / 김영수 역(돌베개, 2006)

15. 《사기의 인간경영법 : 천하를 얻으려면 사람의 마음을 먼저 구하라!》 / 김영수 저
    (김영사, 2007)

16. 《중국사의 수수께끼 : 흥미진진한 15가지 쟁점으로 현대에 되살아난 중국 역사》 /
    김영수 저(랜덤하우스코리아, 2007)

17. 《사기의 인간경영법》 / 김영수 저(김영사, 2007)

18. 《제왕지사 : 절대권력이 만들어낸 괴물 / 중국 제왕들의 삶과 죽음》 / 보양 저 / 김
    영수 역(창해, 2007)

19. 《청렴과 탐욕의 중국사 : 중국 관료 열전》 / 사식 저 / 김영수 역(돌베개, 2007)

20. 《난세에 답하다 : 사마천의 인간 탐구》 / 김영수 저(알마, 2008)

21. 《용인 : 사람을 얻고 세상을 얻는 인재활용의 지혜》 / 리수시 편저 / 김영수 편역(랜
    덤하우스코리아, 2008)

22. 《치명적인 내부의 적 / 간신 : 중국 간신 19인이 우리 사회에 보내는 역사의 경고》

/ 김영수 저(추수밭, 2009)

23. 《사기의 경영학 : 리더가 알아야 할 모든 것》 / 김영수 저(원앤원북스, 2009)

24. 《만화 사기 : 사람을 알고 세상을 논하다》 / 김영수 저 / Hitoon.com 만화(애니북스, 2009-2012)

25. 《사기의 리더십 : 시대를 뛰어넘는 리더십 바이블》 / 김영수 저(원앤원북스, 2010)

26. 《완역 사기 본기》(전2권) / 사마천 저 / 김영수 역(알마, 2010)

27. 《성찰 : 김영수의 〈사기史記〉 경영학》 / 김영수 저(위즈덤하우스, 2010)

28. 《간신론 / 인간의 부조리를 묻다 : 인간 성찰의 5천 년 간신 고증》 / 징즈웬·황징린 공저 / 김영수 편역(왕의서재, 2011)

29. 《중국 : 소프트파워 전략으로 부활하는 큰 나라》 / 김영수 외 공저(한국출판마케팅연구소, 2011)

30. 《현자들의 평생 공부법》 / 김영수 저(위즈덤하우스, 2011)

31. 《간신들은 어떻게 정치를 농락하는가? : 권력에 빌붙어 나라를 망친 천태만상 간신들 이야기》 / 김영수 저(추수밭, 2012)

32. 《1일 1구 : 내 삶에 힘이 되는 고전명언 365》 / 김영수 편저(유유, 2013)

33. 《나를 세우는 옛 문장들 : 언어의 소금 / 〈사기〉 속에서 길어 올린 천금 같은 삶의 지혜》 / 김영수 저(한국물가정보, 2013)

34. 《백양 중국사》 / 백양 저 / 김영수 역(위즈덤하우스, 2013)

35. 《사마천과의 대화》 / 김영수 저(새녘, 2013)

36. 《단숨에 읽는 사기 : 사기 속 3천 년 역사를 한 권에 담다》 / 시마자키 스스무 저 / 전형배 역 / 김영수 감수(창해, 2014)

37. 《사기를 읽다 : 중국과 사마천을 공부하는 법》 / 김영수 저(유유, 2014)

38. 《36계 : 신묘한 병법서인가 / 사악한 기서인가》 / 김영수 편저(사마천, 2015)

39. 《완역 사기 세가》(전2권) / 사마천 저 / 김영수 역(알마, 2014-2019)

40. 《태산보다 무거운 죽음 새털보다 가벼운 죽음》 / 김영수 저(어른의시간, 2015)

41. 《사기를 읽다 / 쓰다 : 3천 년을 내려온 촌철살인의 명언명구 고전필독필사》 / 김영수 저(위즈덤하우스, 2016)

42. 《사마천 인간의 길을 묻다 : 사기 130권을 관통하는 인간통찰15》 / 김영수 저(위즈

덤하우스, 2016)

43. 《사마천과 사기에 대한 모든 것》(전2권) / 김영수 저(창해, 2016)

44. 《역사의 경고 : 우리 안의 간신 현상》 / 김영수 저(위즈덤하우스, 2017)

45. 《중국 3천년 / 명문가의 자녀교육법》 / 김영수 편저(스마트비즈니스, 2017)

46. 《비본 간서 : 가장 오래된 첩자 이야기》 / 김영수 편저(위즈덤하우스, 2018)

47. 《대륙의 거상 : 자본주의의 토대를 만든 중국 상인들》 / 김영수 저(매일경제신문사/
    매경출판, 2018)

48. 《인간의 길 : 나를 바로세우는 사마천의 문장들》 / 김영수 저(창해, 2018)

49. 《나는 사기로 경영을 배웠다 : 사기가 어떻게 경영의 무기가 될 수 있을까?》 / 김
    영수 저(메이트북스/원앤원콘텐츠그룹, 2019)

50. 《제자백가 / 경제를 말하다 : 고대 현자들의 경제치국 방법론》 / 김영수 편저(아이
    필드, 2019)

51. 《사마천과 노블레스 오블리주》 / 김영수 저(아이필드, 2020)

52. 《리더의 역사 공부 : 역사책을 읽는 자가 승리한다》 / 김영수 저(창해, 2020)

53. 《리더의 망치》 / 김영수 저(창해, 2021)

54. 《리더와 인재, 제대로 감별해야 한다》, 김영수 저(창해, 2021)

55. 《제왕의 사람들》 / 김영수 저(유노북스, 2023)

56. 《알고 쓰자 고사성어》 / 김영수 저(창해, 2023)

57. 《사마천 사기 100문 100답》 / 김영수 저(창해, 2023)

58. 《오십에 읽는 사기》 / 김영수 저(유노북스, 2023)

《사기》 관련 석사학위 논문

1. 〈司馬遷 《史記》의 史論에 관한 研究(사마천 《사기》의 사론에 관한 연구)〉 / 박정진 저
   (전북대학교, 1994)

2. 〈司馬遷의 士 觀念과 立言意識 研究(사마천의 사 관념과 입언의식 연구)〉 / 한재환 저
   (연세대학교, 2000)

3. 《《史記》를 통해 본 司馬遷의 문학비평(《사기》를 통해 본 사마천의 문학비평)》 / 권운영 저(숙명여자대학교, 2003)

4. 〈司馬遷의 人間觀 研究(사마천의 인간관 연구)〉 / 강현정 저(울산대학교, 2007)

5. 〈司馬遷의 生涯와 作品 研究 : 飜譯 論文(사마천의 생애와 작품 연구 : 번역 논문)〉 / 노윤희 저(성균관대학교, 2007)

6. 〈司馬遷의 《史記》 著作에 관한 研究(사마천의 《사기》 저작에 관한 연구)〉 / 이하정 저(전주대학교, 2010)

7. 〈韓國語와 中國語 程度副詞 比較研究 : 司馬遷 《史記・三十世家》에 나오는 程度副詞를 중심으로(한국어와 중국어 정도부사 비교연구 : 사마천 《사기・삼십세가》에 나오는 정도부사를 중심으로〉 / 최순희 저(강원대학교, 2016)

《사기》 관련 박사학위 논문

1. 〈司馬遷 經濟思想 研究(사마천 경제사상 연구)〉 / 김영인 저(경상대학교, 2009)

2. 〈子長 司馬遷의 貨殖思想에 나타난 行政理念 研究(자장 사마천의 화식사상에 나타난 행정이념 연구)〉 / 권영득 저(가천대학교, 2017)

《사기》 130권의 편명 목록

- 권1 〈오제본기(五帝本紀)〉
- 권2 〈하본기(夏本紀)〉
- 권3 〈은본기(殷本紀)〉
- 권4 〈주본기(周本紀)〉
- 권5 〈진본기(秦本紀)〉
- 권6 〈진시황본기(秦始皇本紀)〉
- 권7 〈항우본기(項羽本紀)〉
- 권8 〈고조본기(高祖本紀)〉
- 권9 〈여후본기(呂后本紀)〉
- 권10 〈효문본기(孝文本紀)〉
- 권11 〈효경본기(孝景本紀)〉
- 권12 〈효무본기(孝武本紀)〉 _ 이상 12본기

- 권13 〈삼대세표(三代世表)〉
- 권14 〈십이제후연표(十二諸侯年表)〉
- 권15 〈육국연표(六國年表)〉
- 권16 〈진초지제월표(秦楚之際月表)〉
- 권17 〈한흥이래제후왕연표(漢興以來諸侯王年表)〉
- 권18 〈고조공신후자연표(高祖功臣侯者年表)〉
- 권19 〈혜경간후자연표(惠景間侯者年表)〉
- 권20 〈건원이래후자연표(建元以來侯者年表)〉
- 권21 〈건원이래왕자후자연표(建元以來王子侯者年表)〉

- 권22 〈한흥이래장상명신연표(漢興以來將相名臣年表)〉 _ 이상 10표

- 권23 〈예서(禮書)〉
- 권24 〈악서(樂書)〉
- 권25 〈율서(律書)〉
- 권26 〈역서(曆書)〉
- 권27 〈천관서(天官書)〉
- 권28 〈봉선서(封禪書)〉
- 권29 〈하거서(河渠書)〉
- 권30 〈평준서(平準書)〉 _ 이상 8서

- 권31 〈오태백세가(吳太伯世家)〉
- 권32 〈제태공세가(齊太公世家)〉
- 권33 〈노주공세가(魯周公世家)〉
- 권34 〈연소공세가(燕召公世家)〉
- 권35 〈관채세가(管蔡世家)〉
- 권36 〈진기세가(陳杞世家)〉
- 권37 〈위강숙세가(衛康叔世家)〉
- 권38 〈송미자세가(宋微子世家)〉
- 권39 〈진세가(晉世家)〉
- 권40 〈초세가(楚世家)〉
- 권41 〈월왕구천세가(越王勾踐世家)〉
- 권42 〈정세가(鄭世家)〉
- 권43 〈조세가(趙世家)〉
- 권44 〈위세가(魏世家)〉
- 권45 〈한세가(韓世家)〉
- 권46 〈전경중완세가(田敬仲完世家)〉
- 권47 〈공자세가(孔子世家)〉

- 권48 〈진섭세가(陳涉世家)〉
- 권49 〈외척세가(外戚世家)〉
- 권50 〈초원왕세가(楚元王世家)〉
- 권51 〈형연세가(荊燕世家)〉
- 권52 〈제도혜왕세가(齊悼惠王世家)〉
- 권53 〈소상국세가(蕭相國世家)〉
- 권54 〈조상국세가(曹相國世家)〉
- 권55 〈유후세가(留侯世家)〉
- 권56 〈진승상세가(陳丞相世家)〉
- 권57 〈강후주발세가(絳侯周勃世家)〉
- 권58 〈양효왕세가(梁孝王世家)〉
- 권59 〈오종세가(五宗世家)〉
- 권60 〈삼왕세가(三王世家)〉 _ 이상 30세가

- 권61 〈백이열전(伯夷列傳)〉
- 권62 〈관중안영열전(管仲晏嬰列傳)〉
- 권63 〈노자한비열전(老子韓非列傳)〉
- 권64 〈사마양저열전(司馬穰苴列傳)〉
- 권65 〈손자오기열전(孫子吳起列傳)〉
- 권66 〈오자서열전(伍子胥列傳)〉
- 권67 〈중니제자열전(仲尼弟子列傳)〉
- 권68 〈상군열전(商君列傳)〉
- 권69 〈소진열전(蘇秦列傳)〉
- 권70 〈장의열전(張儀列傳)〉
- 권71 〈저리자감무열전(樗里子甘茂列傳)〉
- 권72 〈양후열전(穰侯列傳)〉
- 권73 〈백기왕전열전(白起王翦列傳)〉
- 권74 〈맹자순경열전(孟子荀卿列傳)〉

- 권75 〈맹상군열전(孟嘗君列傳)〉
- 권76 〈평원군우경열전(平原君虞卿列傳)〉
- 권77 〈위공자열전(魏公子列傳)〉
- 권78 〈춘신군열전(春申君列傳)〉
- 권79 〈범수채택열전(范睢蔡澤列傳)〉
- 권80 〈악의열전(樂毅列傳)〉
- 권81 〈염파인상여열전(廉頗藺相如列傳)〉
- 권82 〈전단열전(田單列傳)〉
- 권83 〈노중연추양열전(魯仲連鄒陽列傳)〉
- 권84 〈굴원가생열전(屈原賈生列傳)〉
- 권85 〈여불위열전(呂不韋列傳)〉
- 권86 〈자객열전(刺客列傳)〉
- 권87 〈이사열전(李斯列傳)〉
- 권88 〈몽염열전(蒙恬列傳)〉
- 권89 〈장이진여열전(張耳陳餘列傳)〉
- 권90 〈위표팽월열전(魏豹彭越列傳)〉
- 권91 〈경포열전(黥布列傳)〉
- 권92 〈회음후열전(淮陰侯列傳)〉
- 권93 〈한신노관열전(韓信盧綰列傳)〉
- 권94 〈전담열전(田儋列傳)〉
- 권95 〈번역등관열전(樊酈滕灌列傳)〉
- 권96 〈장승상열전(張丞相列傳)〉
- 권97 〈역생육고열전(酈生陸賈列傳)〉
- 권98 〈부근괴성열전(傅靳蒯成列傳)〉
- 권99 〈유경숙손통열전(劉敬叔孫通列傳)〉
- 권100 〈계포난포열전(季布欒布列傳)〉
- 권101 〈원앙조조열전(袁盎鼂錯列傳)〉
- 권102 〈장석지풍당열전(張釋之馮唐列傳)〉

- 권103 〈만석장숙열전(萬石張叔列傳)〉
- 권104 〈전숙열전(田叔列傳)〉
- 권105 〈편작창공열전(扁鵲倉公列傳)〉
- 권106 〈오왕비열전(吳王濞列傳)〉
- 권107 〈위기무안후열전(魏其武安侯列傳)〉
- 권108 〈한장유열전(韓長孺列傳)〉
- 권109 〈이장군열전(李將軍列傳)〉
- 권110 〈흉노열전(匈奴列傳)〉
- 권111 〈위장군표기열전(衛將軍驃騎列傳)〉
- 권112 〈평진후주보열전(平津侯主父列傳)〉
- 권113 〈남월열전(南越列傳)〉
- 권114 〈동월열전(東越列傳)〉
- 권115 〈조선열전(朝鮮列傳)〉
- 권116 〈서남이열전(西南夷列傳)〉
- 권117 〈사마상여열전(司馬相如列傳)〉
- 권118 〈회남형산열전(淮南衡山列傳)〉
- 권119 〈순리열전(循吏列傳)〉
- 권120 〈급정열전(汲鄭列傳)〉
- 권121 〈유림열전(儒林列傳)〉
- 권122 〈혹리열전(酷吏列傳)〉
- 권123 〈대완열전(大宛列傳)〉
- 권124 〈유협열전(游俠列傳)〉
- 권125 〈영행열전(佞幸列傳)〉
- 권126 〈골계열전(滑稽列傳)〉
- 권127 〈일자열전(日者列傳)〉
- 권128 〈귀책열전(龜策列傳)〉
- 권129 〈화식열전(貨殖列傳)〉
- 권130 〈태사공자서(太史公自序)〉_ 이상 70열전

새우와 고래가 함께 숨 쉬는 바다

사마천《사기》100문 100답

지은이 | 김영수
펴낸이 | 황인원
펴낸곳 | 도서출판 창해

신고번호 | 제2019-000317호

초판 1쇄 인쇄 | 2023년 05월 22일
초판 1쇄 발행 | 2023년 05월 29일

우편번호 | 04037
주소 | 서울특별시 마포구 양화로 59, 601호(서교동)
전화 | (02)322-3333(代)
팩스 | (02)333-5678
E-mail | dachawon@daum.net

ISBN 979-11-91215-73-1 (03300)

값 · 28,000원

Publishing Club Dachawon(多次元)
창해 · 다차원북스 · 나마스테